Nous nous souviendrons toujours du 1ª intervenant de J&W University. C'est celui qui ... Merci. Bon retour et Vous ... A Providence et Vous ... chez Vous à ... L'École de Sauignac. ...
Nouque.

P. BETHUNE.

L'HÉRITAGE DE LA cuisine française

Sauignac, le 6 Mars 1998.

Chère Jeanne,

Toi, qui es une amoureuse des mets, reimprentes dans ta réalise, un des mots français les plus magique : MERCI.

Merci, pour ta gentillesse,
Merci, pour tes sourires,
Merci, pour tout ce que tu nous a donné.
Merci, pour la farandole des cultures que tu as fait venue à Sauignac.

A très bientôt

Granges

L'HÉRITAGE DE LA cuisine française

LES SŒURS SCOTTO
ANNIE HUBERT-BARÉ

HACHETTE

© 1992, Hachette pour l'édition française
Publié par Weldon Russell Pty Ltd sous le titre *The Heritage of French Cooking*
© 1991, Weldon Russell Pty Ltd, 107 Union Street, North Sydney, NSW 2060, Australia

Directeur : Adélaïde Barbey / Elaine Russell
Éditeur : Jean Arcache / Dawn Titmus
Éditeur-assistant : Hélène Bonis / Ariana Klepac
Secrétaires d'édition : Sophie Lilienfeld / Beverley Barnes, Jill Wayment
Recherche iconographique : CLAM !
Conseiller culinaire (U.S.A.) : Mardee Haidin Regan
Maquettiste : Susan Kinealy
Graphiste : Catherine Martin
Photographes : Jon Bader, Rowan Fotheringham
Stylistes : Marie-Hélène Clauzon, Carolyn Fienberg
Légendes : Isabelle Sader / Lynn Humphries
Index : Dianne Regtop
Production : Gérard Piassale, Bernard Degril / Jane Hazell
Conception et réalisation de la couverture : Rampazzo & Associés
Photogravure : Universal Colour Scanning Ltd, Hong Kong
Imprimé à Hong Kong
ISBN : 2.01.017952.8

Page 1 de couverture : *Repas de noces à Yport*, Albert-Auguste Fourié
MUSÉE DES BEAUX-ARTS, ROUEN

Page 4 de couverture : Jon Bader, Rowan Fotheringham

Pages de garde : *Panier de pêches*, Pierre Dupuis
COLLECTION PRIVÉE

Page 2 : *Coupe de fleurs et de fruits*, Jean-François Bony (1760-1825)
MUSÉE DES BEAUX-ARTS, LILLE

Page de titre : *Le Bar des Folies-Bergères*, Édouard Manet
COURTAULD INSTITUTE GALLERIES, LONDRES

Nature morte au panier (1836-1906), Paul Cézanne MUSÉE D'ORSAY, PARIS

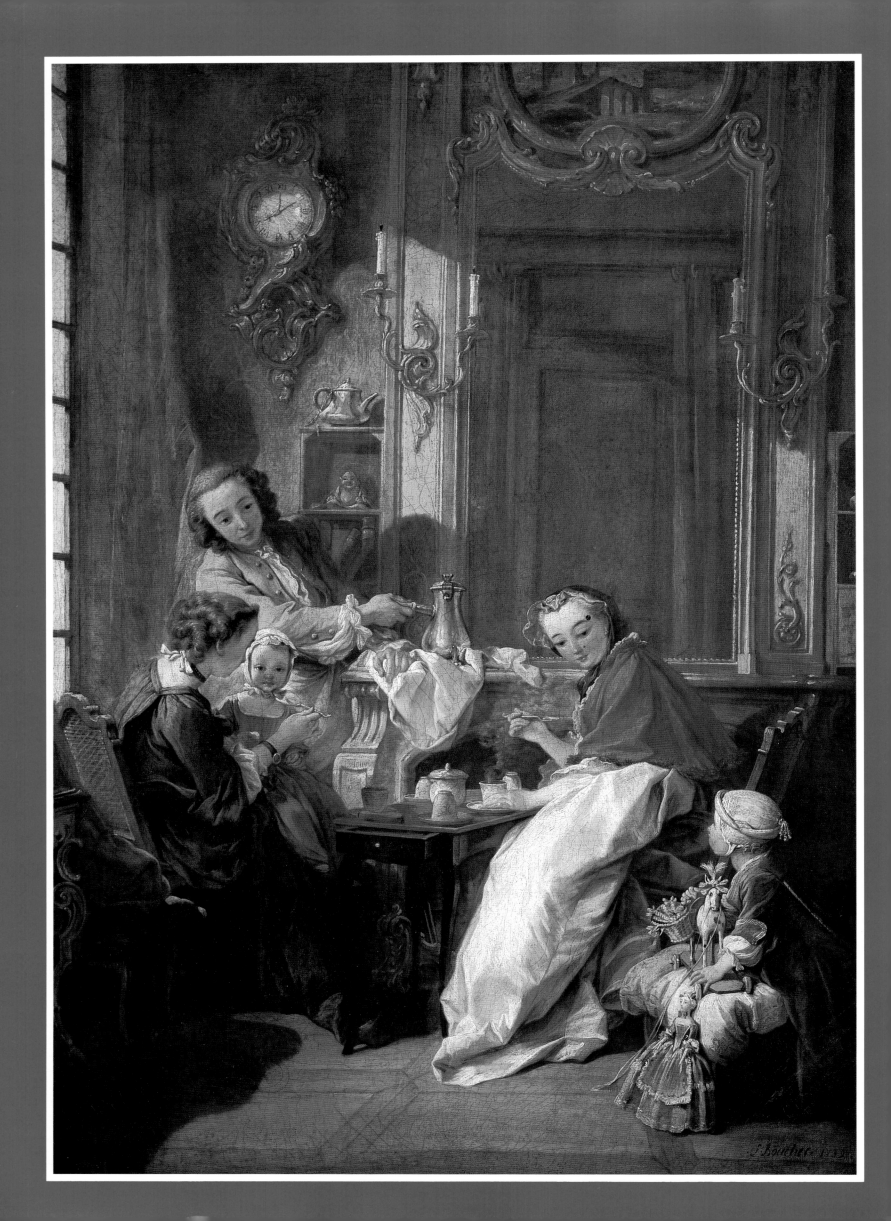

SOMMAIRE

Le Déjeuner, François Boucher (1703-1770)
MUSÉE DU LOUVRE, PARIS

Le Déjeuner des canotiers, Auguste Renoir (1841-1919) PHILLIPS MEMORIAL GALLERY, WASHINGTON La détente en plein-air est un thème que les impressionnistes illustraient

souvent.

INTRODUCTION

A u pays de Rabelais et de Brillat-Savarin, la cuisine est, depuis des siècles, un véritable mode de vie. Plus qu'aucun autre peuple au monde, les Français ont développé l'art de se nourrir jusqu'à en faire un modèle de subtilité, de variété, de raffinement et d'élégance. La cuisine française a influencé toutes les cuisines du monde occidental, au point de devenir un symbole international de qualité et de prestige.

Mais par quels cheminements la France est-elle devenue le berceau de la gastronomie ? Certes, ce beau pays bénéficie d'un climat des plus tempérés et ses régions sont d'une extraordinaire variété. De la montagne à la mer, en passant par les plaines et les vallées, l'Hexagone offre une somptueuse palette de paysages et de produits de toutes sortes.

Cependant, la variété des produits ne peut suffire à expliquer le prestige de la cuisine française. Son secret est ailleurs. Il est détenu par les hommes qui la pratiquent. Carrefour de populations très diverses (celtes, méditerranéennes ou germaniques, pour n'en citer que quelques-unes), la France est devenue le creuset d'influences et de cultures donnant le jour à ce qu'il serait possible d'appeler l'*Homo gastronomicus.* Pour trouver un début aux activités gastronomiques sur cette terre de France, il faut remonter le cours de l'histoire, sans doute jusqu'au Ier siècle avant J.-C., moment où se sont trouvés confrontés puis mêlés deux peuples bien différents : les Gaulois et les Romains. Les Gaulois étaient, disait-on, de gros mangeurs et de grands buveurs de bière ; ils excellaient dans l'élevage des porcs et en tiraient de succulents jambons fort prisés par l'envahisseur romain : leur goût pour la charcuterie était déjà très prononcé... Les Romains, installés en colons, ont marqué leur contribution par l'apport de deux produits essentiels : la vigne et le vin d'une part, l'huile d'olive d'autre part. Ils ont également encouragé la culture du blé, modifiant ainsi progressivement les habitudes alimentaires des Gaulois, plutôt amateurs jusque-là d'orge et de seigle. La grande tradition culinaire des Romains, développée dans le monde antique sur le pourtour de la Méditerranée, les a suivis ainsi que leurs produits les plus prisés tels le *garum* fait de saumure de poisson fermenté, l'*asa fœtida* au goût d'ail très relevé, le poivre ou la cannelle. Ainsi, grâce au bel amalgame des traditions celtes et latines, mangeait-on aussi bien en territoire gallo-romain — sinon mieux — qu'à Rome. Des grandes invasions à la chute de l'Empire romain, les traditions gallo-romaines et les apports des peuples barbares vont faire mûrir ce qu'il est convenu d'appeler la cuisine médiévale.

LA CUISINE AU MOYEN AGE

Au cours de cette période, qui va du Ve au XVe siècle, s'établissent les caractéristiques d'un art culinaire se développant essentiellement dans les cours princières ou ecclésiastiques. C'est à cette époque que l'on adopte la position assise pour manger. Les pièces de viande

La Chambre du déjeuner, Pierre Bonnard (1867-1947)
M.N.A.M., PARIS
La tendance de Bonnard à représenter des intérieurs sereins et des familles réunies autour d'un simple repas — et la technique qu'il utilisait pour les peindre — fut connue sous le nom d'intimisme. Dans la deuxième partie de sa carrière, ses tableaux devinrent beaucoup plus colorés et lumineux, comme le montre ci-contre la reproduction de cette œuvre qu'il réalisa vers 1930.

Le four à pain, mosaïque gallo-romaine
(IIIᵉ siècle)
MUSÉE DES ANTIQUITÉS NATIONALES,
SAINT-GERMAIN-EN-LAYE
Le pain a longtemps tenu une place
importante dans le régime alimentaire des
Français.
Dans la Gaule ancienne, les galettes plates
de millet, d'avoine, de houblon et, à
l'occasion, de blé étaient cuites au four.
Les Romains avaient une préférence pour
le blé et parfumaient leurs pains de graines
de sésame, de fenouil ou de cumin.

entières, de volaille ou de gibier, font leur apparition sur les tables ; en même temps, se développe un art du découpage confié à l'« officier » tranchant, qui occupe une position importante dans la hiérachie naissante des grandes tables princières.

Les premiers textes culinaires en France datent de l'an 1300 environ. Il s'agit de traités à l'usage des grands de ce monde ; les documents sont beaucoup plus rares en ce qui concerne l'alimentation des paysans et des petites gens. L'approvisionnement dépend à la fois des fluctuations saisonnières et du calendrier liturgique qui fait alterner jours maigres et jours gras. En effet, le bon catholique de cette époque doit faire maigre en moyenne un jour sur trois ! Ce qui signifie s'abstenir de manger tout produit provenant d'un animal terrestre, y compris les œufs et le lait. Il n'est pas rare de trouver dans les ouvrages de cuisine de cette époque deux versions d'une même recette, l'une pour les jours maigres, l'autre pour les jours gras ; la viande est alors remplacée par du poisson, le lait par du lait d'amandes, le bouillon de viande par du bouillon de poisson, du vin et parfois même par de la purée de pois secs !

Au début de l'hiver, les cochons engraissés, les bœufs et les moutons sont tués. La graisse est conservée dans de grandes jarres ; le lard, les jambons et les saucisses sont fumés après salaison. On conserve les légumes verts dans le sel, les fruits en les faisant cuire dans du miel, les herbes et les champignons en les faisant sécher. Les aristocrates vont à la chasse sur leurs terres ; les habitants des villes quant à eux ont à leur disposition la production des maraîchers et des éleveurs installés sur leur périphérie ; les monastères, qui vivent en autarcie, sont amplement pourvus par leurs propres domaines.

Le sucre et le riz font plutôt partie de la pharmacopée et sont considérés comme des nourritures pour malades, et ce n'est que très lentement qu'ils s'introduiront dans la cuisine française.

Tapisserie de la reine Mathilde (vers 1080) :
Les serviteurs rôtissant les volailles
BAYEUX
On embroche la volaille avant de la rôtir
sur le feu ou sur des charbons ardents.

Le pain est un aliment essentiel, qui se trouve à toutes les tables et en très grande quantité. Que ce soit à la cour ou à la ville, il est fabriqué par des spécialistes : les boulangers. À la campagne, le four est la propriété du seigneur, et les paysans viennent y faire cuire leur pain. Il s'agit presque toujours de pain de froment, sauf dans l'Ouest et le Centre où l'on préfère encore le pain de seigle ou de méteil (mélange de blé et de seigle), préférence qui s'est manifestée jusqu'à nos jours. Les pains sont en forme de boules pour les petits pains, et de demi-sphères pour les grosses miches. Il en existe trois catégories, correspondant en fait à trois classes sociales bien distinctes : un pain très blanc, appelé « pain de bouche », réservé aux riches ; le « pain de ville », un peu plus grossier le plus courant, consommé par les artisans et petits bourgeois des villes ; et enfin le « pain à tout », très proche de notre pain complet actuel, foncé, lourd, considéré comme très grossier, destiné aux paysans et aux hommes de labeur. Existent aussi de nombreux pains fantaisie, tels que galettes, gaufres ou échaudés, dont la pâte est cuite à l'eau avant d'être mise au four. Le pain sert à épaissir et à lier les sauces. En tranches, il donne de la consistance à la soupe ; chez les riches, où il n'y

Illustration des *Éthiques, Politiques et Économiques* d'Aristote : *La monnaie*
BIBLIOTHÈQUE MUNICIPALE, ROUEN
Aristote (vers 322 avant J.-C.) écrivit dans tous les domaines de la science et de la philosophie connus à son époque. Il étudia et commenta largement les habitudes alimentaires.
Mêlant observation accrue et raisonnement avisé, son œuvre, redécouverte au Moyen Age, eut une forte influence jusqu'à la fin de la Renaissance.

Le Miroir historial (XVe siècle),
Vincent de Beauvais
MUSÉE CONDÉ, CHANTILLY
Les ordres monastiques vivaient de leurs
terres. Ils produisaient leur pain, leur vin
et leurs fromages. Leur cuisine influença
fortement la gastronomie régionale.

a pas encore de vaisselle de table, une épaisse tranche de pain dur, appelée « tranchoir », fait office d'assiette et sera ensuite donnée aux pauvres ou jetée aux chiens.

La viande est très appréciée. Elle représente l'aliment de prestige par excellence, c'est la substance la plus fortifiante. Dans les villes, les bouchers forment une corporation très influente. L'abattage des bêtes se fait quotidiennement, et la légende selon laquelle la cuisine du Moyen Age était très épicée afin de masquer le goût de la viande avariée est fausse. La qualité des bêtes mises sur le marché varie bien entendu : les « grosses viandes » de bœuf, de mouton ou d'animaux vieux, sont réservées aux travailleurs de force. Porc, veau et agneau sont des nourritures de riches et de nobles qui ont, dit-on, l'estomac plus délicat.

Si le lait n'est pas très consommé, c'est sans doute parce qu'il se conserve mal. Le fromage en revanche occupe une place importante dans l'alimentation, soit à table, soit comme ingrédient dans divers plats ou pâtisseries. Le brie et le roquefort sont déjà célèbres à cette époque. Quant aux œufs, ils jouent un rôle majeur en cuisine et en pâtisserie, en dehors des jours maigres bien entendu !

L'aristocratie et les riches, qui possèdent rivières et étangs, font des viviers et peuvent avoir du poisson frais toute l'année. Pour ceux qui vivent loin des côtes, le poisson de mer est rarement accessible. Reste le poisson salé, morue ou hareng, très présent sur les tables les jours maigres.

Les médecins de l'époque déconseillent vivement de manger des légumes, car ils les disent peu nourrissants par rapport au pain ou à la viande. Les panais, navets et autres racines, les herbes comme les épinards ou les bettes, les poireaux, pois et autres verdures restent les aliments du petit peuple, des paysans et des pauvres, même s'ils ne sont pas systématiquement négligés par les bourgeois soucieux d'économie. Les fruits en revanche sont beaucoup plus prisés : noix, noisettes, amandes, figues, cerises, raisins, pommes et poires trouvent leur place sur les tables des riches.

Longtemps, la cuisine médiévale a été dépréciée et dédaignée pour son usage décrété excessif des épices. La gastronomie de cette époque fait montre en effet d'un goût très prononcé pour les mélanges fortement parfumés et savamment dosés et liés, lesquels sont sans doute à l'origine du légendaire goût français pour les sauces.

Le poivre, pas très cher, devient une épice populaire, mais dédaignée par les cuisiniers de l'aristocratie. En revanche, les « menues épices » c'est-à-dire girofle, muscade, macis ou graine de paradis (*Aframomum meleguetta*), sont extrêmement coûteuses et, par conséquent, fort prisées dans les grandes cuisines. S'y ajoutent *galanga*, poivre long, cannelle, gingembre et cardamome. *Le Viandier,* l'un des plus anciens ouvrages de cuisine en langue française, ne mentionne pas moins de seize épices nécessaires à la confection de ses recettes. Cette cuisine — qui sera décrite par les bourgeois du XIXe siècle comme composée « d'abominables ragoûts » — est en fait une cuisine légère, non pas dans le sens utilisé de nos jours pour qualifier la nouvelle cuisine, mais dans le sens où elle fait très peu usage de corps gras. Dans les sauces, il n'entre ni huile, ni beurre, ni saindoux. Elles se font à partir de vinaigre, de vin ou de verjus (jus de raisins très acides ou encore verts), parfois de jus de citrons, d'oranges amères ou de grenades, et sont parfumées de mélanges d'épices soigneusement pilées au mortier. Le goût de base le plus apprécié est acide et épicé, avec parfois une pointe d'amertume. Il arrive qu'on adoucisse ce mélange par l'addition d'un peu de sucre.

Les sauces qui accompagnent les poissons, les volailles et les rôtis sont liées au pain grillé et finement moulu ; le beurre et la crème sont totalement dédaignés. Les herbes qui parfument les plats ont des saveurs fortes et âcres : hysope, menthe, carvi, moutarde ou safran. D'autre part, les cuisiniers d'alors accordent énormément d'importance à l'effet visuel de leurs préparations ; la couleur est un élément capital dans la composition des mets, les

La vie des femmes célèbres : Ipsicréthéa, femme de Mithridate, à table, Antoine du Four
MUSÉE DOBRÉE, NANTES

recettes insistent beaucoup sur ce point. Le vert s'obtient avec le vert de poireau ou le jus d'épinard, le safran, très fréquemment utilisé mais la plus onéreuse des épices, donne le jaune. Le rouge s'obtient avec le tournesol ou le santal, et toutes sortes de substances, dont le lait ou le lait d'amandes, s'utilisent pour le blanc.

Si les recettes qui nous sont parvenues montrent qu'il s'agit d'une cuisine légère, très peu grasse, elle n'en est pas pour autant « naturelle ». Loin de vouloir conserver aux aliments leur aspect ou leur saveur d'origine, les cuisiniers s'efforcent de déguiser et de masquer les plats, d'où ces préparations de « bœuf comme venaison d'ours » ou d'« esturgeon contrefait de veau ».

Viandes et poissons rôtis, grillés ou frits reposent sur des sauces liées au pain grillé ; les grosses pièces de chair et les volailles sont cuites à la broche et les rares légumes se présentent sous forme de purées épaisses. C'est l'âge d'or des pâtés, dont certains atteignent des proportions gigantesques, contenant poissons, viandes ou oiseaux entiers rôtis. Ces préparations peu raffinées vont avoir beaucoup de progrès à faire pour devenir les fines pâtisseries dont elles sont les ancêtres. Les mets sucrés sont les gaufres, les oublies, les petits gâteaux (comme les talmouses encore confectionnées de nos jours), les beignets, les crêpes, les tartes au lait ou au fromage, les fruits cuits dans le miel, les pains d'épice ou les fruits frais.

La chasse, in *Le Rustican*, (vers 1460),
Pierre de Crescens
MUSÉE CONDÉ, CHANTILLY
Cette enluminure, tirée du manuscrit *Le Rustican*, dépeint la tuerie, par jeu, et le pillage des nids.
Seule la noblesse bénéficiait des droits de chasse, jusqu'à l'abolition de tels privilèges. Mais cette suppression n'arrêta pas les braconniers : on chassait le sanglier avec acharnement.

Quant aux boissons, la plus répandue est le vin, souvent utilisé en cuisine. Dès le Moyen Age, les grands vignobles de France sont déjà bien établis. Tout le monde boit du vin, généralement coupé d'eau. À la fin des repas on sert souvent l'hypocras (vin cuit, sucré et épicé, ancêtre de notre vin chaud). On boit aussi du cidre et du poiré, fait avec du jus de poires, ainsi que de la bière, descendante légitime de la cervoise des Gaulois !

À cette époque, apparaît le premier grand cuisinier français. En 1326, Guillaume Tirel, fils de Normand, débute dans la vie comme garçon de cuisine de Jeanne d'Évreux, épouse du roi Charles IV. Il doit, comme tous ses congénères, faire son lent et difficile apprentissage sous les ordres des maîtres queux et des officiers de la bouche. Le travail est pénible et les jeunes marmitons sont souvent battus. L'enseignement repose entièrement sur la tradition orale. Puis le jeune homme devient « potagier », c'est-à-dire spécialiste des ragoûts et des cuissons mijotées, et il gravit lentement les échelons de la hiérarchie culinaire. Ses confrères l'ont surnommé Taillevent. En 1346, il devient maître queux du roi Philippe VI, puis entre au service du Dauphin, duc de Normandie, et continue à diriger ses cuisines lorsque celui-ci est couronné roi. Sous Charles VI, il atteint le sommet de la gloire, étant nommé écuyer de cuisine et maître des garnisons du roi. En soixante ans, il aura été au service de cinq rois ; il mourra comblé d'argent et d'honneurs, possédant des armoiries — suprême distinction — qui rappelleront sa fonction de cuisine. Taillevent est en quelque sorte l'ancêtre de générations d'artistes qui ont marqué à tout jamais l'histoire de la gastronomie, et même l'histoire tout court. Il a rédigé au cours de sa vie un livre de recettes connu aujourd'hui sous le nom de *Viandier de Taillevent* où il reprend les recettes de deux précédents recueils anonymes, tout en en ajoutant d'autres de son cru.

Le plus ancien recueil de cuisine en langue française trouvé à ce jour est connu sous le nom de *Petit Traité* de 1306. Il contient une collection très limitée de recettes. Le second manuscrit, appelé *Le Manuscrit de Sion,* parce que découvert assez récemment dans Le Valais, en Suisse, comprend les principales recettes présentes dans Le *Viandier de Taillevent*. Ces trois recueils représentent les origines de notre littérature culinaire. Le *Viandier* restera le livre de référence jusqu'au XVIIe siècle et même au-delà.

L'importance du maître queux (ou chef cuisinier) dans les maisons royales ou princières est immense. C'est un personnage considérable. Il existe des dynasties de cuisiniers et le savoir s'y transmet de père en fils, le point culminant de la carrière étant atteint lorsqu'on devient écuyer de cuisine.

Plus modestement, les bourgeois des villes, même riches, ne s'offrent pas de maîtres queux : ils emploient des cuisinières, lesquelles ne jouissent pas d'un statut très élevé dans la hiérarchie domestique. Curieusement, le grand art culinaire en France semble avoir toujours été une affaire d'hommes. Pourtant, le rôle des femmes dans la gastronomie française est loin d'être négligeable. Le recueil de recettes le plus vivant et le plus touchant n'est pas l'œuvre d'un cuisinier, mais d'un bourgeois de Paris d'âge mûr, dont on ne connaît pas le nom, qui décida d'écrire vers 1390 un traité de morale et d'économie domestique pour sa très jeune épouse, intitulé *Le Ménagier de Paris*. Il reprend des recettes du *Viandier*, les commente et en ajoute d'autres plus modestes, faisant plus ample usage de légumes dits vulgaires et de denrées courantes. Il propose également des menus pour toutes sortes de circonstances, prodigue des conseils pour la bonne tenue d'une maison et offre un aperçu assez complet des techniques utilisées en cuisine à son époque. Sous sa plume, se met à vivre la bonne maison parisienne du XIVe siècle, avec sa grande cuisine, ses pièces à provisions, ses caves et son potager, sa grande salle où l'on dresse les tables pour les repas, et où l'on hume déjà l'odeur épicée et appétissante des mets.

Le Moyen Age atteint une sorte de perfection dans l'art du festin. S'il y a un type de

repas caractéristique de cette époque, c'est bien le banquet : repas-spectacle, occasion d'affirmer son rang, sa richesse et son prestige. Chez les grands de ce monde, comme chez les bourgeois qui peuvent se le permettre, le festin donné à l'occasion de noces, d'alliances, de victoires, de naissances ou de tout autre événement important, est le moment par excellence qui concrétise les idéaux esthétiques et sociaux de l'époque.

Le menu se compose de plusieurs mets, que l'on appellera plus tard « services ». Le service comprend tout un ensemble de plats (rôtis, sauces, poissons ou pâtés), disposés sur la table, chaque convive se servant de ce qu'il trouve devant lui. Les divers mets se suivent, il peut y en avoir jusqu'à six et plus, régulièrement séparés par ce que l'on appelle en toute logique les « entremets », c'est-à-dire des spectacles offerts aux convives entre deux services de mets. C'est le début du service dit « à la française ».

Cette cuisine médiévale, mitonnée dans les palais ou les maisons bourgeoises, aromatique,

Le Repas galant, École de Fontainebleau (XVIᵉ s.)
MUSÉE GRANET, AIX-EN-PROVENCE
Fontainebleau comptait deux écoles. L'une sous le patronage de François Iᵉʳ, l'autre jouissant de la protection d'Henri IV dans la seconde moitié du XVIᵉ siècle. Des artistes italiens, comme Primaticcio et Rosso, introduisirent le style d'influence maniériste dans les palais royaux français.

Le Goût, Abraham Bosse (vers 1635)
(dans le style de)
MUSÉE DES BEAUX-ARTS, TOURS
On dit que c'est Catherine de Médicis qui
introduisit l'artichaut en France, en
provenance de sa Toscane natale. Son goût
prononcé pour ce légume était considéré
comme scandaleux ; on prêtait en effet à
l'artichaut des propriétés aphrodisiaques, et
il était inconvenant pour une jeune femme
d'en consommer. (Catherine avait 14 ans
quand elle épousa Henri II.)

acide, légère, se retrouve par certains de ses aspects dans la cuisine moderne. Dénigrée pendant des siècles, elle a néanmoins suscité les lentes transformations des XVIᵉ et XVIIᵉ siècles qui ont permis d'établir les grands préceptes de la cuisine classique.

LA RENAISSANCE

Si la Renaissance en France est une période de grands changements tant dans le domaine artistique que scientifique, il n'en est pas de même pour la cuisine. Tout au long du XVIᵉ siècle, les seuls livres de référence en matière d'art culinaire sont des ouvrages du Moyen Age. *Le Taillevent,* le grand classique, sera régulièrement réédité jusqu'au XVIIIᵉ siècle. La cuisine, qui est un véritable moyen d'expression pour les sociétés humaines, évolue selon un rythme séculaire. Cependant, si dans les années 1500, le goût et les techniques semblent stagner à la table et à l'office, certains éléments se mettent en place pour amorcer une lente transformation qui verra le jour au siècle suivant.

Pour la première fois à cette époque, la cuisine devient un sujet d'écriture. Les hommes de lettres se mettent à discourir sur la nourriture, à décrire dans leurs journaux les repas qu'ils ont faits, leurs goûts et leurs dégoûts. Cela va des descriptions de Montaigne sur ses préférences alimentaires, aux morceaux de bravoure d'un Rabelais décrivant les festins de Pantagruel ou la somptueuse abondance de l'île de maître Gaster. Un peu plus tard, le poète Ronsard consacrera un sonnet à la salade... Intellectuels et savants semblent de plus en plus s'intéresser à tout ce qui a trait au corps et à la notion de santé.

Parallèlement, la découverte du Nouveau Monde permet l'arrivée de nouveaux produits en Europe : maïs, haricot, piment, potiron, tomate, dinde, pomme de terre, et surtout café et chocolat, restent pour l'instant à l'état de simples curiosités pour les Français. Après les longues guerres entre la France et l'Italie, les échanges diplomatiques, les alliances et les mariages royaux, l'influence transalpine devient très marquante. Artichauts, nouvelles sortes de melons, pois frais et salades, s'imposent peu à peu dans les menus.

Mais le changement le plus frappant concerne l'usage grandissant du sucre. De denrée rarissime et à usage surtout thérapeutique, le sucre, que l'on se procure de plus en plus facilement, devient ingrédient de cuisine. L'un des premiers ouvrages de confiserie en français est rédigé par l'astrologue alchimiste Michel de Nostre-Dame, dit Nostradamus, dans lequel il annonce « *un excellent et moult utile opuscule à touts nécessaire qui désirent avoir congnoissance de plusieurs exquises recettes...* ». Nombreuses sont, dans ce recueil, les recettes de confitures et de fruits confits. La mode italienne a également changé la table : la fourchette fait son apparition — et son usage se répandra très vite —, ainsi que les assiettes

Jardin d'amour à la cour de Philippe le Bon, au château de Hesdin (1431), Anonyme
CHÂTEAU DE VERSAILLES
Ce repas, après une chasse au faucon, eut lieu la veille du mariage de Philippe le Bon avec la duchesse Isabelle du Portugal, en 1430.
Chasse était aussi le mot employé pour désigner un mets de viande fait de rôtis variés et présenté sur un plat immense.

19

Madame la marquise de Lude (XVIIᵉ siècle), gravure de Pierre Bonnard
CHÂTEAU DE VERSAILLES
La marquise et son compagnon savourent diverses petites bouchées, parmi lesquelles un biscuit plat (oublie), ancêtre de la gaufrette.
Les oublies étaient particulièrement populaires au Moyen Age, bien que leur histoire remonte bien au-delà. Leur nom pourrait provenir du grec *obelios* (un gâteau cuit entre deux plaques de fer et vendu pour une obole) ou du latin *oblata* (offrande).

individuelles ; la faïence et le verre remplacent progressivement l'étain. Dans les cuisines, le matériel se sophistique un tant soit peu. Enfin, le repas, s'il suit la même structure qu'au Moyen Age et se décompose toujours en trois services, se distingue néanmoins par une plus grande variété de plats.

L'établissement d'une cuisine « classique » est en cours d'élaboration. Bien qu'aucun ouvrage de cette époque ne soit aussi précis et aussi riche en renseignements que ne l'avait été *Le Taillevent* pour les siècles précédents, il semble à peu près certain qu'une nouvelle cuisine se soit progressivement constituée entre 1500 et 1600. Mais il faudra attendre le XVIIᵉ siècle pour en trouver une trace écrite.

LA NAISSANCE DE LA GRANDE CUISINE

C'est aux XVIIᵉ et XVIIIᵉ siècles que la grande cuisine française va établir ses règles et étendre sa domination sur ce que, à l'époque, on considère comme le monde civilisé. Et cette haute cuisine commence à se développer dans les grands établissements de l'aristocratie, puis dans les riches demeures particulières. Elle devient l'affaire de cuisiniers spécialisés. Mais des maisons plus modestes et bourgeoises, va émerger une cuisine que l'on appellera « bourgeoise » puis « régionale », pratiquée par des cuisiniers non professionnels et, le plus souvent, des femmes.

Les aspirations de la bourgeoisie à toujours plus de raffinement vont accélérer l'évolution des fastes de la grande cuisine. En effet, la noblesse qui se voit imitée dans ses goûts et sa distinction va, pour garder ses distances, redoubler de fastes culinaires, lesquels seront, à leur tour, copiés par les bourgeois. Et ce ne sont pas les bouleversements de la Révolution qui y changeront quoi que ce soit.

Au XVIIᵉ siècle, s'opère un changement certain du paysage culinaire. Le premier fait marquant est le déclin du goût pour les épices. La France qui, de tout l'Occident, avait été le plus grand consommateur d'épices, ce qui lui avait valu pour la première fois son statut de grand gastronome, s'en désintéresse alors qu'elles continuent à être très appréciées dans tout le reste de l'Europe. Il n'y a plus guère que le poivre, le clou de girofle et la muscade, en quantités discrètes, qui trouvent grâce à leur palais. À cette époque, les étrangers s'étonnent même du peu d'épices utilisées en France ; et les Français voyageant dans d'autres pays d'Europe manifestent leur dégoût, comme la comtesse d'Aulnoy qui, se rendant en Espagne en 1691, dit n'avoir rien pu manger tant tous les mets étaient assaisonnés d'épices et de safran. Les herbes aromatiques ont également changé : l'hysope, la rue, la marjolaine, la menthe ou la tanaisie disparaissent et sont remplacées par le thym, le laurier, le persil, la sarriette, la ciboulette, l'estragon et le romarin.

Les aliments végétaux, considérés au Moyen Age comme une nourriture paysanne, vont devenir la marque distinctive des tables princières. En fait, il semble bien que la grande cuisine française ait délaissé ce qui avait fait sa distinction par le passé, pour prendre une nouvelle inspiration dans les ingrédients plus vulgaires, mais aussi plus naturels, des cuisines bourgeoises et paysannes. Elle en fait bientôt les critères du « bon goût » et du style culinaire à la mode.

Le beurre triomphe enfin. Absent des recettes du Moyen Age, à peine mentionné au XVIᵉ siècle, voici que subitement il est mis à toutes les sauces ! Adopté par l'élite sociale, il va devenir, tout comme les truffes, l'une des caractéristiques de la grande cuisine. Cette transformation est en partie due au fait qu'à partir du XVIIᵉ siècle, le beurre est autorisé durant le Carême et les jours d'abstinence. La crème, quant à elle, est encore négligée par les cuisiniers. En même temps que le beurre gagne ses lettres de noblesse, la quantité de graisses (saindoux, lard et huiles) employée dans la cuisine augmente considérablement. Mais

Déjeuner de chasse, François Lemoyne
(1688-1737)
SAO PAULO
Surtout connu en tant que peintre historien,
François Lemoyne décrocha la commande
convoitée de la décoration du plafond dans
le salon d'Hercule à Versailles. Il termina
les travaux de « L'Apothéose d'Hercule »
pour le compte de Louis XV en 1736 et se
suicida l'année suivante.

où vont donc tous ces corps gras ? Dans les sauces. C'est en effet à cette époque que l'on
assiste à la naissance de cet élément primordial de la cuisine classique, d'une conception
radicalement différente des « potages liants » médiévaux. En accompagnement du poisson,
par exemple, voici la « sauce blanche », encore un peu acide à cause de sa petite quantité de
verjus, mais rendue liante et épaisse grâce au beurre. L'ancêtre de notre beurre blanc est,
comme il se doit, recommandé pour accompagner le brochet ! Toutes les autres sauces sont
faites à base du bouillon de cuisson de ragoût et sont liées à la farine, aux jaunes d'œufs ou
encore parfois au pain, et additionnées de beurre : le roux est né. On le trouve mentionné
pour la première fois dans *Le Cuisinier françois* (1651), rédigé par La Varenne, écuyer de
cuisine du marquis d'Uxelles. Son ouvrage se vendra jusqu'à la moitié du XVIIIe siècle. Mais
la meilleure description vient d'un autre livre, *L'Art de bien traiter,* rédigé quelques années
plus tard par un auteur dont nous ne connaissons que les initiales, L.S.R., et dont on sait
qu'il était farouchement opposé à La Varenne dans une sorte de querelle des Anciens et des
Modernes sur la gastronomie de l'époque. La réduction est une autre nouvelle technique
pour donner bonne consistance aux sauces, conservées dans des récipients séparés, afin

La Tasse de chocolat (Louis de Bourbon, duc de Penthièvre, la princesse de Lamballe et leur famille buvant une tasse de chocolat), Jean-Baptiste Charpentier (vers 1767-68)
MUSÉE ANDRÉ-JACQUEMARD,
ABBAYE DE CHAALIS

Cortez appris chez les Aztèques comment transformer la graine de cacao en une boisson et une pâte — l'ancêtre de la barre de chocolat.
Les Espagnols tentèrent d'en garder le secret mais le cacao fut introduit en France quand les Juifs, expulsés d'Espagne, commencèrent à fabriquer du chocolat dans la région de Bayonne. On doutait du produit, jusqu'à ce que Anne d'Autriche — qui était espagnole — épousât Louis XVIII en 1615 ; elle fit du chocolat une boisson de la cour française.

d'être utilisées dans la confection de diverses préparations. L'événement est de taille dans l'histoire des techniques culinaires.

L'autre grande innovation est l'apparition des jus et des coulis, ancêtres des fonds, dont les cuisiniers développeront toute une théorie au XIXe siècle. Les jus sont des déglaçages de viandes rôties dans des récipients couverts, qui peuvent être réservés à divers usages, et les coulis sont en fait très proches des fonds modernes. Pierre de Lune dans *Le Cuisinier* rédigé en 1656, et le dernier des grands cuisiniers du XVIIe, Massaliot, n'en mentionnent pas moins de vingt-trois recettes différentes.

Mais cette grande cuisine ne naît pas sans querelles. Tout au long de ce siècle, des algarades éclatent entre les partisans de la tradition et les adeptes d'une cuisine nouvelle. Les réformateurs insistent sur la nécessité de conserver aux aliments le goût qui leur est propre. Enfin, la séparation rigoureuse qu'établissent les Français entre le salé et le sucré se met vraiment en place à cette époque.

Tandis que l'aristocratie se distingue en érigeant en règle dans ses cuisines ce qui doit être « le bon goût », la bourgeoisie, qui lui emboîte le pas, devient un public assidu des nouveaux livres de cuisine. Paraissent alors les premiers ouvrages directement destinés à cette classe sociale. Nicolas de Bonnefons fut premier valet de chambre du jeune roi Louis XIV et auteur de deux volumes, *Le Jardinier françois* et *Les Délices de la campagne,* parus en 1654. Ces livres sont plus particulièrement destinés à l'usage des hobereaux et des propriétaires terriens, ainsi qu'à la nouvelle bourgeoisie qui investit également dans les terres et les propriétés campagnardes. Le premier volume traite surtout de l'horticulture et des méthodes de conservation des aliments. Le deuxième aborde la cuisine. Bonnefons, en fervent moderniste, énonce en précepte de base que les aliments doivent garder le goût que leur a conféré la nature. Autre fait nouveau : l'auteur s'adresse aux dames qui ne rechignent pas à venir voir ce qui se passe dans la cuisine et, au besoin, à mettre la main à la pâte, particulièrement lorsqu'il s'agit de recettes sucrées et de la confection de friandises.

La manière de servir les grands repas change lentement. Vers la fin du XVIIᵉ et jusqu'à la mort de Louis XIV, le cérémonial de table atteint le point culminant du formalisme. Disposition des plats, enchaînement des services et place des convives, tout est savamment réglementé selon les usages d'une hiérarchie sans compromis. Une ou deux fois par semaine, le repas du roi à Versailles est un spectacle ouvert à tous, et qui se déroule comme une véritable pièce de théâtre avec le maître d'hôtel comme metteur en scène.

Mais le nouveau siècle et l'avènement de Philippe d'Orléans, le Régent, vont mettre en œuvre d'importantes transformations. En homme qui aime la bonne chère, le Régent ne répugne pas à préparer lui-même des petits plats pour ses amis, dans une batterie de cuisine en argent, et il introduit la mode des « petits soupers ». Il s'agit de repas servis pour un nombre très restreint de convives, avec un minimum de domestiques et où la qualité de la cuisine est de tout premier ordre. Le « bon goût » s'allie désormais à une intimité faite de convivialité.

Dans les grandes cuisines règne une querelle sans merci, qui divise toujours avec autant d'âpreté les Anciens et les Modernes. Pour ces derniers, seules comptent la simplicité et la pureté « naturelles ». Ce mouvement est bien établi dès les années 1740, mais que ce mot de « simplicité » ne trompe personne. En réalité, cette cuisine nouvelle exige un travail

Le Bocal d'olives (1760), Jean-Baptiste Chardin (1699-1779)
MUSÉE DU LOUVRE, PARIS

Le Souper fin, J. MOREAU (1741-1814)
COLLECTION PRIVÉE
La gravure (datée de 1781) montre un petit
groupe de personnes joyeuses, qui apprécie
tout autant la compagnie d'autrui que la
nourriture. La mode des soupers intimes
fut lancée par le Régent.

extraordinaire et, dans les plats, se mêlent quantités de saveurs, peut-être « naturelles » au départ, mais dont le résultat est d'une extrême complexité. Les ingrédients sont de plus en plus luxueux, les mélanges de base fort chers et compliqués, et les combinaisons de plus en plus recherchées. On parle beaucoup de théorie dans les cuisines. Tous les grands auteurs culinaires de l'époque sont d'accord pour que l'on fasse table rase de l'encombrante cuisine des siècles précédents. François Marin l'écrit en 1739 dans *Dons de Comus ou les Délices de la table* ; Menon, l'un des auteurs les plus connus et les plus lus à l'époque, l'avait déjà fait remarquer dans *La Science du maître d'hôtel cuisinier.* C'est à cette époque que s'établit enfin l'ère des fonds et des sauces.

Mais la cuisine des aristocrates reste une affaire d'hommes, et il faut aller jusqu'en Angleterre pour trouver des femmes « maîtres d'hôtel » (*housekeeper*). Menon a la particularité de s'adresser dans ses écrits à deux couches différentes de la société ; à l'aristocratie avec ses *Soupers de la cour,* où il donne force conseils à la fois théoriques et techniques aux cuisiniers professionnels, et à la bourgeoisie avec sa *Cuisinière bourgeoise,* ouvrage plein de bon sens, plutôt destiné aux femmes et rempli de recettes fondées sur les produits du jardin et du marché. Ce dernier ouvrage remplacera *Le Cuisinier françois* dans la liste des ouvrages de référence jusqu'au début du XIXe siècle.

Vincent de la Chapelle, autre cuisinier de renom officiant en Angleterre et grand voyageur, rédige *Le Cuisinier moderne.* Comme Marin, il énonce les bases théoriques de la grande cuisine ; sa « sauce espagnole » est toujours un classique. Dans le siècle suivant, il sera fort admiré par les grands cuisiniers, même si son recueil reprend plus d'un tiers des recettes des *Soupers de la cour* de Menon !

Dans ce siècle où se mettent en place les théories scientifiques modernes, où la philosophie est en pleine effervescence et où la Révolution se prépare, la cuisine suit un parcours assez particulier. Chez les aristocrates et chez les très riches, elle est d'un raffinement et d'un luxe extrêmes et exige une main-d'œuvre très spécialisée. Un menu d'apparat se compose alors de quatre services, comprenant plusieurs plats chacun (soit environ deux par convive), plus un cinquième service de « dessert » préparé à l'office et comportant confiseries, glaces, pâtisseries et autres friandises.

Dans la bourgeoisie, faute de pouvoir suivre les tendances aristocratiques, on pratique une sorte de cuisine de compromis, en simplifiant et diminuant plats et ingrédients. Menon l'avait compris et il connaissait bien le public qui allait se ruer sur sa *Cuisinière bourgeoise.*

L'aristocratie éclairée ne dédaigne pas du tout cette cuisine bourgeoise, soit par souci de santé, soit aussi, à la lumière des nouvelles idées, par souci d'égalité. Un livre comme *La Maison rustique,* suite logique en quelque sorte aux *Délices de la campagne* du siècle précédent, fait beaucoup pour propager dans les familles de province les principes de la cuisine bourgeoise qui, comme toute cuisine de cette époque, est essentiellement parisienne. C'est en effet à Paris que l'approvisionnement est le meilleur. Tous les chemins y mènent, les meilleurs produits du pays et des autres régions du monde s'y concentrent. Les grands cuisiniers ne peuvent véritablement officier que dans la capitale.

Le thé, le café et le chocolat ne sont plus considérés comme de curieuses nouveautés mais comme des boissons tout à fait courantes. Les premiers cafés parisiens font leur apparition. On y sert bien entendu du café, mais on y discute avec véhémence des questions politiques du jour. L'Italien Procope ouvre un café où il sert également des glaces. C'est une nouveauté, la fabrication de glaces ou de sorbets étant jusque là le fait d'établissements aristocratiques. Les légumes du Nouveau Monde sont devenus courants. La pomme de terre va enfin faire son entrée sur les tables françaises, vers la fin du siècle, grâce aux efforts d'un certain Parmentier. Le pâté de foie gras, spécialité régionale d'Alsace, connaît une vogue qui

ne fera que s'accroître et, en Normandie, une certaine Marie Marel dans son village de Camembert prépare un fromage qui fera les délices du monde entier.

En 1765, un certain Boulanger, dénommé aussi Champ d'Oiseaux, ouvre une sorte de petit cabaret dans la rue des Poulies (aujourd'hui rue du Louvre), où il sert des « restaurants » (des bouilons) à ses clients. Il offre également des volailles bouillies au gros sel et des œufs frais. N'étant pas traiteur, il n'a pas encore le droit à cette époque de vendre de ragoûts ou de plats en sauce.

En 1789, Antoine de Beauvilliers, qui a dirigé les cuisines de la Maison royale, ouvre à Paris, rue de Richelieu près du Palais-Royal, le premier restaurant tel que nous le concevons aujourd'hui. Comme à son ouverture son établissement était très fréquenté par des aristocrates, Beauvilliers est emprisonné durant dix-huit mois sous la Terreur, mais a la chance de sauver sa tête. À sa sortie, il ouvre un autre restaurant, Galerie de Valois, toujours au Palais-Royal, qui deviendra un haut lieu de la gastronomie.

Les restaurants se multiplient à Paris sous la Révolution. Les aristocrates ont fui, et leurs cuisiniers et maîtres d'hôtel se retrouvent sans emploi. Ils n'ont d'autre solution que de se

Le Champ de foire à Quimper,
Olivier Perrin (XIXᵉ s.)
MUSÉE DES BEAUX-ARTS, QUIMPER
Cette foire de campagne (peinte en 1810) est l'une des nombreuses foires auxquelles le peuple venait acheter des provisions et se divertir. Les grandes foires annuelles avaient lieu le jour de la fête du saint de la paroisse.
Certaines, spécialisées ou non, sont les ancêtres des grandes foires agricoles qui existent encore aujourd'hui.

faire restaurateurs et certains, comme Beauvilliers, Méot ou Véry sont des célébrités nationales. L'ère des grands restaurants a commencé !

Époque enthousiaste et tragique, où se côtoient festins et famines. Les dirigeants révolutionnaires sont souvent de fameux gourmands : même chez les condamnés, on festoie. Restaurateurs et traiteurs ont des contrats avec les prisonniers qui en ont les moyens et qui se font servir d'exquises nourritures avant d'aller à la guillotine.

La haute cuisine est descendue dans la rue, les grands chefs ont des restaurants, et n'importe quel citoyen, du moment qu'il a de l'argent, peut manger comme le faisaient les grands aristocrates disparus.

LES GOURMANDS DU XIXᵉ SIÈCLE

Sous le Directoire et jusqu'au début de l'Empire, lorsque s'éloignent enfin les horreurs de la Terreur, on va assister à une frénésie de gourmandise et de jouissance, une envie irrépressible de plaisir : la France se remet à vivre.

Le premier à avoir eu l'idée de publier une revue gastronomique fut Grimaud de La Reynière. Gourmand obsessionnel, il est le créateur des premiers « labels », un ancêtre en

Coin de vigne en Languedoc (1886),
Édouard Debat-Ponsan (1847-1913)
MUSÉE DES BEAUX-ARTS, NANTES
Parmi les vignobles les plus renommés du Languedoc, on trouve le tavel rosé, le vin de Limoux et des blancs pétillants.

Le Goûter champêtre (détail), (1850),
Auguste-Barthélémy Glaize
MUSÉE FABRE, MONTPELLIER
Les rencontres informelles autour de repas
en plein-air devinrent un sujet de plus en
plus prisé par les artistes de la fin du XIXᵉ
siècle.

quelque sorte du *Michelin* ou du *Gault et Millau*. Cependant, le plus grand écrivain sur la gastronomie fut Jean-Anthelme Brillat-Savarin. Sans être cuisinier, ce très fin gourmet et homme du monde écrivit un ouvrage qui fit date dans la littérature gourmande : *La Physiologie du goût ou Méditations de gastronomie transcendante* (1826). Malgré son titre assez rébarbatif, l'ouvrage offre une passionnante série de réflexions sur la gastronomie et, à défaut de recettes, on y découvre une foule d'anecdotes et de souvenirs de repas simples ou mémorables. Les petits soupers du XVIIIᵉ siècle, avec leur raffinement dans la séduction, sont remplacés par des repas intimes dont le seul but est la jouissance des papilles.

Mais à ces agapes en comité restreint s'oppose, tout au long de ce siècle riche en événements politiques et diplomatiques, une grande cuisine vouée au gigantisme. Le chef incontestable de ces généraux et stratèges des banquets est Antonin Carême. Quel tour de force fut le sien quand il eut à composer, réaliser et diriger les opérations d'un grand repas comme celui du 12 février 1816 dans le théâtre de l'Odéon en l'honneur de la Garde nationale : les convives étaient plus de trois mille !

Paris ne produit plus rien, on n'y fait plus pousser de légumes depuis bien longtemps, et les moutons, porcs et vaches ont disparu des ruelles et arrière-cours. Mais la capitale est

Le Déjeuner (1868), Claude Monet
(1840-1926)
COLLECTION PRIVÉE
Monet peignit de nombreux tableaux de
son modèle favori, Camille Doncieux (qu'il
épousa en 1870) et de leur fils, Jean. Il
prenait pour thème des faits simples et
quotidiens pleins de charme et de chaleur.

devenue le lieu où convergent les meilleurs produits des quatre coins du globe. Grimaud de
La Reynière nous confie que « *c'est le lieu où l'on apprécie le mieux les qualités respectives
de tout ce qui sert à la nourriture de l'homme, et où on sait le mieux les faire tourner au
profit de notre sensualité* ». Nous assistons à une belle extension du centralisme culinaire
déjà bien amorcé au XVIIIᵉ siècle, et la France de cette époque pense qu'elle est un phare
culturel pour les sociétés civilisées et se prend pour le nombril du monde. Paris est donc la
capitale mondiale de la cuisine et du bon goût.

Durant ce siècle, que l'on a qualifié peut-être un peu trop arbitrairement d'« âge d'or de la gastronomie française », vont s'affirmer les grands principes de la technique culinaire, qui en feront le modèle de la gastronomie internationale. Des fourneaux des grands cuisiniers vont naître des plats qui feront le tour de la planète et deviendront des grands classiques. Les conditions de travail ont considérablement évolué dans les cuisines. Non seulement le fourneau a fait son apparition, mais il est même en fonte et de plus en plus perfectionné. Cette merveille de modernité permet désormais de rôtir, cuire au four, braiser, griller... Paradoxalement, les deux inventions techniques les plus fontamentales pour le traitement des aliments, à savoir la conserve par stérilisation découverte par Nicolas Appert et la réfrigération mise au point par Ferdinand Carré, n'auront aucune incidence sur la cuisine de cette époque.

Le Thé dans le jardin, Louis Carré
MUSÉE D'ORSAY, PARIS

Dans ce siècle, la cuisine s'approprie les signes distinctifs de la société bourgeoise, à savoir la recherche des valeurs sûres et de la stabilité. Les recettes s'alourdissent et incorporent des quantités tout à fait considérables de beurre et autres corps gras, qui n'arrondissent pas que les saveurs... Nous voilà dans le siècle de la réussite ventripotente !

Un autre changement fondamental va s'opérer, c'est la transformation du service des repas. Dès le début du siècle on peut voir dans la littérature culinaire la description de ce qui est appelé le service « à la russe ». Il s'agit en fait de servir les divers plats du repas les uns après les autres, en les présentant directement au convive. Les mets sont découpés et arrangés en cuisine et peuvent être consommés chauds, dans la perfection de leur préparation.

Déjeuner au conservatoire
Louise Abbema (1858-1927),
MUSÉE DES BEAUX-ARTS, PAU

Les cuisiniers du XIXᵉ siècle vont rivaliser d'ardeur et d'originalité pour présenter les

Casserole et Œuf, (1967)
G. Rohner
COLLECTION PRIVÉE

pièces les plus extravagantes, en sucre, massepain, graisse, viande ou toute autre substance modelable. Pour Antonin Carême, la vedette du genre, la pâtisserie va même jusqu'à se définir comme la plus belle branche de l'architecture ! Songez donc que parmi les grosses pièces les plus célèbres de Carême figurent les ruines d'Athènes et la fontaine du Parnasse ! Ses admirateurs de l'époque n'hésitent pas à le comparer à Palladio. Quoi qu'il en soit, Carême fut un très grand cuisinier, peut-être le plus grand de ce siècle. Ses disciples se nomment Urbain Dubois, Jules Gouffé, Dugléré et plus tard Auguste Escoffier. Tous sont devenus d'illustres personnages au panthéon des gastronomes. Grâce à eux, la cuisine française devient l'ordinaire des cours et de la diplomatie, puis du monde cosmopolite de l'hôtellerie et de la restauration, car vers la fin du siècle les voyages et le tourisme se développent rapidement. Ceux qui en ont les moyens vont « aux eaux » et découvrent les délices de la côte d'Azur ou des villes italiennes. La grande société européenne se donne rendez-vous dans les palaces. Et ce sont les chefs français qui supervisent les cuisines de ces lieux prestigieux, car ils bénéficient déjà d'une excellente expérience de la restauration commerciale. Ils vont participer à la mise en place d'une véritable industrie hôtelière. Le modèle français devient la référence internationale.

LA RENAISSANCE CULINAIRE DU XXᵉ SIÈCLE

Incontestablement, celui qui a établi définitivement ce que devait être l'art culinaire, tel qu'il avait été conçu par ses illustres prédécesseurs Carême ou Dubois, est Auguste Escoffier. Cuisinier hors pair, il s'engage dans une restructuration et une codification minutieuse de la cuisine, l'« adaptant », comme il dit, aux impératifs plus modernes. Les théoriciens du XIXᵉ siècle les décrivent par un fonds, ou un coulis de base, additionné d'une liaison et d'un jus de cuisson, auxquels s'ajoutent des garnitures. Le résultat est une « sauce capitale » ou « grande sauce » qui servira à son tour de base pour d'autres sauces. Mais avec Escoffier, le schéma est le suivant : un fonds additionné d'une liaison donne la sauce capitale, à laquelle on ajoute une garniture et un ou deux autres éléments pour faire une autre sauce. Par exemple, en ajoutant du beurre et du consommé de volaille à la sauce allemande de Carême, on obtient une sauce suprême. La cuisine ainsi codifiée devient comme un vaste jeu de poupées russes, qui s'emboîtent sans fin les unes dans les autres.

La période qui s'annonce est une période de stagnation, où la grande cuisine s'est quasiment momifiée, comme si les chefs cuisiniers d'alors avaient décrété que la perfection ayant été atteinte pendant la Belle Époque, on ne pouvait rien faire d'autre que répliquer les œuvres des grands maîtres. Une exception tout à fait notable cependant : Édouard Nignon. Cet homme est peu connu du grand public, mais nombreux sont les chefs contemporains qui lui sont redevables ! Il officia dans toutes les grandes maisons de Paris, entre autres à La Maison dorée et au café Anglais et fut sollicité par l'Autriche et par la Russie. Il est l'auteur d'un ouvrage merveilleux mais très peu connu, *L'Héptaméron des gourmets ou les Délices de la table,* l'un des plus beaux livres de cuisine du XXᵉ siècle.

À quelles sources allaient donc puiser les autres créateurs pour un renouveau de l'art ? Mais dans la cuisine régionale, bien sûr ! Dans cette bonne vieille cuisine bourgeoise, sans nulle autre pareille pour mitonner de petits plats traditionnels et savoureux. Une révolte semble s'imposer contre le centralisme parisien, contre l'uniformité et la standardisation rigide de la gastronomie devenue internationale. Les signes avant-coureurs surgissent dès le début de la Première Guerre mondiale. Pampille, pseudonyme de Marthe Allard, publie *Les Bons Plats de France.* Notons au passage qu'elle est l'épouse de Léon Daudet, homme politique opposé aux idées socialistes et universalistes. Dans son ouvrage, il ne s'agit certes pas de grande cuisine, mais d'un regain d'intérêt, teinté de politique par les tenants d'un

Légumes et Fruits, Louis Valtat
MUSÉE DES BEAUX-ARTS, NANTES
Les poivrons et les tomates sont des ingrédients indispensables à la réalisation de la ratatouille, ragoût de légumes, typique de la cuisine provençale.
On peut le servir seul ou en accompagnement avec des rôtis, du poisson braisé ou des œufs brouillés.

« renouveau national », pour les spécificités régionales, opposées aux concoctions estimées dispendieuses et décadentes de la grande cuisine. Ses recettes vedettes sont le pot-au-feu et la poule au pot. C'est en 1923 que s'organisent à Paris les huit jours de la « gastronomie régionaliste », sous la direction de Austin de Croze. Des chefs de toutes les provinces viennent y présenter leurs spécialités.

Dans les années 1930, la cuisine française devient l'une des cuisines les plus intéressantes du monde contemporain. Parallèlement, le discours médical se mêle de cuisine. La diététique prend le devant de la scène, et à la gastronomie s'adjoint la notion de régime. C'est l'époque où un nutritionniste de l'institut Pasteur, Édouard de Pomiane, fin gourmet et bon cuisinier, publiera une quantité de livres de cuisine à l'attention des ménagères, dont *La Physique de la cuisine et son Art,* où il explique au grand public les principes biochimiques de la cuisson des aliments ! La gastronomie se veut scientifique.

Dans les années 1960, le discours des nutritionnistes et des diététiciens se fait fortement entendre. L'image idéale du corps a changé, ainsi que les notions d'esthétique. La diététique médicalisée se vulgarise et, dans l'esprit des Français, se met en place la non-compatibilité du bon et du sain, de la gastronomie et de la diététique. Dilemme ! Problème de fond qui se pose à un peuple dont l'expression culinaire fait intrinsèquement partie de la culture ! Il fallait innover, réinventer, réconcilier bonne cuisine et bonne santé, et ce fut le fait d'un très grand cuisinier de ce siècle : Michel Guérard. Les choses vont enfin bouger. Henri Gault et Christian Millau, journalistes gastronomiques quelque peu iconoclastes envers sa majesté Michelin se joignent à Guérard pour lancer « la nouvelle cuisine ». L'histoire semble alors se répéter quelque peu, car nous nous trouvons, comme nos ancêtres de 1600, dans une période de profond remaniement en matière d'art culinaire.

C'est une révolution qui sera amplement suivie. Mais qu'y a-t-il de vraiment nouveau dans cette cuisine ? À priori, le principe du respect de la saveur des aliments, du goût naturel des produits ne date pas d'hier, nous l'avons vu. Il s'agit donc d'un retour aux valeurs anciennes mais en faisant appel aux techniques nouvelles. Les types de cuisson se développent considérablement avec la vapeur et le micro-ondes.

Fin de souper (1913), Jules-Alexandre Grün
MUSÉE DES BEAUX-ARTS, TOURCOING
Jusqu'au milieu du XIXe siècle, le souper était considéré comme une fin de bal brillante et très appropriée. Les restaurants adoptèrent alors cette idée, attirant ainsi les habitués du théâtre après la tombée du rideau. De nombreuses personnes continuèrent de servir des soupers privés chez elles. Elles avaient, comme l'écrit E. Briffault dans *Paris à table,* « un certain goût pour le fruit défendu ».

La diversification des produits est telle que les cuisiniers d'aujourd'hui ont à leur portée à peu près toutes les denrées alimentaires de la planète. Et dans leur zèle exploratoire, certains ont pu commettre des plats aussi baroques que la morue aux fraises ou le turbot aux kiwis. Qu'à cela ne tienne ! La Varenne, en 1661, dans *Le Cuisinier françois* nous donnait bien une recette de « Poulet d'Inde à la framboise farci » ! On ne se libère pas de cent cinquante années de répétitions respectueuses des recettes des maîtres anciens sans quelques excès. La période exploratoire semble maintenant révolue et la création culinaire reprend ses droits. Dans cette nouvelle décennie, nous assistons à la mise en place d'une tradition rénovée par le subtil amalgame des cuisines de terroir et des approches raisonnées de la nouvelle cuisine, elle-même héritière des grandes tendances du passé. La cuisine française ne s'est jamais aussi bien portée !

Pommes et Oranges, Paul Cézanne (1839-1906)
MUSÉE D'ORSAY, Paris
Dans ses natures mortes, Cézanne consacrait des heures à la disposition attentive des différents éléments pour obtenir un équilibre parfait de couleurs et de formes. Une de ses affirmations les plus connues est : « Quand la couleur prend sa grande richesse, alors la forme trouve sa plénitude. » Un jeune artiste l'observant travailler fit remarquer : « On pouvait deviner que c'était pour lui une fête pour l'œil. »

Pique-nique à la campagne près de Strasbourg (1863), Théophile Schuler MUSÉE HISTORIQUE, STRASBOURG Le mot « pique-nique » fut accepté par l'Académie française en 1740.

SOUPES

Pendant des millénaires, la bouillie de céréales fut un aliment de base pour le monde rural. En Europe, elle resta un plat essentiel jusque tard dans le Moyen Age, surtout en Europe du Nord, où la tradition était solidement établie. La bouillie se faisait à base d'orge, de seigle, d'avoine, de millet ou de froment. Nourriture semi-liquide qui devait cuire à petit feu, elle a laissé de nombreuses traces dans nos cuisines.

Un des plats fréquents vers les XIIIe et XIVe siècles est la fromentée, bouillie de froment, souvent agrémentée de lait. Au XVIe siècle, à la cour de France, les bouillies de céréales, le plus souvent à base de blé et de lait, étaient un plat délicat et fort apprécié. D'autre part, elles jouaient un rôle important dans l'alimentation des enfants. Aujourd'hui, il existe encore dans certaines régions de ces soupes de céréales, comme la soupe à l'épautre du comtat Venaissin.

À l'origine, et pour cela il faut remonter jusqu'au Moyen Age, le mot soupe désignait le morceau de pain sur lequel on versait le bouillon, et qui servait à épaissir le mets que nous désignons aujourd'hui par ce nom.

Nous savons que Jeanne d'Arc, lorsqu'elle était en campagne, se contentait souvent, en guise de repas, de quelques « soupes » trempées dans du vin. La tranche de pain pouvait être grillée et on l'appelait alors une tostée. Il était de mise pour honorer un invité de lui offrir un verre de vin au fond duquel on avait placé une de ces tostées, d'où l'expression « porter un toast » ou boire en l'honneur de quelqu'un.

Le mot potage désignait tout ce qui se faisait cuire dans un pot, et à cette époque le pot était l'ustensile principal de la cuisine. Les potages « liés », c'est-à-dire épaissis au pain, correspondaient à des ragoûts (ou gravés) et ce jusqu'à la Renaissance. Vers le XVIIe siècle, soupe et potage prirent leur sens actuel.

Quoi qu'il en soit, la soupe fut un aliment essentiel pour la paysannerie, mais aussi pour les artisans et les petits bourgeois. Cuisant lentement dans une marmite suspendue dans l'âtre, elle comprenait des légumes, dont bon nombre de « racines », telles que navets, panais, carottes, poireaux, courges, oignons, et de la viande lorsqu'on pouvait s'en procurer.

Nourriture rustique et vulgaire, elle ne joua pas un rôle majeur dans la grande cuisine. Néanmoins, avec le temps, elle devint plus raffinée et se transforma progressivement en divers « potages » plus légers et plus veloutés, passés à l'étamine et enrichis de crème et de beurre, ce qui en fit même une nourriture distinguée, plus particulièrement destinée aux personnes délicates.

Le Bénédicité, Jean-Baptiste Chardin (1699-1779) MUSÉE DE L'HERMITAGE, LÉNINGRAD
Une honnêteté directe et une absence de sentimentalité caractérisent le genre des peintures de Chardin.

Le Repas de midi, Léon-Augustin Lhermitte
BURNLEY TOWNELEY HALL —
ART GALLERY AND MUSEUM
La révision des pratiques fermières, menée
par Olivier de Serres, à la fin du XVIe siècle
et au début du XVIIe, redonna vie au mode
d'alimentation de générations successives.
Son dicton était : « Un ménage prospère
dépend de l'utilisation de produits
saisonniers et de l'application du bon
sens. »

Il y eut des soupes célèbres ! Il nous faut avoir une pensée émue pour la poule au pot si chère à Henri IV. Ce bon roi, alors que la disette décimait une bonne partie de son royaume, souhaita que tous ses sujets puissent au moins une fois par semaine, le dimanche, faire cuire une poule avec l'habituelle soupe de racines et d'herbes. Olivier de Serres, son conseiller et le meilleur agronome de son époque, fut à l'origine d'un grand développement de l'agriculture et de l'élevage dans le pays. L'agriculture s'en trouva plus prospère et effectivement, les paysans purent enfin mettre régulièrement la poule au pot !

Plus tard, les grands cuisiniers ne dédaignèrent pas de donner des recettes pour ce type de préparation paysanne, et Menon, dans l'un de ses ouvrages, nous livre les secrets de la garbure, une remarquable soupe béarnaise à base de choux, de porc, de confit d'oie ou de canard.

Au XIXe siècle, la grande soupière fumante au milieu de la tablée familiale devint le symbole discret du bonheur domestique paysan et bourgeois. La grande cuisine, en revanche, favorisa les légers consommés, qui étaient comme de transparentes quintessences de viandes ou de volailles, et les veloutés distingués. Ce mets ne devait pas constituer un repas à lui tout seul, tout juste préparait-il le convive à savourer les savantes compositions de la suite du menu.

Aujourd'hui, la vraie soupe paysanne, épaisse de légumes, de viandes, de lard et de pain, se fait rare. Chaque région a ses particularités. Outre la garbure décrite plus haut, on trouve aussi dans le Sud-Ouest un type de soupe plus légère appelée tourrin. Il s'agit d'oignons, d'ail et d'herbes aromatiques, parfois additionnés de tomates, revenus dans de la bonne graisse d'oie ou de canard, puis mouillés d'eau, assaisonnés de vinaigre, d'une pincée de sucre et liés à l'œuf. Ces tourrins se servent avec des tranches de pain tapissant le fond de la soupière.

Plus au nord-est, la tradition de la potée est encore très vivace avec son robuste mélange de légumes, de haricots blancs et de diverses viandes, entre autres du porc et du poulet. Sur le littoral méditerranéen, perdure la célèbre bouillabaisse, soupe de poissons assaisonnée au safran et accompagnée de sa « rouille », qui est un ailloli au piment. Le Centre, et plus particulièrement l'Auvergne, sont adeptes de la soupe aux choux et au lard. En fait, chaque province a sa soupe.

La France demeure un pays de traditions, plus particulièrement en ce qui concerne les habitudes alimentaires. Près de 48 % des Français consomment de la soupe chaque soir. Les générations plus âgées considèrent que c'est le meilleur aliment et le plus digeste que l'on puisse prendre avant d'aller se coucher.

Soupière en porcelaine (XVIIIe siècle)
MUSÉE NATIONAL DE CÉRAMIQUE, SÈVRES
La porcelaine fine de Sèvres est aussi bien du style charmant, légèrement décoré (comme ci-dessus) au style extraordinairement orné qu'aimait particulièrement Louis XVI. L'introduction, en 1769, de la porcelaine cuite a vu le style discret prendre, une fois de plus, le dessus.

Les Apprêts d'un déjeuner,
Nicolas-Bernard Lépicié
MUSÉE DES BEAUX-ARTS ET D'ARCHÉOLOGIE, RENNES
Du chou, du lard et des oignons : les ingrédients classiques d'une soupe appelée garbure robuste.

Velouté d'asperges vertes (à g.) ; Potage à la citrouille (à d.)

VELOUTÉ D'ASPERGES VERTES

C e velouté onctueux rappelle les préparations raffinées de la grande cuisine du XVIIIᵉ siècle. Il est lié, crémeux, d'une délicatesse destinée au goût subtil des dames. L'usage des asperges, introduites dans la grande cuisine à partir de la Renaissance sous l'influence italienne, s'intègre dans un mouvement général de transformation progressive des goûts et des habitudes alimentaires, tendant à donner une plus large place aux légumes, considérés jusque-là comme une nourriture de paysans.

Pour 4 personnes
500 g de petites asperges vertes
2 dl de lait
2 cuillerées à soupe de crème fraîche épaisse
1 cuillerée à soupe d'huile d'olive
1 cuillerée à café de fécule d'arrow-root
6 brins de cerfeuil
noix muscade
sel, poivre

Coupez les pointes d'asperges à 3 centimètres et réservez-les. Coupez le reste des asperges en fines rondelles. Rincez le cerfeuil et épongez-le.
Faites chauffer l'huile dans une casserole à fond épais et faites-y juste blondir les rondelles d'asperges pendant 5 minutes, en les tournant sans cesse. Ajoutez alors les brins de cerfeuil et 1/2 litre d'eau. Portez à ébullition et laissez cuire 15 minutes.
Au bout de ce temps, passez le contenu de la casserole au mixeur puis au tamis afin d'éliminer toutes les fibres. Versez la préparation dans la casserole. Délayez la fécule dans le lait et versez-le dans la casserole. Ajoutez sel, poivre et noix de muscade. Posez la casserole sur feu doux et portez à ébullition. Plongez les pointes d'asperges dans le liquide bouillant et laissez cuire 4 minutes environ, en tournant sans cesse, jusqu'à ce que les pointes d'asperges soient juste cuites et le potage velouté. Retirez du feu, ajoutez la crème et mélangez. Servez aussitôt.
Vous pouvez aussi déguster ce velouté froid.

POTAGE À LA CITROUILLE

*L*a *Maison rustique* est un traité d'agriculture et d'économie domestique destiné aux propriétaires terriens du XVIIIᵉ. L'ouvrage comprend une section réservée aux diverses méthodes de conservation des aliments et aux recettes de cuisine, parmi lesquelles cette soupe à la citrouille, typique de l'époque par l'accent mis sur la finesse et le velouté.

Pour 4-5 personnes
800 g de pulpe de potiron
1 l de lait
1 gousse d'ail
1 clou de girofle
1 brin de thym
2 pincées de noix muscade râpée

> Prenez un morceau de citrouille, pelez-le et le coupez par morceaux : faites-la cuire dans une marmite avec de l'eau, du sel, deux clous de girofle et un morceau de beurre. Quand elle est cuite et qui refte fort peu de bouillon, s'il paroît encore des morceaux, écrafez-les avec la cuillier à pot : mettez-y du lait, et lorfqu'il commence à bouillir, retirez la marmite du feu.

Soupe glacée à la tomate

2 pincées de Cayenne en poudre
sel, poivre

Coupez la pulpe de potiron en cubes de 2 centimètres. Pelez la gousse d'ail et enfermez-la dans un petit carré de gaze ficelé avec le thym et le clou de girofle.
Versez le lait dans une cocotte de 4 litres, ajoutez le carré de gaze, les cubes de potiron et un peu de sel. Portez à ébullition. Mélangez et laissez cuire 30 minutes à feu doux et à couvert. Tournez plusieurs fois pendant la cuisson.
Éliminez le petit carré de gaze et versez le contenu de la cocotte dans un robot. Mixez jusqu'à obtention d'une très fine préparation.
Faites réchauffer le potage de potiron dans la cocotte, en y ajoutant poivre et Cayenne. Servez aussitôt.

SOUPE GLACÉE À LA TOMATE

*C*ette soupe acide et légère pourrait rappeler les goûts du Moyen Age, si ce n'est que la tomate, son ingrédient principal, n'a été popularisée dans notre cuisine qu'après la Révolution. Venus de Marseille, les Frères Provençaux (en réalité des beaux-frères), quittèrent le service du prince de Conti pour ouvrir un restaurant à Paris, vers la fin de 1789. Ces Méridionaux firent découvrir aux Parisiens les délices de la brandade de morue, de l'ailloli et de la bouillabaisse, et contribuèrent à faire connaître les légumes du Midi, dont la tomate.

Pour 4 personnes
1 kg de tomates mûres
1/4 de l de fond de volaille
4 cuillerées à soupe d'huile d'olive
2 cuillerées à soupe de vinaigre de vin vieux
4 cuillerées à café de crème fraîche épaisse
1 gousse d'ail nouveau
12 petites feuilles de basilic
sel, poivre

Ébouillantez les tomates 10 secondes, puis rafraîchissez-les sous l'eau courante, pelez-les, coupez-les en deux et éliminez-en les graines ; hachez grossièrement la pulpe et mettez-la dans le bol d'un robot avec le fond de volaille, l'huile, le vinaigre, sel et poivre.
Pelez la gousse d'ail et passez-la au presse-ail au-dessus du bol du robot. Mixez 2 minutes à grande vitesse, jusqu'à obtention d'une purée très lisse. Réservez au réfrigérateur jusqu'au moment de servir.
Servez la soupe dans des assiettes creuses. Déposez la crème fraîche au centre de chaque assiette et décorez de feuilles de basilic. Mélangez au moment de déguster.

CRÈME DE PETITS POIS

Cette recette nous vient du *Ménagier de Paris*, rédigé vers 1390 par un riche bourgeois à l'intention de sa très jeune femme. Elle fait partie des potages crémeux, passés au pilon et au tamis, épaissis aux œufs et au pain, en quelque sorte les ancêtres des veloutés du XVIIIe siècle. Cette préparation était servie sur des morceaux de veau ou d'oie, bouillis puis frits.

Pour 4 personnes
1 kg de petits pois frais
1 l de bouillon de volaille

> Cretonnée de pois nouveaux ou fèves nouvelles
> Cuisez-les jusqu'à ce qu'ils soient écrasés, puis prenez lait de vache bien frais, et dites à celle qui le vous vendra qu'elle ne le vous baille point si elle y a mis de l'eau, car moult souvent elles agrandissent leur lait, et s'il n'est bien frais ou qu'il y ait eu eau, il tournera. Et icelluy lait bouilliez premièrement et avant que vous y mettez rien, car encore tournerait-il : puis broyez premièrement gingembre pour donner appétit, et safran pour jaunir ; ce qui peut se faire aussi en liant des (jaunes) d'œufs filés dedans, ces jaunes d'œufs jaunissent assez et font liaison, mais le lait se tourne plus tost de (jaunes) d'œufs que de liaison de pain et de safran pour colorer. Et pour ce, qui veut lier de pain, il convient que ce soit pain non levé et blanc, et sera mis à tremper en une escuelle avec du lait ou avec du bouillon de chair, puis broyé et coulé (tamisé) par l'estamine ; et quand votre pain est coulé et vos épices non coulées, mettez tout bouillir avec vos pois ; et quand tout sera cuit, mettez donc votre lait et du safran. Encore pouvez-vous faire autre liaison, c'est assavoir des pois mêmes ou des fèves broyées puis coulées que mieux vous plaira. Car quand est liaison de (jaunes) d'œufs, il les convient battre, couler par l'estamine et filer dedans le lait, après ce qu'il a bien boulu et qu'il est trait arrière du feu avec les pois nouveaux ou fèves nouvelles et les épices. Le plus sûr est que l'on prenne un petit du lait et détremper les œufs dans l'escuelle et puis encore autant et encore, tant que les jaunes soient bien détrempés à la cuillier avec foison de lait, puis mettre du pot qui est hors du feu, et le potage ne se tournera point. Et si le potage est épais, délayez avec eau de chair. Ce fait, il vous convient avoir poussins escartelés (petits poulets), veau ou petite oie cuits puis frits, et en chascune escuelle mis deux ou trois morceaux et du potage par-dessus.

1 cœur de laitue, 1 oignon
100 g de crème fraîche épaisse, 25 g de beurre
4 brins de cerfeuil, sel, poivre

Écossez les petits pois. Pelez l'oignon et hachez-le.

La Baratteuse, Jean-François Millet (1814-1875)
MUSÉE D'ORSAY, PARIS
Le babeurre, ce liquide qui subsiste après avoir battu la crème, est commercialisé en France comme émulsifiant dans les pâtisseries et les desserts.

Lavez le cœur de salade et coupez-le en fines lanières.

Faites fondre le beurre dans une cocotte de 4 litres et ajoutez l'oignon. Faites-le blondir 3 minutes sur feu doux, en remuant sans cesse. Ajoutez la salade et mélangez 2 minutes.

Versez le bouillon de volaille et dès l'ébullition, ajoutez les petits pois. Laissez cuire 20 minutes environ, jusqu'à ce qu'ils soient tendres. Salez et poivrez pendant la cuisson. Réservez-en 4 cuillerées à soupe puis passez le contenu de la cocotte au mixeur.

Tamisez la crème obtenue et versez-la à nouveau dans la cocotte.

Faites réchauffer et dès l'ébullition, ajoutez la crème, mélangez et retirez du feu. Garnissez des petits pois réservés et de cerfeuil.

Crème de petits pois

SOUPE D'HIVER AUX TROIS LÉGUMES

À partir du XIXᵉ siècle, la soupe de légumes devient l'ouverture classique du repas du soir dans les milieux modestes et bourgeois. Dans les milieux paysans, elle servait parfois de plat unique, agrémenté à l'occasion d'un simple morceau de lard ou d'une lichette de beurre, selon les régions.

Pour 4 personnes
750 g de pulpe de potiron
400 g de pommes de terre à chair farineuse :
bintje
1 cœur de céleri-branche de 200 g, avec ses
feuilles
2 cuillerées à soupe d'huile d'olive
sel, poivre

Coupez la pulpe du potiron en cubes de 1 centimètre. Pelez les pommes de terre, rincez-les et coupez-les en cubes de 1/2 centimètre, ou râpez-les grossièrement. Lavez le cœur de céleri et coupez-le en fines rondelles.

Faites chauffer l'huile dans une cocotte en fonte de 4 litres. Ajoutez le céleri, faites-le cuire 2 minutes à feu doux, en tournant sans cesse à l'aide d'une spatule, puis ajoutez les pommes de terre et, 1 minute plus tard, les cubes de potiron et 1/2 litre d'eau. Salez et portez à ébullition. Couvrez la cocotte et laissez cuire à petits bouillons en tournant de temps en temps, pendant 40 minutes environ, jusqu'à ce que les pommes de terre se défassent.

Versez la soupe dans une soupière et servez-la très chaude. Poivrez au moment de déguster.

Cette soupe est aussi délicieuse froide.

Soupe d'hiver aux trois légumes (à g.) ; Potage froid aux courgettes (à d.)

Nature morte au potiron et aux champignons, Roland H. H. de la Porte MUSÉE DES BEAUX-ARTS, ROUEN La citrouille est cultivée dans le sud de la France. On la récolte en octobre pour l'utiliser pendant les mois d'hiver.

POTAGE FROID AUX COURGETTES

Ce potage, d'une fraîcheur et d'un parfum d'été, sent bon le Midi. Basilic, huile d'olive, tomates et courgettes, liés par la saveur de l'ail, offrent l'illustration parfaite d'une cuisine contemporaine qui fait jouer thèmes et variations sur les bases séculaires des soupes à l'ail et aux légumes, caractéristiques des provinces se situant au sud de la Loire.

Pour 4 personnes
600 g de courgettes, 400 g de tomates mûres
4 gousses d'ail nouveau,
12 grandes feuilles de basilic
1 cuillerée à soupe d'huile d'olive (+ 2 pour servir)
2 cuillerées à soupe d'huile d'olive

2 cuillerées à soupe de basilic ciselé, sel

Pelez les gousses d'ail et mettez-les dans une marmite avec 1 litre d'eau, les feuilles de basilic, l'huile et du sel.

Ébouillantez les tomates 10 secondes, puis rafraîchissez-les sous l'eau courante, pelez-les, coupez-les en deux et épépinez-les.

Hachez grossièrement la pulpe et versez-la dans la marmite. Portez à ébullition.

Lavez les courgettes, épongez-les et râpez-les grossièrement, dans un robot. Ajoutez-les dans la marmite et laissez cuire 40 minutes, à feu doux et à couvert.

Laissez tiédir la soupe puis mixez-la finement. Laissez-la refroidir et réservez-la au réfrigérateur.

Au moment de servir, répartissez la soupe dans quatre assiettes creuses, nappez de 2 cuillerées d'huile d'olive et parsemez de basilic ciselé.

La Table d'office, dit aussi *Les débris d'un déjeuner* Jean-Baptiste Chardin MUSÉE DU LOUVRE, PARIS Chardin fut le meilleur peintre de natures mortes. Il assemblait les éléments

les plus simples — une flasque argentée, une soupière, des flacons d'huile et de vinaigre — et nous les a transmis avec une grande délicatesse.

ENTRÉES

omme leur nom l'indique, les entrées sont des préparations servies en début de repas, avant les plats principaux. On trouve le mot « entrée » à partir des XVIe et XVIIe siècles, mais dans un contexte un peu différent qui exige une rapide remontée dans l'historique du service des repas.

Du Moyen Age jusqu'à la moitié du XIXe siècle, les repas en France sont servis « à la française », c'est-à-dire qu'ils sont tous présentés ensemble, juxtaposition dans l'espace que l'on nomme « service ». Un repas peut comprendre de trois à six services, voire davantage encore, chacun de ces services représentant un moment différent du repas.

Au premier service, on dresse sur la table un ensemble de plats de toutes sortes et chaque convive se sert de ce qu'il désire goûter. La table est ensuite débarrassée, puis dressée à nouveau et l'on apporte alors le deuxième service et ainsi de suite.

Lors des banquets du Moyen Age, le décor est habituellement constitué d'une grande salle presque sans meubles, ornée d'un imposant buffet sur lequel sont posés tous les objets de luxe de la maison. Y trônent les aiguières pour l'eau et le vin, ainsi que les gobelets qui serviront à boire. La table est faite de tréteaux et de planches recouvertes d'une nappe. Autour sont disposés des sièges individuels destinés aux personnages de haut rang ; les autres se contentent de bancs. On ne s'asseoit que d'un côté de la table pour faciliter le service mais aussi pour profiter du spectacle qui sera donné pendant le repas. En effet, entre deux services, pendant que les tables sont préparées, on offre des attractions de jongleurs, trouvères ou danseurs pour distraire les convives. Ces spectacles sont appelés « entremets ». Le mot restera dans la terminologie culinaire, pour désigner les mets qui font la charnière entre deux services ou entre deux plats principaux, avant de prendre leur sens actuel de plat sucré servi en fin de repas.

L'ordre des services est le suivant : pour commencer, un apéritif de vin doux, tradition encore très vivante de nos jours, accompagné d'échaudés et autres petits gâteaux, de pommes cuites, de figues et de cerises. Les diététiciens de l'époque recommandaient de commencer le repas par des fruits et de l'acide. Au deuxième service, viennent ce que l'on appelait les potages, très différents de nos mets liquides actuels : il s'agit en fait de plats en sauce, comprenant poissons bouillis ou grillés, œufs ou morceaux de viande. Après les « rôts » suivent les entremets, au propre comme au figuré. La structure potages / rôtis / entremets forme la séquence des ensembles servis sur la table, en plus ou moins grande quantité.

Repas de noces à Yport (détail), Albert-Auguste Fourié ; MUSÉE DES BEAUX-ARTS, ROUEN. Les cérémonies de mariage de la noblesse et de la royauté françaises duraient souvent plusieurs jours ; de même en était-il de celles des communautés rurales auxquelles y étaient servis de nombreux plats de viande et divers types de gâteaux. Dans des temps plus récents, les festivités se sont racourcies ; l'accent est plutôt mis sur la taille et le dessin du gâteau, de nombreuses régions ayant leur propre spécialité.

Nature morte à la salade, Édouard Vuillard
MUSÉE D'ORSAY, PARIS
Le mot « salade » vient du latin *sal* (sel).
L'assaisonnement de salade le plus connu
— fait d'huile d'olive, de sel et de vinaigre
— est aussi ancien que les origines de son
appellation.

En 1555, Pierre Belon décrit ainsi les entrées des banquets français : « *On leur sert mille petits déguisements de chairs, pour l'entrée de table, en diverses pièces de vaisselle, qui est plus pour la cérémonie qu'autrement, esquelles l'ont met le plus souvent tout ce qui est mol et liquide et qui doit se servir chaud, comme sont potages, fricassées, hachis et salades. Ce premier service est ce que l'on nomme entrée de table.* »

Imaginons maintenant que nous assistons à un repas d'apparat au XVIIe siècle. Le premier service comprend potages et entrées : des deux côtés de la table sont disposés des potages faits à partir de coûteux ingrédients présentés dans de magnifiques soupières. Des petites entrées sont placées autour : pâtés, poulardes aux truffes, fricandeaux et autres robustes friandises. Puis figure au centre de la table, la grande entrée, faite de deux immenses rôtis, entourés de côtelettes diverses et de sauces appropriées. Chaque service s'organise autour d'un plat vedette, plus imposant que tous les autres. Enfin, entourant tous ces plats, se trouvent les hors-d'œuvre, garnitures dont la fonction essentielle est de rehausser la magnificence de la présentation : cailles, pigeons et poulets farcis, laitues cuites et ris de veau. Le deuxième service reproduit le même schéma ; les grosses soupières ont été remplacées par d'immenses rôtis de volailles, viandes et gibiers de toutes sortes. À la place de la grande entrée est placé un entremets composé de pâtés, de blanc-manger, de galantines, d'asperges et autres friandises ; les hors-d'œuvre entourant le tout comprennent cette fois-ci des plats de morilles, des brochettes grillées, des artichauts, des tourtes de chapons et des crêtes de coq farcies ! La même disposition se retrouve dans tous les autres services, y compris le dernier où l'on servira un certain nombre de plats sucrés. Les convives, assis autour de la table, dégustent tout ce qui se trouve à leur portée, et il n'y a pas deux plats identiques. Pour goûter à un mets que l'on ne peut atteindre, il faut demander l'aide d'un serviteur.

Sous le premier Empire, le service à la française se fait plus réduit, mais reste dans la lignée de celui qui se pratiquait sous le règne de Louis XIV et que l'on nommait le « grand couvert ».

Compte tenu des dépenses qu'implique ce genre de service, tant en hommes qu'en mets, il n'est appliqué que dans les grandes maisons et en des occasions exceptionnelles. Le but de ce genre de réception est surtout dans le paraître : le maître de maison peut, tout à loisir, prouver à tous sa richesse et sa générosité et laisser à ses invités, outre la forte impression sensorielle, l'inoubliable souvenir des fastes de sa demeure.

L'ordre du menu se règle sur le nombre d'entrées qui doivent toujours être en nombre pair. Carême nous a laissé des menus servis à la table de Talleyrand qui comportaient 32 voire 48 entrées toutes disposées sur la table avant l'arrivée des convives.

La coûteuse magnificence du service à la française a cédé la place vers les années 1840-1850 au service dit à la russe, plus efficace et plus économe : plus efficace parce que les plats sont alors servis à la suite et de façon individuelle et restent donc chauds ; plus économe parce qu'il interdit presque complètement — exception faite des plats froids qui peuvent être consommés quand le convive le désire — toutes les fioritures et décorations de table. Il est aussi plus égalitaire. Dans le service à la française, en effet, les plats de chaque service sont disposés ensemble sur la table du repas, dans une symétrie et un ordre parfaits, pour le plus grand plaisir des yeux. Mais c'est aussi une manière d'exprimer la hiérarchie sociale, car la place du convive et l'ensemble des mets auxquels il avait accès désignait son

Les Quatre Éléments ou l'Hiver,
Sébastien Stoskopff
MUSÉE DES BEAUX-ARTS, STRASBOURG
Bénie de diverses provisions venant de la mer, de la terre et du ciel, la cuisine française est aujourd'hui l'une des plus sophistiquées et variées du monde. Ajoutez simplement du feu.

RVSTICVS IN GALLIA.

CV.

Paysanne en France, Illustration de *Habitus Praecipuorum Popularum,* Jost Amman
BIBLIOTHÈQUE NATIONALE, MADRID
Les races les plus communes de canard en France sont les « Nantes » et les « Barbaries ». Le croisement des deux, le mulard, est élevé pour le foie gras. Le « Rouen » est aussi beaucoup prisé de nos jours, bien que moins facile à se procurer. Son goût particulier vient du fait qu'il n'est pas saigné comme les autres, mais étouffé pour que le sang reste dans les muscles.

rang dans la société. Mais le grand Carême lui-même ne disait-il pas que le service à la française était plus élégant et plus magnifique ?

Le service à la russe, quant à lui, obéit à des règles bien précises, si l'on en juge par la description qu'en donne le *Larousse gastronomique* de 1938 : « Le service à la russe se divise en séries, chacune de 8, 10 ou 12 couverts selon le nombre des convives, chacune servie par un maître d'hôtel, auquel sont désignés à l'avance, par la maîtresse de maison, le convive par lequel il devra commencer et celui qu'il devra servir en dernier. Dans un repas de cérémonie, l'usage est de servir toutes les dames, à partir de la droite du maître de la maison. Les plats se présentent *à gauche* de la personne assise ; l'assiette se prend ou se met *à droite*. Le vin se sert *à droite* dans le même ordre que les plats, mais les premières gouttes en sont versées dans le verre du maître de maison afin que des parcelles de bouchon ne tombent point dans celui des autres convives.

Dans un repas sans cérémonie, où le maître de la maison découpe les viandes et sert lui-même, il fait passer les plats ou les assiettes remplies, à la ronde, en commençant par la personne placée à sa droite. »

Aujourd'hui, les mots désignant les plats dans l'ordonnancement à la française nous sont restés : « entrées » et « hors-d'œuvre » existent toujours dans nos menus, mais ils ont changé de sens. Le hors-d'œuvre est devenu ce que l'on grignote en tout début de repas ; actuellement le radis beurre avec sa tranche de saucisson ou le morceau de sardine à l'huile est heureusement en train de disparaître petit à petit de nos tables, pour laisser place à l'entrée, qui est plus copieuse.

Les entrées peuvent être à base de poisson, de coquillages ou d'œufs, de gibier ou de volaille. Comme par exemple les bouchées à la reine dont la reine Marie Leszczynka, épouse de Louis XV, était friande. La recette de son cuisinier, Vincent de la Chapelle, a traversé les siècles et nous est parvenue intacte :

« Mettez un poulet de très bonne qualité dans une marmite à pot-au-feu avec deux litres d'eau et deux verres de vin blanc sec, un oignon, un bouquet garni, du sel, un peu de muscade râpée et du poivre. Faites bien cuire... Sortez la volaille laissez-la égoutter, enlevez la peau, désossez et coupez la viande en petits morceaux.

« Faites roussir une grosse noix de beurre et une cuiller à soupe de farine en remuant délicatement... Ajoutez quelques louches de bouillon ; remuez bien plusieurs minutes. Ajoutez la viande. Faites chauffer en ajoutant des champignons préalablement blanchis, ainsi que des quenelles de veau (facultatif).

« Dans un plat creux, mélangez un ou deux jaunes d'œufs avec une ou deux cuillerées de crème fraîche. Versez la viande par-dessus.

« Faites réchauffer les croûtes de bouchées (...) Garnissez-les avec la préparation. »

Les entrées doivent être légères pour ne pas couper l'appétit des convives. Et voilà que les mousses, qui avaient subi une éclipse de près de deux siècles, vont faire une nouvelle entrée triomphante. Bien entendu le mixer en a grandement simplifié la préparation. Dans la nouvelle cuisine, elles occupent une place stratégique dans les menus, elles envahissent les tables et se doivent d'être légères, succulentes, fines et aérées. Pâtés, tourtes et terrines y jouent aussi un rôle important : confectionnés à partir de gibier, à plumes ou à poils, ou d'animaux plus modestement domestiques, ces mets sont d'une infinie variété, selon les provinces. Agrémentés d'épices, d'herbes aromatiques, de cognac, d'armagnac ou d'eaux-de-vie, avec ou sans croûte, avec ou sans truffes.

Nous disposons de recettes écrites pour ces types de préparation dès les années 1300. Les entrées à base de légumes, d'artichauts, d'asperges ou de salades composées nous renvoient davantage à la Renaissance et aux influences italiennes. Les quiches, dont on dit qu'elles ont vu le jour en Lorraine, sont des tartes aux œufs et au lard telles qu'on les décrivait il y a cinq cents ans dans *Le Ménagier de Paris*. Et en nouvelle cuisine, les entrées ont donné lieu à de multiples innovations : flans aux légumes, bavarois salés, mousses acidulées ou sauces chaudes sur salades froides, déclinées sur toute la gamme des goûts.

Ustensiles de cuisine, chaudron, poêlon et œufs, Jean-Baptiste Chardin
MUSÉE DU LOUVRE, PARIS
Les éléments utilisés dans ce tableau apparaissent dans plusieurs œuvres de Chardin, ensemble ou séparément. Seuls les aliments de base sont utilisés : pain, œufs, poisson cru, viande et légumes.

Table du printemps, Henri Le Sidaner
MUSÉE D'ART MODERNE, VENISE
Les néo-impressionnistes continuent leur aventure amoureuse
en peignant des scènes extérieures.

TOURTE AUX BLETTES

Cette recette du XIVe siècle nous vient du *Ménagier de Paris.*
C'était un plat bourgeois, cuit dans une pâte. L'original
était abondamment aromatisé de gingembre. Ces tourtes « aux
herbes » ou « aux épinards » devinrent pendant des siècles des
plats paysans. Restif de la Bretonne, écrivain, journaliste et
chroniqueur de la seconde moitié du XVIIIe siècle, remarque
qu'elles étaient fréquemment servies à la table de la ferme
paternelle. Aujourd'hui encore, ces préparations font partie des
spécialités locales sur une région allant de la Bourgogne à la
Haute-Provence.

> Pour faire une tourte
> Prenez quatre poignées de bettes, deux poignées de
> persil, une poignée de cerfeuil, un brin de fenouil et
> deux poignées d'espinoches (épinards), et lavez en eau
> froide, puis hachez bien menu. Broyez deux paires de
> fromages, c'est assavoir du mol et du moyen, et puis
> mettez des œufs (jaune et blanc) et les broyez parmi le
> fromage ; puis mettez les herbes dedans le mortier et
> broyez tout ensemble, et aussi mettez-y de la poudre
> fine. Ou en lieu de ce aiez premièrement broyé ou
> mortier deux cloches de gingembre, et sur ce broyez vos
> fromages, œufs et herbes, et puis jetez du vieux fromage
> de presse ou autre gratuisé (râpé) dessus celles herbes,
> et portez au four, et puis faites faire une tarte et la
> mangez chaude.

Pour 6 personnes
200 g de farine, 1 dl d'huile d'olive
4 pincées de sel

100 g de vert de blettes
100 g de vert d'épinards

50 g d'oignons, 50 g de blanc de poireau
15 g d'aneth
20 g de cerfeuil, 20 g de persil
100 g de ricotta, 2 œufs
50 g de parmesan finement et fraîchement râpé
sel, poivre
1 noix de beurre, huile d'olive

Tamisez la farine sur le plan de travail. Faites un
puits au centre et ajoutez l'huile, 4 cuillerées à
soupe d'eau et le sel. Travaillez rapidement la pâte
jusqu'à ce qu'elle forme une boule. Réservez-la 2
heures au frais.
Au bout de ce temps, allumez le four, thermostat 6
(200 °C). Lavez les herbes et les légumes et mettez-
les dans le bol d'un robot. Mixez rapidement. Les
herbes ne doivent pas être hachées trop finement.
Ajoutez sel, poivre, ricotta, œufs et parmesan. Mixez
encore rapidement.
Étalez la pâte en deux parties égales. Beurrez un
moule à manqué anti-adhésif de 24 centimètres et
garnissez-le d'une moitié de pâte.
Versez la préparation aux herbes dedans. Couvrez
du reste de pâte et roulez les deux bords de pâte
serrés afin qu'ils se soudent à la cuisson. Huilez,
au pinceau et piquez de 6 petits coups de couteau.
Glissez la tourte dans le four chaud et laissez cuire
40 minutes.
Servez chaud ou tiède.

PÂTES AU PISTOU

Contrairement aux Italiens, les Français ont mis longtemps
à apprécier les pâtes. Elles ne deviennent un ingrédient
populaire dans l'ensemble du pays qu'au XIXe siècle, et alors
surtout pour épaissir les soupes mitonnées dans les cuisines de
la petite bourgeoisie ou confectionner des platrées bourratives et
bon marché dans les milieux ouvriers. Au XVIIIe siècle, on trouve
certes des recettes pour des « timbales » de macaronis et autres
préparations inspirées directement de la cuisine transalpine. Mais
il faudra attendre le XXe siècle pour que les pâtes occupent une
place honorable dans la grande cuisine, et l'évolution de la
nouvelle cuisine pour que les grands chefs en fassent des
créations vraiment admirables.
Le « pistou » est une préparation provençale, qui va chercher ses
origines dans le *pesto* italien. Cette émulsion à base d'ail, d'huile
d'olive et de basilic sert aussi à aromatiser la soupe du même
nom.

Pour 6 personnes
500 g de tagliatelle fines et fraîches

100 g de feuilles de basilic frais
3 gousses d'ail nouveau
40 g de pignons
60 g de parmesan finement et fraîchement râpé
1 dl d'huile d'olive, 30 g de beurre
sel, poivre

Pelez les gousses d'ail, coupez-les en quatre et mettez-les dans le bol d'un mixeur. Ajoutez les pignons, le fromage, sel, poivre et huile. Rincez les feuilles de basilic et épongez-les. Ajoutez-les dans le bol et mixez pendant 2 minutes, jusqu'à ce que vous obteniez une purée verte : le pistou.

Faites bouillir de l'eau dans une grande marmite. Salez-la et plongez-y les pâtes. Faites-les cuire *al dente* : attention, les pâtes fraîches cuisent très rapidement (en 4 à 6 minutes).

Égouttez les pâtes en réservant 1 décilitre de leur eau de cuisson. Mettez-les dans un plat creux. Parsemez de beurre en noisettes et nappez de pistou. Mélangez bien avec deux fourchettes. Pendant cette opération, si les pâtes ont tendance à coller, ajoutez quelques cuillerées d'eau de cuisson. Servez aussitôt, accompagné de parmesan râpé.

Les pignons peuvent être remplacés par des noix, et la moitié du parmesan par du pecorino sec, très finement râpé. D'autres types de pâtes, fraîches ou sèches, peuvent être préparées de la même façon : *spaghetti alla chitarra, trenette, linguine...*

Tourte aux blettes (à g.) ; Pâtes au pistou (à d.)

ARTICHAUTS À LA BARIGOULE

Menon publie *La Cuisinière bourgeoise* en 1746. Comme son nom l'indique, c'est un ouvrage destiné aux établissements bourgeois, et les recettes y sont plus simples et plus rustiques que dans ses traités de grande cuisine publiés à la même époque. Les artichauts à la barigoule y sont présentés comme garniture de rôts et autres viandes. La recette, pratiquement inchangée, subsiste encore de nos jours dans la plupart des livres de cuisine.

Prenez trois ou quatre artichauts..., coupez le vert de dessous et la moitié des feuilles, mettez-les dans une casserole avec du bouillon ou de l'eau, deux cuillerées de bonne huile, un peu de sel et de poivre, un oignon, deux racines, un bouquet garni, faites-les cuire, et réduire entièrement la sauce ; quand ils sont cuits, et qu'il n'y a plus de sauce, laissez-les frire un moment dans l'huile pour faire rissoler, mettez-les après sur une tourtière avec l'huile qui reste dans la casserole, videz-les de leur foin et mettez dessus un couvercle de tourtière bien chaud, du feu sur le couvercle pour faire griller les feuilles ; si vous avez un four chaud, ils n'en seront que plus beaux ; quand ils seront grillés d'une belle couleur, servez avec une sauce à l'huile, vinaigre, sel et gros poivre.

Pour 4 personnes
2 jeunes artichauts violets de 125 g chacun
2 oignons nouveaux ronds
2 gousses d'ail
2 brins de thym émiettés
1 feuille de laurier coupée en deux
50 g de lard de poitrine demi-sel
4 cuillerées à soupe d'huile d'olive
1 dl de vin blanc sec
1/2 citron
sel, poivre

Coupez la queue des artichauts à 2 centimètres du cœur, retirez les feuilles dures et coupez les plus tendres à 2 centimètres du cœur. Parez le cœur et la queue des artichauts et frottez ceux-ci avec le demi-citron. Hachez finement le lard. Pelez les oignons et les gousses d'ail et hachez-les menu.
Faites chauffer l'huile dans une petite cocotte en fonte. Ajoutez ail et oignons et mélangez 5 minutes, sans laisser blondir. Mettez les fonds d'artichauts rincés puis égouttés, la feuille de laurier coupée en deux et les brins de thym. Mélangez 2 minutes puis versez le vin et 1 décilitre d'eau. Salez, poivrez, couvrez et laissez cuire à feu très doux 45 minutes environ, jusqu'à obtenir un jus très court. Servez tiède.

Nature morte à la bouilloire (1869), Paul Cézanne MUSÉE D'ORSAY, PARIS De très grandes bouilloires en terre ou en cuivre étaient utilisées dans le temps ; en France, on les appelait *coquemars*.

Artichauts à la barigoule (à g.) ; Céleri rémoulade (à d.)

CÉLERI RÉMOULADE

Comme le « saucisson-beurre » ou les radis à la croque au sel, le céleri rémoulade est une sorte d'archétype du hors-d'œuvre dans les menus des restaurants populaires. C'est une manière délicieuse de consommer ce tubercule quelque peu ingrat. Il y a à peine vingt ans, lorsqu'on parlait de « crudités », pour la majorité de nos concitoyens cela signifiait céleri rémoulade et carottes râpées servis en doses homéopatiques. Les transformations culinaires et gustatives de cette dernière décennie ont considérablement développé l'éventail des aliments que nous acceptons maintenant de consommer crus.

Pour 6 personnes
1 céleri-rave de 800 g
3 cuillerées à soupe de jus de citron, sel
1 jaune d'œuf, 1 dl d'huile d'arachide
2 cuillerées à soupe de crème liquide
1 cuillerée à soupe de moutarde de Dijon
1 cuillerée à soupe de jus de citron
sel, poivre

Pelez le céleri-rave et râpez-le en fins bâtonnets dans un robot.
Faites bouillir de l'eau dans une grande casserole, ajoutez le jus de citron et du sel. Plongez-y le céleri-rave et, dès la reprise de l'ébullition, retirez la casserole du feu. Égouttez alors le céleri et rafraîchissez-le sous l'eau courante. Égouttez-le dans une passoire.
Préparez la sauce : fouettez le jaune d'œuf et la moutarde dans un bol. Versez l'huile en mince filet, en fouettant sans cesse, jusqu'à obtention d'une mayonnaise ferme. Ajoutez sel, poivre et jus de citron et mélangez encore. Incorporez la crème, en fouettant jusqu'à obtention d'une sauce onctueuse et ferme.
Mettez le céleri épongé dans un saladier. Ajoutez la sauce et mélangez bien.
Réservez le céleri rémoulade au réfrigérateur. Servez frais.

LÉGUMES À LA GRECQUE

L es premières recettes « à la grecque » se faisaient à base d'oignons et de champignons. Ces petits légumes que l'on dirait confits dans le citron et l'huile, parfumés de graines de coriandre, faisaient partie du grand arsenal des « hors-d'œuvre » du répertoire classique de la cuisine du XXᵉ siècle.

Pour 6 personnes
3 artichauts violets de 150 g chacun
12 oignons nouveaux, ronds
18 très petits champignons de Paris
12 petits bouquets de chou-fleur
1 petit poivron rouge
2 dl de jus de citron
1 dl d'huile d'olive
1/2 cuillerée à café de poivre concassé
1/2 cuillerée à café de graines de fenouil
1 cuillerée à soupe de graines de coriandre
1/2 citron
sel

Coupez la queue des artichauts à 2 centimètres du cœur, retirez les feuilles dures et coupez les plus tendres à 2 centimètres du cœur.

Parez le cœur et la queue des artichauts et frottez ceux-ci avec le demi-citron. Coupez chaque cœur d'artichaut en six. Ébouillantez-les 5 minutes à l'eau salée puis égouttez-les.

Pelez les oignons et ébouillantez-les 5 minutes à l'eau salée. Égouttez-les et réservez-les avec les artichauts.

Coupez la queue des champignons ; lavez-les et ébouillantez-les 3 minutes. Ébouillantez le chou-fleur de la même façon. Lavez le poivron et coupez sa pulpe en petits cubes, en retirant le pédoncule, les graines et les filaments blancs.

Versez 1/2 litre d'eau dans une grande casserole et ajoutez l'huile, le jus de citron, les graines de fenouil et de coriandre, le poivre et du sel.

Portez à ébullition puis ajoutez les artichauts, les oignons, le chou-fleur, les champignons et le céleri. Laissez cuire 10 minutes puis ajoutez le poivron et laissez cuire encore 5 minutes.

Égouttez les légumes avec une écumoire et réservez-les dans un plat creux. Faites réduire le jus de cuisson à feu vif jusqu'à ce qu'il soit sirupeux. Versez-le sur les légumes. Laissez refroidir avant de servir.

Vous pouvez conserver ces légumes 24 heures au réfrigérateur.

Légumes à la grecque

TERRINE DE FOIES DE VOLAILLE

L a variété des terrines est infinie : chaque région a ses spécialités et chaque cuisinier ses préférences et ses secrets. On en retrouve des recettes dans les premiers livres de cuisine français, et il s'en fait à partir de tous les types de viandes, volailles ou poissons.

La terrine est une entrée appréciée, mais aussi un ingrédient majeur des petits déjeuners « à la fourchette », des repas champêtres et des provisions de voyage.

Terrine de foies de volaille

Pour 6-8 personnes
750 g de foies de volaille
300 g de blancs de poulet
100 g de jambon cru
1 dl de porto, 5 cl d'armagnac
2 gousses d'ail, 3 échalotes
2 œufs
4 pincées de cannelle
6 pincées de fleur de thym
6 feuilles de laurier
1 cuillerée à café de poivre concassé fin
1 cuillerée à café de sel fin
2 cuillerées à soupe d'huile
30 g de beurre
sel, poivre

Allumez le four, thermostat 5 (175 °C). Pelez les échalotes et hachez-les menu. Mettez-les dans une petite casserole avec la moitié du beurre et 1 cuillerée à soupe d'eau. Laissez fondre sur feu doux en remuant pendant 5 minutes.

Faites fondre le reste de beurre dans une poêle anti-adhésive de 24 centimètres. Ajoutez les foies nettoyés et laissez-les dorer 1 minute à feu modéré. Retirez du feu, laissez tiédir puis coupez les foies en cubes de 1 centimètre. Mettez-les dans un saladier et ajoutez les échalotes.

Coupez les blancs de poulet et le jambon en morceaux et mettez-les dans le bol d'un robot. Mixez rapidement puis ajoutez le porto, l'armagnac, les œufs, la cannelle, le thym, en l'effeuillant, et les gousses d'ail pelées et passées au presse-ail. Salez, poivrez. Mixez finement. Ajoutez ce hachis à la préparation foies-échalotes. Mélangez.

Huilez une terrine de 28 centimètres de long. Mettez-y la préparation en tassant bien. Huilez le dessus et posez-y les feuilles de laurier. Couvrez. Laissez cuire 1 heure 45 dans un four chaud. 15 minutes avant la fin de la cuisson, retirez le couvercle.

Lorsque la terrine est cuite, laissez-la refroidir puis réservez-la au frais. Laissez-la reposer au moins 12 heures.

Servez à température ambiante, en tranches, avec cornichons, oignons, cerises au vinaigre, pain grillé et une salade verte à l'huile de noix.

Ballottine de canette aux marrons (à g.) ; Asperges vertes aux œufs mollets (à d.)

BALLOTTINE DE CANETTE AUX MARRONS

C es préparations délicates ont atteint leur sommet de sophistication dans la grande cuisine classique qui fleurit au XVIIIᵉ siècle.

Depuis, elles ont toujours fait partie de notre grand répertoire culinaire. Si autrefois elles ne représentaient qu'un élément parmi la pléthore de plats composant les divers services d'un repas, aujourd'hui, une ballottine comme celle-ci peut parfaitement représenter l'élément central d'un déjeuner ou d'un dîner.

Pour 6 personnes
1 canette de 1,5 kg
2 cuillerées à café d'huile d'arachide
200 g de marrons décortiqués cuits
150 g de jambon blanc, 300 g de blancs de poulet
3 cuillerées à soupe de vin muscat
2 échalotes
3 cuillerées à soupe de persil plat ciselé
1 œuf
2 feuilles de gélatine
2 pincées de cinq-parfums
6 pincées de noix muscade râpée
sel, poivre

Demandez à votre volailler de vider la canette et de la désosser, en la coupant le long de la colonne vertébrale. Posez-la à plat sur le plan de travail et badigeonnez la chair au pinceau avec 1 cuillerée à soupe de vin muscat. Salez et poivrez. Laissez macérer pendant que vous préparez la farce.

Faites tremper les feuilles de gélatine dans de l'eau froide pour les ramollir. Coupez les blancs de poulet et le jambon en cubes et mettez-les dans le bol d'un robot. Mixez 1 minute à grande vitesse puis ajoutez l'œuf, les cinq-parfums, la noix muscade, sel, poivre et mixez encore 30 secondes.

Versez le reste du vin dans une petite casserole et faites-le chauffer sur feu doux. Ajoutez-y les feuilles de gélatine égouttées. Mélangez. Dans le bol du robot, mixez ce mélange 10 secondes.

Pelez les échalotes et hachez-les menu ; mélangez-les au persil et parsemez-en la chair de la canette. Disposez la farce au centre, en un gros rouleau dans lequel vous piquez les marrons, pointe vers le bas. Rabattez dessus les deux côtés de la canette et cousez les deux extrémités avec un fil de coton blanc. Glissez à l'intérieur de la canette les ailes et les cuisses et cousez les ouvertures. Huilez légèrement.

Mettez la ballottine dans une cocotte en fonte, couture contre le fond de la cocotte. Glissez la cocotte au four, thermostat 5 (175 °C). Laissez cuire 1 heure 45 sans y toucher.

Lorsque la ballottine est cuite, posez-la sur un plat de service. Présentez la sauce dans une saucière, après en avoir éliminé le gras.

Servez chaud avec des légumes vapeur ou froid avec une salade de saison.

ASPERGES VERTES AUX ŒUFS MOLLETS

Voilà un plat qui aurait plu à nos gourmets de la Renaissance. Comme les hirondelles, les asperges fraîches sur nos tables annoncent la venue du printemps. Au XVIIe siècle, les cuisiniers recommandaient de les manger légèrement croquantes. Plus tard, on les préféra fondantes et plus cuites. Qu'on les aime, comme Marcel Proust, accompagnées de sauce mousseline, ou bien avec une sauce hollandaise ou encore en vinaigrette, ces légumes sont parmi les plus fins. Quant aux végétaux « en asperge », il s'agit le plus souvent de jeunes pousses de plantes sauvages comestibles, cueillies au printemps et consommées cuites.

Pour 2 personnes
1 kg d'asperges vertes
4 œufs, 25 g de beurre
2 cuillerées à soupe de parmesan finement et fraîchement râpé

Lavez les asperges et ne conservez que 7 centimètres de pointe. Réservez les queues pour un autre usage. Faites bouillir de l'eau dans une casserole, salez-la et plongez-y les pointes d'asperges. Laissez cuire 7 minutes puis égouttez-les.

Éliminez l'eau et remettez les asperges dans la casserole avec 25 grammes de beurre. Roulez-les dans le beurre et ajoutez le parmesan. Mélangez encore et couvrez.

Faites bouillir de l'eau dans une autre casserole et plongez-y les œufs qui ne doivent pas sortir du réfrigérateur. Laissez bouillir 5 minutes puis rafraîchissez-les sous l'eau courante et écalez-les.

Répartissez les asperges dans deux assiettes avec une écumoire. Posez les œufs au milieu de chaque assiette et servez aussitôt.

Au moment de déguster, brisez les œufs à la fourchette : leur jaune coulant nappe les asperges. Poivrez et dégustez.

Le Panier d'œufs, Roland H. H. de la Porte (1724-1793)
MUSÉE DU LOUVRE, PARIS
Au XVIIe siècle, le fameux chef Pierre-François de la Varenne écrivit un livre de cuisine qui regroupe soixante recettes à base d'œufs.

FRISEE AUX LARDONS ET AUX CHAMPIGNONS CROUSTILLANTS

La salade au lard, plus particulièrement à base de pissenlits, est un plat paysan du Nord. Elle est servie au milieu du repas, et non en entrée. Accompagnée de pommes de terre bouillies, elle peut aussi faire office de souper. C'est au sud de la Loire que traditionnellement on sert la salade au début du repas, et cette coutume s'est répandue ces dernières années. Aujourd'hui, du nord au sud, la frisée aux lardons est devenue une entrée classique, légère et apéritive !

Pour 4 personnes
1 grosse salade frisée
8 très fines tranches de lard de poitrine fumée
4 gros champignons de Paris, rosés de préférence
12 œufs de caille
2 échalotes
1 cuillerée à café de moutarde forte
1 cuillerée à soupe de vinaigre de xérès
3 cuillerées à soupe d'huile d'olive
2 cuillerées à soupe d'huile d'arachide

Pelez les échalotes et hachez-les très finement. Mélangez-les dans un saladier avec la moutarde, le vinaigre et l'huile d'olive.

Coupez le lard en bâtonnets de 1 centimètre. Mettez-le dans une poêle anti-adhésive de 28 centimètres et faites-le dorer sur feu vif, en retournant sans cesse.

Versez 1 cuillerée à soupe d'huile d'arachide dans la poêle et faites-y dorer les champignons lavés et émincés en les tournant sans cesse. Réservez.

Versez le reste de l'huile d'arachide dans la poêle et faites-y cuire les œufs de caille.

Mélangez la salade lavée et essorée à la vinaigrette. Répartissez-la dans quatre assiettes. Garnissez de champignons et posez au centre les œufs de caille. Parsemez de lardons et servez aussitôt.

Frisée aux lardons et aux champignons croustillants

Terrine de canard aux noisettes

TERRINE DE CANARD AUX NOISETTES

L a terrine de canard est particulièrement bonne en automne, quand ce volatile est gras et tendre. Dans cette recette, les noisettes lui confèrent une saveur subtile évoquant la fin de l'été.

Pour 6 personnes
1 magret de canard de 250 g
100 g de noisettes décortiquées et mondées
100 g de jambon blanc
200 g de blancs de volaille
40 g de mie de pain blanc
3 cuillerées à soupe de lait
1 échalote
1 gousse d'ail
3 cuillerées à soupe de cognac
1 œuf
2 feuilles de gélatine
1/2 cuillerée à café de quatre-épices
1 cuillerée à café de poivre concassé fin
sel

Allumez le four, thermostat 5 (175 °C). Faites dorer les noisettes. Faites tremper les feuilles de gélatine dans de l'eau froide.

Dans une petite casserole, faites chauffer le lait et le cognac sur feu doux. Ajoutez la mie de pain en l'émiettant et mélangez 2 minutes, jusqu'à obtention d'une pâte lisse.

Retirez la peau du magret de canard et coupez la chair en lamelles de 1 centimètre d'épaisseur. Salez. Parsemez de poivre concassé. Coupez les blancs de volaille et le jambon en cubes et mettez-les dans le bol d'un robot. Ajoutez la mie de pain mouillée, sel, poivre et quatre-épices. Mixez 30 secondes à grande vitesse.

Égouttez les feuilles de gélatine et faites-les fondre dans une petite casserole, sur feu doux. Versez-les dans le bol du robot. Mixez encore 30 secondes. Pelez l'ail et l'échalote et passez-les au presse-ail au-dessus du bol du robot. Ajoutez l'œuf et mixez encore 30 secondes.

Versez la préparation dans un saladier, ajoutez les noisettes et mélangez.

Huilez une terrine en porcelaine de 1 litre et étalez-y une fine couche de préparation aux noisettes. Couvrez-la de lamelles de canard. Continuez ainsi en terminant par une couche de préparation aux noisettes. Tassez bien. Huilez le dessus et couvrez. Laissez cuire 1 heure 45.

Lorsque la terrine est cuite, laissez-la refroidir puis réservez-la au réfrigérateur. Laissez-la reposer au moins 12 heures avant de servir à température ambiante, en tranches, accompagnée de cornichons, d'oignons et de cerises au vinaigre, de pain grillé et d'une salade.

TERRINE DE LAPIN AUX PISTACHES ET AUX RAISINS

I l est des familles qui conservent pieusement des recettes secrètes et ancestrales pour préparer ces sortes de terrines. On peut passer deux ou trois jours d'affilée à cuisiner ce genre de petit chef-d'œuvre que l'on servira pour un repas de fête ou une grande occasion.

Pour 6 personnes
1 baron de lapin de 1,5 kg
1 dl de vin blanc sec
3 cuillerées à soupe de vin muscat
60 g de pistaches mondées
50 g de raisins de Corinthe
1 sachet de gelée au madère
4 feuilles de gélatine
1 oignon
1 carotte
1 gousse d'ail
1 brin de thym
1 feuille de laurier
2 brins de persil
2 clous de girofle
6 grains de poivre vert
1/2 cuillerée à café de graines de coriandre
1 cuillerée à soupe de baies roses
4 pincées de noix muscade râpée
1 cuillerée à café de gros sel de mer

Coupez le baron de lapin en gros morceaux. Pelez la carotte et l'oignon et émincez-les. Pelez la gousse d'ail.
Mettez le lapin, l'oignon, la carotte et l'ail dans une cocotte. Ajoutez le sel, le poivre vert, le thym, le laurier, le persil, les clous de girofle et les graines de coriandre. Versez le vin blanc et 1/2 litre d'eau froide. Portez à ébullition. Écumez pendant 5 minutes puis couvrez et laissez cuire 1 heure, jusqu'à ce que la chair du lapin soit très tendre et se détache des os.
Pendant ce temps, rincez les raisins sous l'eau tiède et mettez-les dans une petite casserole. Versez le vin muscat, portez à ébullition et retirez du feu. Faites griller les pistaches dans une poêle anti-adhésive sur feu doux.
Préparez la gelée au madère avec 4 décilitres d'eau puis laissez-la refroidir. Faites-la couler sur le fond et les parois d'une terrine de 1 litre en verre ou en porcelaine. Brisez les baies roses entre vos doigts puis parsemez-en la gelée. Couvrez d'une seconde couche de gelée.

Lorsque la viande est cuite, retirez-la de la cocotte avec une écumoire et filtrez le bouillon de cuisson. Faites-le réduire à 1/4 de litre sur feu vif. Faites tremper les feuilles de gélatine dans l'eau froide pour les ramollir puis égouttez-les et ajoutez-les dans le bouillon réduit, chaud ; elles fondent aussitôt. Mélangez et retirez du feu.
Mettez la viande dans le bol d'un robot et ajoutez le bouillon réduit. Mixez jusqu'à obtention d'une fine mousse. Ajoutez la noix muscade et mélangez encore.
Disposez 1/4 de cette mousse dans le fond de la terrine tapissée de gelée et parsemez de la moitié des pistaches.
Couvrez d'une seconde couche de mousse et parsemez de raisins. Ajoutez une troisième couche de mousse et le reste des pistaches. Terminez par une couche de mousse et lissez la surface avec une spatule.
Coulez dessus une dernière couche de gelée au madère. Mettez au réfrigérateur et laissez reposer 8 heures.
Servez cette terrine en tranches, accompagnée de salades et crudités.

Plat à poisson, petit feu, décor polychrome (chinois) : manufacture de Lunéville, XIIIᵉ siècle
MUSÉE NATIONAL DE CÉRAMIQUE, SÈVRES
La porcelaine non cuite était fabriquée jusqu'à l'avènement de la porcelaine cuite en 1770.

CHOU FARCI EN TERRINE

L e chou farci, robuste spécialité campagnarde dont il existe de nombreuses versions régionales, est un plat tout à fait remarquable, un repas complet. Cette recette prouve à quel point notre cuisine contemporaine s'adapte et joue les variations sur un thème ancestral, pour aboutir à une sorte de quintessence allégée de la tradition séculaire.

Terrine de lapin aux pistaches (à g.) ; Chou farci en terrine (à d.)

Pour 6 personnes
16 feuilles de chou
1 petite cuisse de canard confite avec sa graisse
(ou 3 manchons)
2 œufs
200 g de jambon blanc, 150 g de lard fumé
100 g de mie de pain
2 cuillerées à soupe de persil ciselé
1 échalote, 1 gousse d'ail
2 oignons, 2 carottes
1 côte de céleri
2 brins de thym, 2 feuilles de laurier
5 cl de lait
1 dl de vin blanc moelleux
(monbazillac, barsac ou sauternes)
24 baies de genièvre, noix muscade
sel, poivre

Coupez échalote et oignons pelés, carottes et céleri lavés en tout petits cubes. Retirez la couenne du lard et hachez-le finement. Réduisez le pain en fine semoule au robot ; hachez ensuite le jambon. Écrasez légèrement les baies de genièvre avec la lame d'un couteau.

Dans une sauteuse, faites blondir les cubes de légumes dans 2 cuillerées à soupe de graisse de canard, avec thym et laurier, pendant 5 minutes. Ajoutez l'ail passé au presse-ail et le lard. Au bout de quelques minutes, ôtez thym et laurier. Ajoutez le jambon et le pain, le persil et le genièvre. Mélangez.

Ôtez la peau et les os du confit et effilochez la chair. Ajoutez-la dans la sauteuse et mélangez.

Battez-les œufs, sel et poivre à la fourchette. Versez-les dans la sauteuse et mélangez bien.

Faites bouillir de l'eau et ébouillantez-y les feuilles de chou 6 minutes. Égouttez-les et plongez-les dans l'eau froide. Épongez-les sur un linge et retirez la côte dure.

Tartinez de graisse de canard une terrine en fonte ou en porcelaine de 28 centimètres de long, munie d'un couvercle. Tapissez le fond de la terrine de 2 feuilles de chou coupées en deux et les bords de 6 feuilles, en les laissant dépasser. Garnissez la terrine de la moitié de la farce et posez dessus 4 feuilles de chou coupées en deux.

Garnissez du reste de farce et rabattez les feuilles du bord sur la farce. Tartinez les feuilles de graisse de canard et couvrez.

Faites bouillir de l'eau dans la partie basse d'une marmite à vapeur et posez la terrine dans la partie perforée. Laissez cuire 40 minutes puis démoulez. Servez avec une purée de céleri-rave.

Œufs mimosa à la crème de thon (à g.) ; Œufs brouillés aux œufs de saumon (à d.)

ŒUFS MIMOSA À LA CRÈME DE THON

Les œufs mimosa ont fait partie de la panoplie des hors-d'œuvre du dimanche sur la plupart de nos tables. Cette recette en fait un plat raffiné et subtil, qui illustre parfaitement la plasticité de certaines recettes de base du répertoire national.

Pour 6 personnes
9 œufs durs
100 g de thon à l'huile d'olive, égoutté
60 g de crème fraîche épaisse
1 cuillerée à soupe de câpres au vinaigre
1 citron non traité, jaune ou vert
1 cuillerée à soupe de rhum ambré ou de cognac
1/2 cuillerée à café rase de curry en poudre
1 cuillerée à café rase de pâte d'anchois
1 cuillerée à soupe d'huile d'olive
sel, poivre

Écalez les œufs et coupez-les en deux verticalement. Réservez les jaunes de 4 œufs pour le mimosa et mettez les autres dans le bol d'un robot. Ajoutez le thon, la crème, les câpres, la pâte d'anchois, l'huile, le rhum, le curry, sel et poivre. Lavez le citron et râpez son zeste au-dessus du bol. Mixez le tout pendant environ 1 minute.

Remplissez les demi-blancs d'œufs de la préparation, en leur redonnant leur forme initiale. Rangez-les dans un grand plat rond.

Mettez les demi-jaunes réservés dans une passoire inoxydable et écrasez-les avec le dos d'une cuiller au-dessus des œufs farcis qui ainsi se couvrent de mimosa.

Servez frais, accompagné de feuilles de salade, de rondelles de tomates et d'olives noires. Vous pouvez préparer ces œufs plusieurs heures à l'avance, ils n'en seront que meilleurs.

ŒUFS BROUILLÉS AUX ŒUFS DE SAUMON

Les œufs ont toujours fait partie des entrées — qu'ils soient brouillés, en omelette ou en soufflé — et déclinés « à toutes les sauces », au Moyen Age comme de nos jours. Aujourd'hui, ce type de plat conviendrait tout aussi bien comme pièce maîtresse d'un déjeuner léger.

Pour 4 personnes
8 œufs, 25 g de beurre
60 g d'œufs de saumon
4 cuillerées à soupe de crème fraîche épaisse
1 cuillerée à soupe de ciboulette ciselée
4 brins d'aneth, sel, poivre

Cassez les œufs dans une terrine et battez-les à la fourchette, en y ajoutant sel et poivre.

Faites fondre le beurre dans une petite casserole, sur feu très doux. Ajoutez les œufs battus, en les filtrant : cela vous donnera une préparation lisse et éliminera les germes.

Faites cuire les œufs à feu très doux, en tournant sans cesse avec un fouet, jusqu'à ce que vous obteniez une crème lisse et nappante. La cuisson peut être plus ou moins longue selon les goûts,

mais les œufs ne doivent en aucun cas devenir cassants ou s'émietter : ils doivent rester onctueux. Retirez la casserole du feu et mêlez la crème aux œufs brouillés : cela arrête la cuisson et veloute encore plus les œufs. Ajoutez la ciboulette et mélangez.

Répartissez les œufs dans 4 assiettes creuses, garnissez d'œufs de saumon et d'aneth. Servez tiède ou froid.

CIVET D'ŒUFS

« Civés d'œufs » comme il est écrit dans *Le Ménagier de Paris* d'où est tirée cette recette du XIVe siècle. Sa sauce au vinaigre et au vin rappelle étrangement un autre plat régional de Bourgogne, la meurette, ou encore les œufs en matelote. Les œufs y sont pochés plutôt que cuits au plat, mais la tradition est la même.

> Pochez œufs à l'huile, puis coupez oignons par rouelles et les friolez à l'huile. Mettez bouillir en vin, verjus et chacune escuelle trois ou quatre œufs. Jetez votre brouet dessus, et soit non liant.

Pour 2 personnes
4 petits œufs
250 g d'oignons (3 oignons)
3 cuillerées à soupe de vin rouge
1 cuillerée à soupe de vinaigre balsamique
1 cuillerée à café de vinaigre de xérès
2 cuillerées à soupe d'huile
4 pincées de sucre, sel, poivre

Pelez les oignons, coupez-les en deux et émincez-les en fines lamelles.

Dans une sauteuse, faites blondir les oignons sur feu vif, en les tournant sans cesse. Puis, laissez cuire 15 minutes sur feu doux, avec 2 cuillerées à soupe d'eau et le sucre en fin de cuisson.

Ajoutez ensuite les 2 vinaigres et laissez-les s'évaporer. Versez alors le vin et laissez-le s'évaporer à-demi. Salez et poivrez.

Cassez les œufs et faites-les glisser, un à un, dans la sauteuse. Laissez cuire 1 minute.

Répartissez dans deux assiettes et servez accompagné de pain grillé.

Civet d'œufs

Quiche au lard à l'oignon

QUICHE AU LARD À L'OIGNON

La quiche, la vraie, est originaire de Lorraine. Cette spécialité provinciale a conquis le monde de la gastronomie internationale comme celui de l'industrie alimentaire. Et s'il est un plat français universellement connu, c'est bien la quiche ! Dans la recette classique, elle se fait uniquement avec du lard, des œufs et de la crème. Ici, les oignons la rendent encore plus savoureuse.

Pour 6 personnes
100 g de farine
60 g de beurre mou
4 pincées de sel
200 g d'oignons
150 g de lard de poitrine fumé
2 œufs, 2 dl de crème liquide
40 g de gruyère râpé, 25 g de beurre
6 pincées de noix muscade râpée
sel, poivre
1 noix de beurre

Mettez la farine sur le plan de travail, poudrez de sel et creusez un puits au centre. Divisez le beurre en noisettes et mettez-le dans le puits, avec l'œuf. Mélangez le tout rapidement, du bout des doigts, en allant du centre vers l'extérieur. Dès que la pâte se détache des doigts, roulez-la en boule et glissez-la dans un sachet en plastique. Laissez-la reposer 15 minutes au frais. Puis étalez-la sur le plan de travail.

Beurrez un moule à tarte de 26 centimètres de diamètre et garnissez-le de pâte que vous piquerez de quelques coups de fourchette, sans la transpercer. Laissez reposer 25 minutes au réfrigérateur.

Pendant ce temps, pelez les oignons et émincez-les. Coupez le lard en fins bâtonnets. Faites chauffer l'huile dans une poêle anti-adhésive de 24 centimètres et faites-y rapidement dorer les bâtonnets de lard. Retirez-les avec une écumoire et réservez-les.

Essuyez la poêle et faites-y fondre le beurre. Faites blondir rapidement les oignons. Retirez-les avec une écumoire et réservez-les.

Allumez le four, thermostat 7 (225 °C). Retirez le fond de pâte du froid et garnissez-le d'oignons. Parsemez de lardons et de fromage râpé.

Versez la crème dans une casserole et faites-la chauffer. Cassez les œufs dans une terrine et battez-les à la fourchette, en y incorporant la crème chaude, sel, poivre et noix muscade. Versez ce mélange, délicatement, sur la garniture de la tarte.

Laissez cuire la tarte pendant 40 minutes environ. Quand elle est dorée, retirez-la du four et laissez-la reposer 10 minutes dans son moule avant de la mettre sur un plat de service. Dégustez tiède.

Repas dans la campagne, miniature d'une Bible latine de l'abbaye de Saint-Amand (1526-1559)
BIBLIOTHÈQUE MUNICIPALE, VALENCIENNES

Feuilletés au roquefort (à g.) ; Œufs cocotte à la crème de truffe (à d.) lire p. 70

FEUILLETÉS AU ROQUEFORT

Connu depuis le XIe siècle, le roquefort est sans doute l'un des plus vieux fromages français et il est même possible qu'on en ait fabriqué à l'époque gallo-romaine. Fait avec du lait de brebis et longuement mûri dans les caves naturelles et aérées du plateau du Larzac c'est, pour beaucoup d'entre nous, le roi des fromages. Cette recette, où il est cuit dans une fine pâte feuilletée, n'est pas sans rappeler les talmouses, ces savoureux petits pâtés au fromage frais qui nous viennent des livres de cuisine du Moyen Age.

Pour 4 personnes
200 g de pâte feuilletée
80 g de roquefort
80 g de fromage double crème
1 dl de crème liquide
8 cerneaux de noix
1/2 cuillerée à café de cognac
sel, poivre

Allumez le four, thermostat 7 (225 °C). Étalez la pâte feuilletée sur 3 millimètres d'épaisseur et découpez-y 12 rectangles de 10 × 6 centimètres, en les piquant pour éviter qu'ils gonflent trop à la cuisson.

Posez-les sur une plaque anti-adhésive humidifiée et glissez dans le four chaud. Laissez cuire 12 à 15 minutes, jusqu'à ce que les feuilletés blondissent.

Pendant ce temps, préparez la garniture au roquefort : râpez les noix dans une râpe cylindrique munie de la râpe à gros trous.

Écrasez le roquefort à la fourchette dans une assiette creuse et incorporez-y le fromage et les noix. Salez et poivrez. Fouettez la crème jusqu'à ce qu'elle soit ferme entre les branches du fouet et incorporez-la au mélange précédent.

Montez les feuilletés : posez un rectangle de pâte sur la plaque et garnissez de farce au roquefort. Posez dessus un second rectangle, une seconde couche de farce et enfin un troisième rectangle. Continuez avec le reste des rectangles et de la farce. Faites-les chauffer 3 minutes dans le four chaud puis retirez-les et servez aussitôt.

Accompagnez d'une mâche assaisonnée de vinaigre de xérès et d'huile de noix, agrémentée de pommes crues découpées en cubes et de betteraves.

Couverts : modèle au filet, Charles Christofle
MUSÉE CONDÉ, CHANTILLY

ŒUFS COCOTTE À LA CRÈME DE TRUFFE

Les œufs et les truffes sont vraiment faits les uns pour les autres ! L'omelette aux truffes a toujours été le plat caractéristique des régions truffières comme le Périgord, la Drôme ou la Haute-Provence. Ce merveilleux cryptogame, luisant comme un diamant noir, confère un parfum incomparable aux aliments qu'il accompagne. Depuis trois cents ans, c'est un élément vedette de notre cuisine. Sa rareté et son prix exorbitant en ont fait un symbole de la gastronomie de luxe.

Pour 4 personnes
4 œufs
1 truffe fraîche de 60 g
2 cuillerées à soupe de fine champagne
2 dl de crème liquide, 1 noix de beurre
2 pincées de noix muscade râpée
4 pincées de poivre blanc, 2 pincées de sel

Placez une grille dans une grande casserole. Posez dedans 4 petites cocottes de 8 centimètres de diamètre, en porcelaine à feu ou en grès. Versez de l'eau dans la casserole jusqu'à 1 centimètre du bord des cocottes, en les maintenant contre la grille avec la paume de la main. Retirez-les alors de la casserole et faites chauffer l'eau.
Pendant ce temps, beurrez les cocottes. Brossez la truffe sous l'eau courante et pelez-la (réservez la peau pour un autre usage). Coupez-la en quatre puis râpez-la.
Versez la fine champagne dans une petite casserole et faites chauffer. Enflammez et dès que la flamme s'est éteinte, ajoutez la crème, la noix muscade, sel et poivre. Faites bouillir 3 minutes, jusqu'à ce que la crème nappe une cuiller. Ajoutez la truffe râpée, mélangez 10 secondes puis retirez du feu.
Dans chaque cocotte, versez 1 cuillerée de crème à la truffe et cassez 1 œuf. Répartissez le reste de crème à la truffe sur les œufs.

Posez les cocottes, sur la grille, dans l'eau frémissante, couvrez-les et laissez cuire 7 minutes.
Posez ensuite les cocottes sur des assiettes garnies de napperons. Servez aussitôt, accompagné de toasts beurrés. (voir photo p. 69).

SALADE D'ARTICHAUTS AU FOIE GRAS

Il est dit que Catherine de Médicis faillit mourir d'une indigestion d'artichauts, dont elle raffolait ! Cette fleur comestible, populaire depuis longtemps dans le Midi, devint à la mode et fit son entrée officielle dans la cuisine à l'époque de la Renaissance, sous l'influence italienne. La Bretagne produit les beaux et gros artichauts ronds, le Midi fournit les violets, plus petits et plus fins dont certains si tendres qu'on peut les manger crus.

Pour 4 personnes
4 artichauts de 300 g chacun
4 tranches de foie gras de canard mi-cuit ou en conserve (bloc)
125 g de mâche
4 cuillerées à soupe d'huile d'arachide
1 cuillerée à soupe 1/2 de vinaigre balsamique
4 échalotes
1/2 citron
sel, poivre

Cassez la queue des artichauts au ras du cœur. Éliminez les feuilles dures et coupez les feuilles tendres à 1 centimètre du cœur. Parez les cœurs et frottez-les de citron. Plongez-les dans une casserole d'eau bouillante et laissez-les cuire 20 minutes environ, jusqu'à ce qu'ils soient très tendres.
Pendant ce temps, pelez l'échalote et hachez-la finement. Mettez-la dans un bol et ajoutez le vinaigre, sel et poivre. Versez l'huile en fouettant à la fourchette.
Lorsque les artichauts sont cuits, égouttez-les et mettez-les au centre de chaque assiette. Retirez les échalotes de la vinaigrette et répartissez-les dans les cœurs d'artichauts.
Mettez la salade dans un saladier et assaisonnez-la de vinaigrette. Répartissez la salade autour des artichauts. Posez les tranches de foie gras sur les cœurs d'artichauts. Servez aussitôt et poivrez au moment de déguster. Accompagnez de pain brioché grillé.
Vous pouvez garnir la tranche de foie gras d'un petit hachis de truffe.

Salade d'artichauts au foie gras

Rillettes de saumon fumé (en h.) ; Bavarois de poivron au coulis de tomates (en b.)

RILLETTES DE SAUMON FUMÉ

Traditionnellement, les rillettes se font avec du cochon ou de l'oie. Cette recette est un bel exemple de création culinaire d'inspiration contemporaine : à partir d'une préparation traditionnelle, on obtient, en transformant les ingrédients, un plat novateur d'une exquise finesse.

Pour 6 personnes
500 g de saumon fumé
1 dl de crème liquide

1 citron non traité
3 feuilles de gélatine
2 cuillerées à soupe de ciboulette ciselée
1 cuillerée à café de poivre concassé fin
1 cuillerée à soupe d'huile d'olive
3 pincées de cayenne en poudre

Faites tremper les feuilles de gélatine dans de l'eau froide pour les ramollir. Puis égouttez-les et mettez-les dans une petite casserole avec 1 cuillerée à soupe de crème. Faites chauffer à feu doux jusqu'à ce que la gélatine fonde puis retirez du feu et ajoutez le reste de crème. Laissez refroidir.

Coupez la moitié du saumon en morceaux et mettez-la dans le bol d'un robot avec la crème froide. Mixez finement.

Lavez le citron et râpez son zeste au-dessus du bol d'un robot. Ajoutez le poivre, le piment et la ciboulette. Mixez 10 secondes. Coupez le citron et pressez-en une moitié. Réservez 1 cuillerée à soupe de jus dans un saladier. Ajoutez l'huile et mélangez. Hachez grossièrement le reste de saumon et ajoutez-le à la citronnette. Mélangez en incorporant la crème de saumon.

Versez les « rillettes » de saumon dans une terrine, couvrez-la et mettez-la au réfrigérateur.

Servez les rillettes garnies d'aneth, avec des quartiers de citron, des ciboules, des concombres, du radis noir râpé...

Vous pouvez préparer ces rillettes 24 h à l'avance.

BAVAROIS DE POIVRON AU COULIS DE TOMATES

Les bavarois sont des préparations dont on assure la consistance en les « collant » à la gélatine. Entremets sucrés et desserts très populaires au siècle dernier, ils sont devenus entrées salées avec l'apport de la nouvelle cuisine. Ainsi en est-il de ce bavarois aux légumes, dont la recette aux accents méridionaux est un bel exemple.

Pour 4 personnes
4 poivrons rouges charnus de 200 g chacun
1 dl de crème liquide très froide
4 feuilles de gélatine
6 pincées de paprika doux
4 pincées de paprika fort
4 pincées de cumin en poudre
1 cuillerée à café d'huile d'arachide
4 brins de basilic
sel, poivre

600 g de tomates mûres
1 dl d'huile d'olive
2 cuillerées à café de vinaigre de xérès
sel, poivre

Faites griller les poivrons au gril du four ou sur les braises d'un barbecue, de tous côtés, jusqu'à ce que leur peau devienne brune, mais pas carbonisée (30 minutes environ). Lorsqu'ils sont cuits, laissez-les tiédir 15 à 20 minutes dans une cocotte couverte ; la peau se retirera très facilement.

Pelez les poivrons puis ouvrez-les en deux et réservez le jus qui s'écoule. Jetez le pédoncule, les graines et les filaments blancs.

Manda Lamétrie, fermière (1887), Alfred Roll
MUSÉE D'ORSAY, PARIS
Le lait caillé était jadis utilisé dans de nombreuses recettes campagnardes ; du lait cuit était laissé à cailler, puis réchauffé. On le mangeait avec des crêpes de blé noir.

Découpez les poivrons, dans le sens de la longueur, en rubans de 1,5 centimètre de large. Réservez 12 lanières et mettez-les autres dans le bol d'un robot, avec le jus, sel, poivre, cumin et paprikas. Mixez jusqu'à obtention d'une très fine purée.

Faites tremper les feuilles de gélatine dans l'eau froide. Égouttez-les puis faites-les fondre sur feu doux, en remuant. Versez cette gélatine en mince filet dans la purée de poivrons, sans cesser de fouetter. Réservez au réfrigérateur.

Fouettez la crème jusqu'à ce qu'elle forme des pics entre les branches du fouet et incorporez-la à la purée de poivron à-demi prise. Huilez 4 ramequins individuels. Garnissez le fond et les bords des poivrons réservés et versez la purée de poivrons au centre. Rabattez les lanières sur la purée. Laissez reposer 6 heures au réfrigérateur.

Préparez le coulis : ébouillantez les tomates 10 secondes, puis rafraîchissez-les sous l'eau courante. Pelez-les, coupez-les en deux et éliminez-en les graines ; hachez grossièrement la pulpe et mettez-la dans le bol d'un robot avec l'huile, le vinaigre, sel et poivre. Mixez 2 minutes à grande vitesse. Réservez au réfrigérateur.

Servez les bavarois de poivron démoulés au centre de quatre assiettes, entourés de coulis de tomates et décorés de brins de basilic.

Nature morte aux huîtres, Osias Beert MUSÉES ROYAUX DES BEAUX-ARTS DE BELGIQUE, BRUXELLES Guy de Maupassant écrivit d'une variété d'huîtres qu'elles fondaient « entre le

palais et la langue comme des bonbons salés ».

FRUITS DE MER

Moules et huîtres, coquillages divers, seiches et calmars, homards, écrevisses et langoustes, voire grenouilles et escargots, apparaissent peu dans les recueils de recettes du Moyen Age. Comme il se doit, seuls ceux qui vivent près de la mer ou qui ont accès aux ruisseaux et aux rivières peuvent s'en procurer. Dans une ville comme Paris, loin des côtes, les coquillages sont un luxe. On ne trouve guère que les huîtres mentionnées dans *Le Ménagier de Paris,* et elles se consomment toujours cuites, que ce soit grillées ou frites. Les moules sont un mets rustique, bon pour les paysans et les pêcheurs. Les recettes indiquent qu'elles étaient préparées « à la marinière », sur un grand feu, rapidement, avec très peu d'eau et sont assaisonnées de vinaigre. Dans d'autres recettes, elles sont préparées en potage avec du verjus et de la racine de persil. Mais ce ne sont pas des plats de grande cuisine. Les escargots ou grenouilles figurent ici et là, comme nourritures du vulgaire, appréciées néanmoins par certains. Quant aux crustacés, on n'en fait pas mention, sauf pour ce qui est des écrevisses, abondantes dans les ruisseaux. Il faut attendre les XVIe et XVIIe siècles pour que les fruits de mer prennent enfin la place qui leur revient dans la cuisine des Grands.

Dans un traité de la fin du XVIIe, on peut lire que les huîtres sont « *des poissons de mer qui se nourrissent entre deux écailles, qui sont fort estimés des friands et qui se mangent tout en vie* ». Et il se trouve qu'à cette époque les « friands » (gourmands) les plus réputés se trouvent à Paris et dans les autres grandes villes. La demande d'huîtres va alors s'accroître considérablement et l'exploitation intensive des bancs naturels de la côte atlantique va les épuiser complètement. Ils ne seront sauvés finalement que par le retour de la technique romaine de l'ostréiculture, oubliée depuis des siècles. Le transport de ces coquillages est coûteux ; seuls les aristocrates et les riches peuvent se les offrir. Et en quelles quantités ! Henri IV, dit-on, arrivait à en consommer quelque trois cents pour son dîner. Louis XVIII, réfugié à Gand, terminait son repas en en mangeant une bonne centaine. Lors d'agapes particulièrement pantagruéliques, l'écrivain Crébillon fils en absorba cent douzaines !

Au XVIe siècle, on les mange indifféremment crues ou cuites, rôties, bouillies ou marinées. Plus on avance dans le temps, plus on les préfère crues. Mais Vincent de la Chapelle, un des grands de la cuisine au siècle suivant, propose pourtant un faisan aux huîtres, et au XVIIIe le grand Marin conseille une omelette composée d'une douzaine d'œufs et de trois douzaines d'huîtres ; et ce sont là les proportions pour une personne bien entendu ! On peut véritablement parler d'une folie des huîtres, due peut-être au fait qu'on les pensait aphrodisiaques. Les choses se calment un peu au XIXe siècle et, petit à petit, nous arrivons aux consommations décidément plus raisonnables de nos contemporains.

Le Déjeuner d'huîtres, Jean.François de Troy (1679-1752) MUSÉE CONDÉ, CHANTILLY.
Le chef renommé, François Massialot, suggéra de déguster les huîtres cuites et présenta des recettes pour canard aux huîtres et une sauce aux huîtres et aux truffes dans son *Cuisinier royal et bourgeois,* en 1691.

Nature morte au homard (détail),
Anne Vallayer-Coster (1744-1818)
MUSÉE DU LOUVRE, PARIS
L'apparence étrange de ce crustacé effraya
la princesse de Lamballe (gouvernante en
chef de Marie-Antoinette) à tel point qu'on
dit « qu'elle ferma les yeux et resta
inconsciente pendant une demi-heure ».

Nature morte à l'écrevisse, (avant 1630)
Sébastien Stoskopff (1596-1657)
MUSÉE DES BEAUX-ARTS, LE HAVRE
Les écrevisses, très bon marché à Paris
dans les années 1630, étaient consommées
en grande quantité. A la fin du siècle, elles
passèrent de 3 à 40 francs la centaine.
Leur consommation diminua alors
proportionnellement. Mais le prix qu'elles
avaient atteint leur donna un certain cachet
parmi les gens riches et elles devinrent
synonyme de luxe et de décadence.

Les langoustes, écrevisses et homards prennent une place importante sur les tables à partir du XVIIIe siècle. À cette époque, on appelle encore les homards des écrevisses de mer. Loin d'être la partie principale d'un plat, ils entrent plutôt dans sa composition ou en garniture. Il en va de même pour les crevettes. À Paris, comme tous les autres produits frais venant de la mer, les crustacés ne figurent que sur la table des riches. Homards et langoustes ont acquis alors leur réputation de délicates nourritures de fête, qu'ils conservent encore de nos jours. Au XIXe, ils deviennent, avec les truffes, symboles sinon de bonne chère du moins de la cuisine de luxe et sont souvent plus appréciés pour leur prix que pour leur goût.

Crabes, crevettes, seiches et calmars sont restés jusque récemment des nourritures résolument régionales, faisant partie de l'exotisme des cuisines côtières. Quant aux grenouilles et escargots qui ont représenté et représentent toujours pour les Anglo-Saxons les caractéristiques exotiques de la nourriture française, ils n'ont eu sur les grandes tables qu'une place des plus modestes, car relevant principalement de traditions paysannes et provinciales.

Les somptueux plateaux de fruits de mer caractéristiques des brasseries parisiennes, comprenant huîtres, moules, coques, praires, crevettes, langoustines, crabes, bulots etc. ne sont qu'un aperçu des trésors de coquillages et de crustacés offerts par les côtes atlantiques et méditerranéennes. Vers le nord, du Pas-de-Calais et de la Normandie à la Bretagne, jusqu'en Saintonge, les moules représentent le coquillage le plus courant et le plus utilisé. Avec du vin blanc, des oignons et du persil, elles sont marinières ; mais rien ne vaut la merveilleuse mouclade des Charentes, où elles sont cuites dans une délicieuse sauce au safran, avec de la crème et du vin blanc. Élevées sur le bouchot ou ramassées sur les rochers à marée basse, elles ont longtemps été une nourriture de pêcheur.

Nature morte,
Théodule Ribot (1823-1891)
MUSÉE DES BEAUX-ARTS, CAEN
Les Grecs anciens ne se contentaient pas d'adorer les huîtres. Ils utilisaient également les coquilles pour inscrire leurs votes : le votant écrivait sa préférence dans la nacre blanche.

Exquises aussi sont les crevettes grises, ramassées le long des plages sablonneuses avec de grands filets dénommés « pousseux ». Légèrement pochées à l'eau bouillante, elles se dégustent avec du pain bis et du beurre frais. Les praires et les palourdes, ainsi que les coques, se mangent crues ou cuites, souvent farcies, c'est-à-dire cuites au four avec du beurre aillé et persillé. De l'Atlantique viennent aussi les coquilles Saint-Jacques, reines des coquillages et vedettes de la cuisine de la mer, tous les grands cuisiniers contemporains leur ont consacré de délicates recettes. Les beaux crabes tourteaux, une fois ébouillantés et refroidis, sont traditionnellement servis tels quels, avec de la mayonnaise et un casse-noix pour fendre la carapace des pattes et des pinces. Les araignées de mer, d'une chair plus délicate, sont cuites rapidement et servies de même.

Les homards sont nettement plus rares, et cuisinés selon les préceptes de la haute cuisine quand ils ne sont pas servis avec une mayonnaise bien citronnée. Bigorneaux et bulots sont plutôt servis en amuse-gueules au moment de l'apéritif. Enfin, il ne faut pas oublier la savoureuse soupe aux étrilles, ces petits crabes des côtes normandes et bretonnes, d'un goût à la fois fort et fin.

Le littoral méditerranéen offre, outre les classiques huîtres, praires et moules, d'autres coquillages étranges : les minuscules tellines, cuisinées à l'ail, au persil et au vin blanc, un délice dont on se barbouille les doigts ; les violets, un étrange être marin ayant vaguement la forme et l'aspect d'une pomme de terre et renfermant une chair jaune vif d'un goût fortement

Nature morte au homard,
Eugène Delacroix
MUSÉE DU LOUVRE, PARIS
Delacroix était très attiré par l'art anglais et par les peintures d'animaux. Il était un fervent admirateur de Constable. Bien que connu surtout pour ses décorations de grande envergure dans des bâtiments civiques, Delacroix estimait que ses plus petites compositions — colorées, libres d'influence et représentant batailles, chasses ou combats d'animaux — étaient plus satisfaisantes.

Déjeuner dans l'atelier,
Édouard Manet (1832-1883)
LE NEUE PINAKOTHEK
À cause de son habitude de peindre à partir de modèles, Manet imprégna ses œuvres d'un sentiment accru de caractère immédiat.
Il préférait souvent une palette restreinte dans laquelle le noir était extrêmement prédominant.

iodé ; les poulpes qu'il faut longuement cuisiner de manière à les rendre plus tendres ; les clovisses et les langoustes, plus fines que les homards, mais hélas ! aujourd'hui en voie de disparition dans les eaux méditerranéennes françaises pour avoir été trop pêchées. Seiches et calmars sont des spécialités régionales des côtes du Languedoc : on les cuisine au safran, à la tomate et à l'ail, avec une pointe de piment. À l'autre extrémité des Pyrénées, sur la côte Basque, on les préfère cuits dans leur encre.

Progressivement, depuis le début du siècle, ces produits de la mer se sont banalisés. Grâce aux transports rapides et aux nouvelles méthodes de conservation, on les trouve à travers tout le pays et en toute saison. En cuisine, ils ont pris une importance croissante. De spécialités ou curiosités régionales qu'ils étaient hier encore, les fruits de mer sont aujourd'hui devenus les matières premières de la grande cuisine contemporaine et les éléments indispensables à la nouvelle création culinaire.

Coquilles Saint-Jacques à la crème (à g.) ; Coquilles Saint-Jacques aux cèpes (à dr.)

COQUILLES SAINT-JACQUES À LA CRÈME

L a crème fut longtemps une caractéristique de la cuisine de Normandie, province laitière s'il en fut ! Puis le répertoire classique se mit à en faire grand usage, qualifiant de « à la normande » toute préparation à base de crème. La crème confère aux plats de coquillages ou de poissons une belle onctuosité. Dans cette recette, elle offre simplement le liant à une sauce délicieusement safranée.

Pour 2 personnes
6 grosses coquilles Saint-Jacques
3 cuillerées à soupe de crème fraîche épaisse
1 cuillerée à soupe de vermouth blanc sec
1 tomate de 100 g, 1 échalote
1/2 cuillerée à soupe de jus de citron
2 pincées de filaments de safran
1/2 cuillerée à café de poivre mignonette
25 g de beurre, sel, poivre

Séparez le corail des noix de saint-jacques. Rincez-les et épongez-les ; coupez les noix en deux. Ébouillantez la tomate pour la peler, coupez-la en deux et ôtez-en les graines ; coupez la pulpe en petits dés. Hachez menu l'échalote pelée.

Mettez l'échalote dans une sauteuse anti-adhésive et ajoutez le vermouth. Posez la sauteuse sur feu modéré et laissez cuire jusqu'à ce que tout le liquide soit évaporé. Ajoutez alors la crème, le poivre, le jus de citron et le safran et portez à ébullition. Ajoutez les cubes de tomate et les feuilles d'estragon et mélangez. Mettez le corail des saint-jacques dans ce jus et laissez cuire 1 minute. Ajoutez les noix de saint-jacques et laissez cuire encore 1 minute, en mélangeant.

Répartissez les saint-jacques dans deux assiettes chaudes et servez aussitôt, accompagnées de cubes de concombre cuits à la vapeur et de riz.

COQUILLES SAINT-JACQUES AUX CÈPES

A u Moyen Âge, la coquille Saint-Jacques fut l'emblème de tous les pèlerins qui se rendaient à Saint-Jacques-de-Compostelle, en Espagne. Succulent coquillage, il est bien meilleur consommé en hiver. Son goût un peu sucré se marie à la perfection avec le parfum des cèpes. C'est cette alliance que propose la recette qui suit.

Pour 2 personnes
6 grosses coquilles Saint-Jacques
6 cèpes
1 échalote
1 cuillerée à soupe d'huile d'olive
25 g de beurre
sel, poivre

Séparez le corail des noix de saint-jacques. Rincez-
les et épongez-les.
Coupez chaque noix en 3 rondelles et chaque corail
en lamelles de 1/2 cm d'épaisseur.
Rincez les champignons, épongez-les et coupez-les
en fines rondelles sur une râpe à chips.
Pelez l'échalote et hachez-la menu.
Faites chauffer l'huile dans une poêle anti-adhésive
de 24 cm.
Ajoutez-y la moitié du beurre et l'échalote. Mélangez
pendant 30 secondes sur feu doux puis ajoutez les
chips de cèpes et laissez-les cuire sur feu vif pendant
une minute, en les tournant sans cesse. Salez.
Retirez les chips de cèpe avec une écumoire et
répartissez-les dans deux assiettes chaudes.
Mettez les lamelles de corail dans la poêle et
mélangez pendant 30 secondes. Ajoutez les rondelles de noix aux lamelles de corail et mélangez
encore 30 secondes. Salez puis retirez-les avec
l'écumoire et ajoutez-les aux cèpes.
Faites réduire le jus contenu dans la poêle et ajoutez
le reste de beurre, en remuant. Dès qu'il est fondu,
nappez les saint-jacques aux cèpes de ce jus et
servez.
Poivrez au moment de déguster. Accompagnez
d'une purée de pomme de terre à l'huile et à la
crème ou d'une neige de céleri boule.

Boutique à poissons et bateau de blanchisseuses,
quai de la Mégisserie (vers 1670) MUSÉE CARNAVALET, PARIS

Coquilles Saint-Jacques et langoustines au gros sel

COQUILLES SAINT-JACQUES ET LANGOUSTINES AU GROS SEL

Ce plat d'une extrême simplicité nous renvoie directement aux régions des côtes bretonnes ou normandes. Là-bas, les pêcheurs cuisinent en effet sans fioritures les produits de la mer, de façon à leur préserver fraîcheur et saveur.

Pour 3 personnes
9 noix de saint-jacques
9 langoustines
1 cuillerée à soupe de gros sel de mer
1 cuillerée à café de poivre mignonette
3 cuillerées à soupe d'huile d'olive

Décortiquez les langoustines en enlevant le boyau
noir. Rincez les noix de saint-jacques et épongez-
les. Badigeonnez les langoustines et les noix de
saint-jacques avec 1 cuillerée à soupe d'huile d'olive,
au pinceau.
Faites légèrement chauffer le poivre dans une
sauteuse sur feu doux ; versez le reste d'huile.
Ajoutez les noix de saint-jacques et les langoustines
dans la sauteuse et laissez-les cuire de chaque côté
40 secondes, sur feu vif. Parsemez-les de gros sel
et retournez-les dans la sauteuse.
Répartissez les fruits de mer dans quatre assiettes
et arrosez-les du jus contenu dans la sauteuse.
Servez aussitôt, avec une salade de mâche.

CALMARS FARCIS AU JAMBON

La nature a dû faire les calmars pour être farcis ! Et notre cuisine, qu'elle soit du terroir ou classique, a toujours fait grand usage de farces, d'où cette recette au parfum légèrement méridional.

Pour 4 personnes
8 calmars de 100 g chacun
40 g de jambon cru
40 g de mie de pain de mie
50 g de tomates cerises, très mûres
1 jaune d'œuf
4 pincées de noix muscade râpée
2 gousses d'ail
1 cuillerée à soupe de persil plat ciselé
2 cuillerées à soupe d'huile d'olive
sel, poivre

Préparez les calmars : posez le premier à plat sur le plan de travail et tenez le cornet d'une main. Prenez les tentacules dans l'autre et tirez doucement. Jetez tout l'intérieur et l'os. Ne conservez de la tête que les tentacules, coupées au ras des yeux ; lavez-les et épongez-les. Lavez l'intérieur du calmar ; s'il y a des œufs ou des laitances, laissez-les. Dépouillez-le de la fine pellicule qui le recouvre et épongez-le. Détachez les ailes et ajoutez-les aux tentacules. Faites de même avec les autres calmars. Hachez au couteau la moitié des tentacules et des ailes. Allumez le four, thermostat 7. Hachez finement les oignons. Passez la mie de pain à la moulinette électrique et réduisez-la en grosse semoule. Faites-la très légèrement dorer dans une poêle sèche, et réservez-la dans une terrine. Pressez 1 gousse d'ail au-dessus de la terrine. Ajoutez-y le persil ciselé, sel, poivre et noix muscade. Faites chauffer 1/2 cuillerée à soupe d'huile dans une poêle anti-adhésive de 24 cm. Ajoutez les ailes

Calmars farcis au jambon (à g.) ; Petits calmars sautés à la persillade (à dr.)

et tentacules de calmar hachés et faites cuire 3 minutes à feu doux. Ajoutez le contenu de la terrine et mélangez 30 secondes. Arrosez de 1/2 cuillerée à soupe d'huile d'olive, mélangez encore et retirez du feu. Laissez tiédir.

Farcissez de cette préparation les cornets des calmars et fermez-les avec un bâtonnet. Rincez les calmars farcis sous l'eau courante, en tenant la pointe vers le haut. Épongez-les.

Coupez les tomates en quatre en ôtant le pédoncule. Coupez la gousse d'ail en lamelles.

Versez le reste d'huile dans un plat à four de 32 × 22 cm et ajoutez les tomates, sel, poivre et ail. Mélangez. Rangez les calmars farcis tête-bêche dans le plat et retournez-les sur eux-mêmes afin qu'ils s'enrobent d'huile parfumée. Glissez le plat au four et laissez cuire 30 minutes. À mi-cuisson, arrosez les calmars et retournez-les.

Retirez les calmars du four et dressez-les sur un plat. Servez-les chauds, tièdes ou froids.

PETITS CALMARS SAUTÉS À LA PERSILLADE

Par tradition, les Méridionaux ou les Basques du littoral mangeaient plus de calmars que leurs concitoyens du Nord, racines latines obligent ! Mais notre actuelle attirance pour les produits de la mer les fait désormais apprécier dans toutes les régions de France.

Pour 4 personnes
1,5 kg de petits calmars
3 cuillerées à soupe de persil plat ciselé
2 gousses d'ail nouveau
3 pincées de noix muscade râpée
3 cuillerées à soupe d'huile d'olive, sel, poivre

Hâchez finement les gousses d'ail. Préparez les calmars. Séparez chaque cornet de la tête en tirant doucement celle-ci : le cornet se vide, emportant l'os et l'intérieur, sauf les œufs et les laitances, très bons. Ne gardez des têtes que les tentacules. Coupez chaque cornet en anneaux de 3 cm de large. Lavez tentacules et anneaux et épongez-les soigneusement. Mettez les morceaux de calmars dans une sauteuse. Posez-la sur feu vif et laissez cuire environ 15 minutes en tournant sans arrêt avec une spatule, jusqu'à ce qu'ils ne rendent plus d'eau et prennent une teinte rousse.

Lorsque les calmars sont cuits, ajoutez dans la sauteuse sel, poivre, noix muscade, huile, ail et persil. Mélangez 10 secondes puis retirez du feu. Servez aussitôt.

Si les cornets des calmars ne dépassent pas 3 cm, laissez-les entiers.

Le Faucon, Illustration des *Contes* de La Fontaine, Pierre-Hubert Subleyras
MUSÉE DU LOUVRE, PARIS

85

Moules à la crème au curry (en h.) ;
Cassolette de moules au pistou de noix (en b.)

MOULES À LA CRÈME AU CURRY

Dès le XIVᵉ siècle, on trouve des recettes de moules presque identiques aux classiques moules marinières. Ce coquillage, très abondant sur les côtes de l'Atlantique et de la Manche, fut d'abord surtout un mets de pêcheurs. Mais progressivement, il apparut dans la grande cuisine. Cette recette tout en finesse va chercher ses origines dans la célèbre mouclade de la côte des Charentes ; le curry y remplace le safran, lui conférant une petite note exotique.

Pour 3-4 personnes
2 l de moules de bouchot
2 dl de vin blanc sec
2 échalotes, poivre
1 cuillerée à soupe rase de curry en poudre
125 g de crème fraîche épaisse

Grattez les moules, lavez-les et ébarbez-les.
Versez le vin dans une cocotte et ajoutez les échalotes hachées. Portez à ébullition et laissez bouillir jusqu'à ce que le vin réduise de moitié. Ajoutez les moules et laissez-les s'ouvrir sur feu vif, en les tournant deux ou trois fois.
Une fois les moules ouvertes, retirez-les avec une écumoire et réservez-les dans un saladier. Faites réduire leur jus de cuisson de moitié puis ajoutez le curry et la crème. Portez à ébullition et laissez bouillir jusqu'à obtention d'une sauce onctueuse. Filtrez-la au-dessus d'un bol.

Remettez les moules dans la cocotte et nappez-les de jus. laissez réchauffer le tout quelques minutes sur feu vif, en tournant les moules.
Répartissez les moules et leur jus dans quatre assiettes creuses et servez aussitôt.

CASSOLETTE DE MOULES AU PISTOU DE NOIX

De l'étang de Thau sur la Méditerranée aux côtes de la Manche et en passant par l'Atlantique, les élevages de moules sur bouchot abondent. Ce coquillage est l'un des plus consommés en France. La variante proposée ici avec le pistou provençal montre la richesse et la diversité infinies de ses modes de préparation. Il existe mille manières de déguster ces délicieux coquillages.

Pour 4 personnes
2 l de moules de bouchot
50 g de cerneaux de noix
24 feuilles de basilic gros vert
2 cuillerées à soupe d'huile d'olive
1 petite gousse d'ail nouveau, poivre

Grattez les moules, lavez-les et ébarbez-les. Mettez-les dans une grande cocotte couverte et laissez-les s'ouvrir sur feu vif, en les tournant deux ou trois fois.
Lorsque toutes les moules sont ouvertes, retirez la cocotte du feu et laissez tiédir les moules. Décoquillez-les et jetez les coquilles. Mettez les moules dans une poêle anti-adhésive de 22 cm.
Filtrez le jus des moules — environ 1/4 de l — dans une petite casserole. Faites-le réduire à feu vif, jusqu'à ce que vous obteniez 4 cuillerées à soupe d'un liquide sirupeux.
Préparez le pistou de noix : mettez la gousse d'ail dans le bol d'un mixeur. Ajoutez les cerneaux de noix et l'huile d'olive. Lavez les feuilles de basilic et épongez-les. Ajoutez-les dans le bol, avec 3 cuillerées à soupe du jus des moules. Faites tourner l'appareil 10 secondes puis goûtez : si la sauce n'est pas trop salée, ajoutez le reste de jus et mixez encore 10 secondes.
Versez le pistou sur les moules et faites réchauffer 1 minute sur feu très doux, sans faire bouillir, sinon les moules durciraient et rendraient encore de l'eau.
Tournez délicatement afin que les moules soient bien enrobées de sauce.

Gambas et fleurs en beignets

Répartissez les moules et leur pistou dans quatre cassolettes en grès ou petites cocottes en porcelaine à feu et servez.

Dégustez les moules à la cuiller, accompagnées de pain grillé. Cette entrée peut devenir un plat si vous servez les moules au creux d'assiettes tapissées de tagliatelles fraîches au beurre.

GAMBAS ET FLEURS EN BEIGNETS

C es grosses crevettes du plateau continental sont aujourd'hui très consommées en France, et nos grands cuisiniers leur ont consacré une attention grandissante. En beignets et associées à la délicatesse des fleurs de courgettes, elles illustrent bien la recherche et le souci de simplicité raffinée de notre cuisine contemporaine.

Pour 6 personnes
24 gambas crues, de 75 à 80 g chacune
6 fleurs de courgette
120 g de farine
1 jaune d'œuf
75 cl d'huile d'arachide, sel

Coupez la queue des gambas au ras de la tête et décortiquez-les en leur laissant le dernier anneau et la queue. Retirez la petite veine noire qui se trouve sur le dos. Pratiquez des entailles peu profondes et parallèles le long de la partie ventrale afin que les gambas ne se recourbent pas pendant la cuisson. Ôtez le pistil des fleurs de courgettes et coupez les pétales en deux ou trois selon leur grosseur.

Préparez la pâte à beignet : mettez 1,75 dl d'eau très froide dans une terrine. Ajoutez le jaune et fouettez rapidement à la fourchette. Versez la farine et du sel, en fouettant rapidement : la pâte doit être juste liée mais non travaillée.

Faites chauffer l'huile dans une petite bassine à friture ou une casserole. Lorsqu'elle est bien chaude, passez les gambas dans un léger voile de farine puis trempez-les dans la pâte et plongez-les dans l'huile. Laissez cuire les gambas 3 minutes, en les retournant avec une écumoire.

Plongez ensuite les fleurs de courgettes dans la pâte puis dans l'huile et faites-les cuire 1 minute seulement.

Retirez les beignets de l'huile chaude avec une écumoire puis posez-les sur un papier absorbant.

Rangez les beignets dans un plat de service tapissé de napperon en papier et servez aussitôt.

Accompagnez de quartiers de citron : quelques gouttes suffiront à assaisonner les beignets.

Cette pâte vous permettra de réaliser des beignets de coquilles Saint-Jacques, moules, carrés de seiche, rondelles de calmar, petits morceaux de saumon, de sole ou de limande ; et toutes sortes de légumes : courgettes, aubergines, poivrons, carottes, choux-fleurs...

Nature morte aux fruits de mer, Joseph Bail ; ANCIENNE COLLECTION BRAME ET LORENCEAU
Les homards pêchés en eaux froides, sur les côtes de Bretagne par exemple, sont considérés comme les plus goûtus.

HUÎTRES GRATINÉES

Dans *La Maison rustique*, publiée dans les années 1740, à la suite de considérations techniques sur le jardinage, de conseils pour l'élevage et autres sujets chers au cœur des propriétaires terriens, un chapitre propose une longue série de recettes de cuisine, par ordre strictement alphabétique, ce qui n'en facilite pas toujours la lecture. Ce gratin d'huîtres y figure en bonne place et montre que, si l'aristocratie et les riches se gavaient d'huîtres crues, d'autres les préféraient cuites.

> Prenez des huîtres, ouvrez-les et les laissez dans leur même coquille, mettez un peu de poivre, un peu de persil haché, un peu de beurre et de la râpure de pain bien fine par-dessus. Faites les griller et passez-y la pelle rouge par-dessus, et les servez chaudement.

Pour 4 personnes
24 huîtres creuses
2 dl de champagne

100 g de crème, 2 jaunes d'œuf
1 échalote, 2 pincées de filaments de safran
poivre

Allumez le gril du four. Ouvrez les huîtres et retirez la coquille plate. Décoquillez-les en réservant la coquille creuse et l'eau qu'elles rendent. Filtrez cette eau.

Pelez l'échalote et hachez-la menu. Ajoutez-la dans la sauteuse, versez le champagne et portez à ébullition. Laissez bouillir 30 secondes puis ajoutez les huîtres avec leur eau et laissez-les cuire 10 secondes. Retirez les huîtres avec une écumoire et répartissez-les dans les coquilles vides.

Filtrez le jus de cuisson dans une petite casserole et faites-le réduire de moitié sur feu vif. Ajoutez la crème et le safran et laissez réduire d'un tiers. Retirez alors du feu et incorporez les jaunes d'œuf en fouettant. Poivrez.

Nappez les huîtres de sauce et rangez-les dans des assiettes à huîtres que vous passerez 20 secondes sous le gril très chaud. Servez aussitôt.

HUÎTRES AU MUSCAT DE BEAUMES DE VENISE

Ce coquillage toujours présent sur les tables de fête est devenu l'élément indispensable des réveillons traditionnels. Dans ce XXᵉ siècle, nous avons longtemps préféré nos huîtres crues, et il fallut la révolution de la Nouvelle Cuisine et des recettes comme celle-ci pour nous convaincre que les huîtres cuites sont tout aussi savoureuses... Nos ancêtres le savaient bien !

Pour 4 personnes
24 grosses huîtres plates ou creuses, belon
1,5 dl de muscat de Beaumes de Venise (ou
éventuellement du Rivesaltes ou du sauternes)
100 g de crème fraîche épaisse
25 g de beurre
1 échalote
1 cuillerée à soupe de ciboulette finement ciselée
3 pincées de poivre mignonette, poivre

Ouvrez les huîtres et retirez la coquille plate. Mettez-les dans une passoire et laissez-les s'égoutter 15 minutes.

Au bout de ce temps, décoquillez-les en réservant encore le jus qu'elles rendent. Versez toute l'eau obtenue, en la filtrant, dans une sauteuse anti-adhésive de 24 cm.

Pelez l'échalote et hachez-la menu. Ajoutez-la dans la sauteuse avec le poivre mignonette et portez à ébullition.

Ajoutez le muscat et dès la reprise de l'ébullition, faites glisser les huîtres dans la sauteuse. Laissez-les frémir 10 secondes puis retournez-les et laissez frémir encore 10 secondes. Retirez-les alors avec une écumoire et répartissez-les dans quatre assiettes chaudes.

Filtrez la sauce au-dessus des assiettes, parsemez de ciboulette, poivrez et servez aussitôt. Dégustez avec pain grillé et beurre demi-sel.

Huîtres gratinées (à g.) ; Huîtres au muscat de Beaumes de Venise (à dr.)

HUÎTRES EN SALADE TIÈDE

S ur nos côtes atlantique et méditerranéenne, les Romains avaient inventé et développé depuis longtemps l'ostréiculture, qui se perpétua jusqu'aux invasions barbares. L'auteur latin Ausone cite les bancs d'huîtres de Marseille, de Port-Vendres, du Médoc, de la Saintonge et du Calvados.

Mentionnées dans les recueils de recettes du Moyen Age, notamment *Le Viandier de Taillevent* et *Le Ménagier de Paris*, elles sont toujours cuites. Elles gagnent en popularité aux XVIᵉ et XVIIᵉ siècles, pour aboutir à une véritable « huîtromanie » au XVIIIᵉ. François Rabelais, au XVIᵉ siècle, mentionne celles de Busch, sur le bassin d'Arcachon comme étant les meilleures. Un autre chroniqueur, Rondelet, signale qu'« on loue celles de Bretagne sur toutes les autres ; celles de Saintonge ont un goût un peu plus salé et piquant ; celles de Bordeaux sont estimées les meilleures après celles de Bretagne, entre lesquelles sont estimées celles du Médoc ». On croirait lire Ausone ! Les convives en consomment des dizaines de douzaines à la fois, et elles ont alors la réputation d'être aphrodisiaques, à condition d'être mangées crues, ce qui d'ailleurs est devenu la manière la plus classique de les servir.

Pour 4 personnes
400 g de pommes de terre à chair ferme
16 grosses huîtres : spéciales de claires
1 truffe de 30 g
1 cuillerée à soupe de feuilles de céleri ciselées
1 cuillerée à soupe de vinaigre de vin vieux
3 cuillerées à soupe d'huile d'olive, poivre

Pelez les pommes de terre. Réservez-en 300 g. Faites-les cuire à la vapeur 20 minutes, jusqu'à ce que la lame d'un couteau les transperce.

Pendant ce temps, ouvrez les huîtres et faites-les glisser, avec leur eau, dans une petite casserole posée sur feu moyen. Laissez-les frémir 30 secondes. Retirez-les de la casserole avec une écumoire et gardez-les dans un bol, au chaud.

Laissez décanter le jus des huîtres — 1,5 dl environ — et filtrez-le. Versez-le à nouveau dans la casserole rincée et laissez-le réduire jusqu'à obtention d'1 cuillerée à soupe d'un liquide liquoreux. Ajoutez le vinaigre, laissez bouillir 30 secondes puis retirez du feu.

Huîtres en salade tiède

Pelez la truffe lavée et réservez sa peau pour un autre usage. Râpez-la sur une râpe à truffe ou coupez-la en très fines lamelles, à l'aide d'un petit couteau. Coupez les pommes de terre encore chaudes en fines rondelles. Mettez-les dans un saladier et ajoutez-y les lamelles de truffe.

Versez l'huile dans la casserole contenant le jus des huîtres vinaigré et fouettez à la fourchette pour l'émulsionner. Arrosez les pommes de terre à la truffe de la moitié de cette émulsion et mélangez délicatement.

Répartissez les pommes de terre à la truffe dans quatre assiettes et garnissez-les d'huîtres chaudes. Arrosez-les du reste de vinaigrette et parsemez de feuilles de céleri ciselées. Servez aussitôt. Poivrez au moment de déguster.

Homard gratiné (à g.) ; Langoustines aux oursins (à dr.)

HOMARD GRATINÉ

Comme la langouste, le homard est symbole de bonne chère. Il faut l'ébouillanter vivant pour que sa chair reste savoureuse. Depuis près de trois siècles, il est une vedette de la grande cuisine. Il était un mets important pour les repas fastueux des « jours maigres », où les humbles, eux, devaient se contenter de hareng saur.

Pour 4 personnes
2 homards de 800 g chacun
1 cuillerée à soupe bombée de crème fraîche épaisse
24 feuilles d'estragon, hachées
50 g de beurre
3 cuillerées à soupe de Noilly Dry
1/2 cuillerée à café de poivre mignonette, sel, poivre

Faites cuire les homards vivants 10 minutes dans une marmite d'eau bouillante salée. Égouttez-les et laissez-les rafraîchir sous l'eau courante.

Allumez le gril du four. Hachez l'échalote menu. Mettez-la dans une petite casserole avec poivre, estragon et Noilly. Laissez cuire sur feu doux jusqu'à ce que tout le liquide s'évapore. Ajoutez la crème, laissez bouillir 1 minute puis incorporez le beurre en fouettant. Retirez du feu.

Coupez les homards en deux longitudinalement et rangez-les dans un plat à four. Détachez la chair et badigeonnez la carapace de la moitié de la sauce à l'estragon. Coupez la chair des homards en 6 tronçons et remettez-les dans la carapace. Nappez la chair du reste de sauce. Faites gratiner 2 minutes sous le gril chaud puis répartissez dans quatre assiettes et servez aussitôt.

LANGOUSTINES AUX OURSINS

Le « corail » de ce coquillage épineux fut longtemps réputé aphrodisiaque, et il était déplacé pour les dames d'en consommer ouvertement en quantité ! Dans la recette proposée ici, il s'associe admirablement bien aux langoustines.

Pour 4 personnes
12 très grosses langoustines
12 oursins
60 g de beurre
sel, poivre

Ouvrez les oursins et réservez leur jus en le filtrant. Mélangez les parties rouges avec 25 g de beurre, soit dans un mortier avec un pilon, soit dans un mixeur.

Allumez le gril du four. Coupez les langoustines entières en deux et posez-les dans un plat à four, côté coupé vers le haut. Faites fondre le reste de beurre et badigeonnez-en la chair des langoustines, au pinceau. Salez et poivrez.

Glissez le plat sous le gril très chaud et laissez cuire 6 à 8 minutes : la chair des langoustines doit se détacher de la carapace. Retirez alors le plat du four et tartinez la chair des crustacés avec le beurre d'oursin. Repassez 10 secondes au gril.

Répartissez les langoustines dans quatre assiettes et servez aussitôt.

FRUITS DE MER EN SALADE

Tous les « fruits » de la mer (coquillages, crustacés, mollusques) offrent une richesse et une diversité de goûts étonnantes. Leur extrême fraîcheur est une condition indispensable à leur dégustation.

Éléments importants dans la composition d'un grand menu, ils se prêtent volontiers, comme dans cette recette, à de subtils mélanges.

Pour 6 personnes
300 g de chair de langouste cuite
300 g de blancs de calmars crus
1 l de moules
300 g de tomates
1 dl d'huile d'olive
1 jaune d'œuf
1 cuillerée à café de moutarde de Dijon
1 petite gousse d'ail
6 brins de cerfeuil, effeuillés
1 cuillerée à soupe de ciboulette, grossièrement ciselée
3 brins d'estragon, effeuillés
sel, poivre

Ouvrez les moules et décoquillez-les. Réservez le jus qui s'écoule des mollusques pendant cette opération et filtrez-le au-dessus d'une sauteuse anti-adhésive de 24 cm.

Coupez les blancs de calmars en lamelles de 2 mm de large. Ajoutez-les dans la sauteuse et posez-la sur feu vif. Laissez cuire 5 minutes en tournant avec une spatule puis retirez du feu et égouttez-les dans une passoire.

Faites réduire le jus de cuisson à 3 cuillerées à soupe et laissez-le refroidir.

Fouettez le jaune d'œuf et la moutarde dans un bol évasé. Versez l'huile en mince filet, sans cesser de fouetter, jusqu'à obtention d'une mayonnaise onctueuse. Pelez la gousse d'ail et passez-la au presse-ail au-dessus du bol. Mélangez en incorporant le jus de cuisson des calmars. Assaisonnez les crustacés de cette sauce et mélangez bien.

Ébouillantez les tomates 10 secondes, puis rafraîchissez-les sous l'eau courante, pelez-les, coupez-les en deux et éliminez-en les graines ; coupez la pulpe en petits dés. Ajoutez-les dans la sauteuse avec les brins de cerfeuil et d'estragon et la ciboulette. Mélangez bien.

Servez ces fruits de mer sur une salade assaisonnée à l'huile d'olive et au jus de citron.

Les Apprêts pour la pêche, **Charles Roussel** ; MUSÉE DES BEAUX-ARTS, TOURCOING

Fruits de mer en salade

Langoustes au banyuls

LANGOUSTES AU BANYULS

La langouste, comme la truffe ou le homard, représente dans notre imaginaire gastronomique le luxe. Ces crustacés qui se plaisent dans les mers chaudes sont devenus un mets de fête, sans doute plus prisés pour leur symbolique du raffinement que pour leur goût.

Pour 4 personnes
2 langoustes de 500 g chacune
1/8 de l de banyuls jeune
125 g de crème fraîche épaisse
2 rondelles d'orange sanguine,
2 rondelles de citron non traité
1 échalote, 2 brins d'estragon
100 g de riz grain long, 25 g de riz sauvage
4 pincées de cayenne en poudre
1 1/2 cuillerée à soupe d'huile d'arachide
1 noix de beurre, sel, poivre

Plongez dans une marmite d'eau bouillante salée les langoustes et dès la reprise de l'ébullition, après 2 minutes environ, laissez-les cuire à tout petits frémissements pendant 10 minutes.

Retirez les langoustes de la marmite et rafraîchissez-les 2 minutes sous l'eau. Étalez-les sur une planche en déroulant la queue. Laissez-les refroidir complètement, pendant 30 minutes au moins.

Détachez les queues des langoustes et décortiquez-les. Récupérez l'eau rendue pendant cette opération. Mettez les parties crémeuses et le corail dans le bol d'un mixeur. Mixez jusqu'à obtention d'une crème fluide. Réservez-la dans un bol.

Jetez la carapace de la tête et de la queue, mais réservez les pattes, les antennes et les parties cartilagineuses du coffre, et brisez-les.

Hachez l'échalote menu. Effeuillez l'estragon ; réservez 12 feuilles pour la décoration des cassolettes et 6 grosses feuilles pour la cuisson.

Allumez le four, thermostat 6 (200 °C). Faites cuire le riz blanc et le riz sauvage puis égouttez-les. Ajoutez la noix de beurre, mélangez et réservez au four, dans une terrine couverte.

Faites chauffer l'huile dans une grande cocotte ou sauteuse. Faites-y dorer 5 minutes sur feu modéré les pattes, antennes et coffre, en tournant souvent. Ajoutez l'échalote, les 6 feuilles d'estragon, sel, poivre et cayenne et laissez cuire 2 minutes en remuant. Ajoutez l'eau rendue par les langoustes, la crème et le banyuls. Mélangez. Portez à ébullition en écrasant les morceaux de crustacés. Laissez cuire 10 minutes à couvert.

Passez le contenu de la cocotte à travers une passoire placée au-dessus d'une casserole. Laissez bien s'égoutter les morceaux de langouste puis jetez-les. Ajoutez dans la casserole le corail, les parties crémeuses mixées, et les rondelles d'orange et de citron coupées en deux. Faites chauffer à feu doux 3 minutes.

Répartissez le riz dans 4 cassolettes en porcelaine à feu. Coupez les queues de langouste en rondelles de 3 mm d'épaisseur et disposez-les sur le riz. Nappez de sauce, en répartissant les demi-rondelles d'orange et de citron dans chaque cassolette. Glissez les cassolettes au four chaud puis éteignez-le. Laissez réchauffer 5 minutes.

Sortez les cassolettes du four, garnissez-les de 3 feuilles d'estragon et servez aussitôt.

FLANS DE CRABE SAUCE CORAIL

Les gros tourteaux ont de tout temps été appréciés des provinces côtières. On les trouve aux étals des marchands de poisson dès le Moyen Âge et, à partir du XVIIe siècle, de nombreuses recettes leur sont consacrées, pour parer bien entendu aux nécessités des jours maigres. La manière populaire et traditionnelle de les manger est simple : une fois ébouillantés, on les décortique et on consomme la chair et le corail accompagnés d'une sauce mayonnaise. Néanmoins, la cuisine classique et contemporaine offre pour ce crustacé un étonnant éventail de recettes.

Pour 6 personnes
1 gros tourteau femelle cuit : 1,2 kg
5 œufs
2 dl de lait
1 cuillerée à soupe de crème fraîche épaisse
1 cuillerée à café de moutarde blanche
2 pincées de curry en poudre
1 noix de beurre
sel, poivre

Décortiquez le crabe : mettez dans un bol les chairs blanches contenues dans le coffre, les pattes et les pinces.

Mettez le corail et les parties crémeuses dans le bol d'un mixeur.

Allumez le four, thermostat 5 (170 °C). Cassez les œufs dans une terrine et battez-les à la fourchette. Ajoutez sel, poivre et 1, 5 dl de lait. Battez encore puis ajoutez les chairs blanches, en les émiettant le plus finement possible.

Beurrez 6 ramequins ou moules à soufflés de 8 cm de diamètre et répartissez-y le mélange. Rangez-les dans un plat à four et remplissez-le d'eau chaude, jusqu'à 1 cm du bord des moules. Glissez au four et laissez cuire 20 minutes environ, jusqu'à ce que les œufs aient pris.

Ajoutez le reste du lait, la crème, la moutarde, le curry et un peu de sel dans le bol du mixeur. Mixez jusqu'à obtention d'une purée lisse. Versez-la dans une casserole : c'est la sauce corail qui accompagnera les flans.

Lorsque les œufs sont cuits, faites chauffer la sauce sur feu doux. Retirez les œufs du four et démoulez-les sur quatre assiettes.

Nappez-les de sauce et servez aussitôt.

Pour réaliser cette entrée, il est important d'utiliser un tourteau femelle, plein de corail. Vous reconnaîtrez la femelle aux deux orifices qu'elle porte sous la carapace lorsqu'on soulève la languette qui n'est rien d'autre que la queue.

Flans de crabe sauce corail

La Pêche miraculeuse, détail : déchargement du poisson (1706), Jean-Baptiste Jouvenet MUSÉE DU LOUVRE, PARIS

POISSONS DE MER
ET DE RIVIÈRE

Avec ses côtes atlantique et méditerranéenne, la France n'a jamais manqué de poisson. Néanmoins, le pays est vaste et bien des régions de l'intérieur ne connaissent un approvisionnement régulier en poisson de mer frais que depuis un siècle ou deux. Et pourtant, cet aliment fut d'une importance capitale !

En effet, au Moyen Age, nous l'avons vu, faire maigre est une obligation qui recouvre près d'un tiers de l'année. Outre les jours de carême, il y a deux jours maigres par semaine, sans compter certaines veilles de fête. Le poisson est alors la seule solution. Étant donné les difficultés de transport et de communication que rencontrent à cette époque les habitants des régions éloignées des côtes (et c'est la majorité), les poissons d'eau douce ont l'avantage d'être frais, abondants et théoriquement accessibles. Mais les seigneurs surveillent de près leurs rivières afin de faire la chasse aux braconniers. Le menu peuple a donc toutes les difficultés du monde à se procurer du poisson. Reste alors le poisson de mer.

À Paris, près du Grand Pont, se tient le marché du poisson. Il est acheminé par rivière, dans de grands paniers, recouverts de sel pour ralentir la putréfaction. Mais il arrive toujours un peu corrompu. Les meilleurs, c'est-à-dire ceux qui sont restés les plus frais, sont pour la Maison du roi. Sur les étalages, on trouve du marsouin, de la roussette, des pageots, bars, grondins, daurades, maquereaux, sardines et anchois, sans oublier la baleine. Marsouin et baleine sont alors considérés comme des poissons puisqu'ils vivent dans l'eau, ainsi d'ailleurs que la macreuse, oiseau aquatique que l'on est autorisé à consommer les jours maigres. Le gras de baleine (ou crapois) sert de graisse de cuisson aux plus modestes durant le carême. Mais il faut bien dire que le poisson frais est un luxe réservé aux plus riches. La plus grande partie de la population doit se contenter de poisson salé et séché. La demande est énorme, vu la fréquence des jours où la viande est interdite. Cela donne lieu à une extraordinaire industrie, notamment en ce qui concerne le hareng. Pensez qu'à Dieppe pour l'année 1477, cent soixante-dix-sept bateaux ont ramené près de cinq millions de harengs. Il est alors salé. Dès le XVe siècle, la salaison se fera sur le bateau même, ce qui permet d'aller pêcher plus loin. On fait aussi du hareng « soré » : le poisson est légèrement salé, puis dessalé avant d'être exposé à la fumée de hêtre ou de chêne, ce qui le rend imputrescible.

Cet engouement pour le hareng a même donné lieu en 1429 a ce qu'on a appelé la « journée des harengs » : tandis que les Anglais assiégeaient Orléans, des gens d'armes français interceptèrent un convoi de ravitaillement qui leur était destiné, soit trois cents chariots

Cuisinière revenant du marché, Étienne Jeaurat (1699-1789)
MUSÉE DES BEAUX-ARTS, BESANÇON
Jeaurat était à la fois un peintre de situations historiques et de tableaux de genre. Il aimait particulièrement les scènes de rues parisiennes, les marchés et leurs personnages.

remplis de harengs. Mais les Anglais résistèrent. Lors de la bataille qui vit les Français battre en retraite, les harengs se déversèrent sur le sol. On raconte que depuis lors, aucun des participants de cette mémorable journée ne voulut plus jamais consommer de harengs.

D'autres poissons sont également conservés au sel, particulièrement la morue, qui est séchée après salage. Mais le poisson symbole du carême et des nourritures populaires du Moyen Age est bien le hareng salé. On comprend les excès populaires de Mardi gras qui permettaient enfin à la population de manger autre chose que du poisson malodorant et souvent rance ! De ces lointains souvenirs, il nous reste aujourd'hui l'excellent hareng saur mariné à l'huile et accompagné de pommes de terre, et encore parfois la morue salée, sautée avec des oignons.

Dans le Midi, la brandade, sorte de mousseline de chair de morue salée aux pommes de terre, et l'estoufinade, autre forme de brandade de morue dans laquelle l'huile d'olive est remplacée par de l'huile de noix, font honneur à l'esprit d'invention de nos ancêtres qui devaient s'efforcer de varier les préparations, à partir de matières premières aussi peu prometteuses que le poisson séché.

Les recettes de l'époque traitent surtout de poissons frais, car il s'agit de la cuisine des riches : rôti ou frit, il était servi avec une sauce courte ou en potage.

La consommation de poissons frais s'est accrue lentement, suivant bien entendu le développement des voies de communication plus rapides et l'établissement des « chasse-

La Pêche à la morue, Ambroise Garneray (1783-1857)
MUSÉE DES BEAUX-ARTS, ROUEN
La France fut jadis le seul pays à entreprendre des expéditions de pêche différentes pour la morue fraîche et pour la morue salée à bord.
De nos jours, le salage ou la congélation, se font, bien sûr, sur le même bateau.

marée » de la Manche. Les grandes maisons pouvaient passer des contrats avec ces entrepreneurs qui s'engageaient à ce que le poisson arrive à destination vivant, dans des paniers réglementaires. C'est à cause d'un contrat passé avec un « chasse-marée », que Vatel, maître d'hôtel du prince de Condé, en vint à se suicider. Devant organiser un festin où était invité le roi Louis XIV et sa cour, dans le château de Chantilly, voilà que le nombre de convives est plus important que prévu. Vatel, avec l'extraordinaire don d'organisation qui le caractérise, fait face à la situation mais il est sur les nerfs et au bord de l'épuisement. Il n'a pas, dit-il, dormi depuis douze nuits. À 4 heures du matin, toujours debout pour organiser le repas du lendemain, il s'inquiète de savoir si « la marée » est bien arrivée. Voici ce qui se passa, selon la description même de Mme de Sévigné qui relata l'événement à sa fille : « *Il rencontre un petit pourvoyeur qui lui apportoit seulement deux charges de marée ; il lui demande : "Est-ce là tout ?" Il lui dit : "Oui, Monsieur." Il ne savoit pas que Vatel avait envoyé à tous les ports de mer. Il attend quelque temps ; les autres pourvoyeurs ne viennent point ; sa tête s'échauffoit, il croit qu'il n'aura point d'autre marée ; il trouve Gourville et lui dit : "Monsieur, je ne survivrai pas à cet affront ; j'ai de l'honneur et de la réputation à perdre." Gourville se moqua de lui. Vatel monte dans sa chambre, met son epée contre la*

Canards et Poissons, détail (1726),
Jean-Baptiste Oudry
MUSÉE DES BEAUX-ARTS, DIJON
L'anguille était populaire au Moyen Age. Taillevent présenta dans son *Viandier* plusieurs recettes pour la préparer. Il en ajouta même dans des tartes, des soupes, dans la roulade et le flan Lenten. Il existe de nombreux plats régionaux à base d'anguille, telle « l'anguille en vert », anguille cuite dans une sauce à l'épinard, à l'oseille, au persil et à la sauge.

Ustensiles de ménage, harengs,
Jean-Baptiste Chardin (1699-1779)
MUSÉE DE PICARDIE, AMIENS
En 1170, Louis VII accorda des lettres de
patente à une guilde de commerçants de
poissons d'eau de mer. Les membres de
cette guilde étaient connus sous le nom
de « harengères » (vendeurs de harengs),
alors que le nom « poissonniers » désignait
ceux qui faisaient commerce de poissons
d'eau douce uniquement.

porte et se la passe au travers du cœur ; mais ce ne fut qu'au troisième coup, car il s'en donna deux qui n'ataient pas mortels : il tombe mort. La marée cependant arrive de tous côtés ; on cherche Vatel pour la distribuer ; on va à sa chambre ; on heurte, on enfonce la porte ; on le trouve noyé dans son sang ; on court à monsieur le prince qui fut au désespoir... »

Les cuisiniers sont de plus en plus attentifs à la préparation des produits de la mer. Jusqu'au XVIIe siècle, on trouve encore sur les marchés de la baleine et du marsouin, dont la chair noirâtre commence à déplaire, même chez les petites gens, qui préfèrent encore se rabattre sur le sempiternel hareng salé. On n'apprécie encore que moyennement le saumon, très fréquent dans toutes les rivières, au point que domestiques et travailleurs exigent de ne pas avoir de saumon à leur menu plus de trois fois par semaine !

Le poisson étant l'un des aliments qui a le plus développé la créativité culinaire, les recettes se multiplient et donnent lieu à des préparations de plus en plus sophistiquées.

À partir du XVIIe siècle, les menus de jours maigres deviennent de véritables festins. La

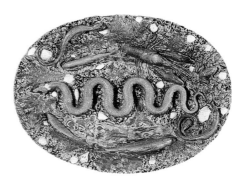

Grand plat ovale de type « rustique figuline » (vers 1510), Bernard Palissy (attribué à)
MUSÉE DU LOUVRE, PARIS
Ce maître de la poterie française était connu pour ses couleurs vibrantes de vernis polychrome ; probablement fut-il influencé par son passé d'artiste en vitraux. Les grenouilles, poissons, serpents et feuilles qui couvrent ses œuvres furent moulés vivants. On lui donna le titre d'« inventeur de la poterie rustique du roi ».

préférence pour le poisson de mer est nette. Les gourmets du XVIIIᵉ apprécient le turbot, commencent à aimer le saumon, exigent des homards, des écrevisses et des crabes et consomment de grandes quantités d'huîtres.

En 1892, Félix Brémond, médecin hygiéniste réputé dans le cercle des gourmets parisiens, se rend dans un restaurant parisien pour déguster de la baleine. Ce fait exceptionnel est largement relaté et commenté : le cétacé a été capturé quelque temps auparavant le long des côtes d'Aquitaine. Il se retrouve débité sur les étals des boucheries parisiennes (la baleine étant un mammifère et non un poisson).

Vivement intéressés par cette nouvelle expérience, les volontaires désireux de découvrir un goût nouveau et original sont nombreux autour de la table qu'occupe Félix Brémond. Mais quelle n'est pas leur déception lorsque, à la première bouchée, ils constatent qu'il n'y a nulle nouveauté dans ce mets. Le médecin lui-même, initiateur de l'expérience, confie à un chroniqueur parisien : « *Cher ami !... Vous faites bouillir un morceau de bœuf maigre dans de l'eau ayant servi à laver un maquereau manquant de fraîcheur. Accommodez ce bouilli à une sauce relevée quelconque, et vous aurez un plat semblable à celui qui nous fut servi sous le nom d'"escalope de baleine à la Valois".* »

La consommation de poissons frais continue d'augmenter de façon régulière au cours des siècles suivants. Elle est passée de 2,4 kilos par an et par habitant dans les années 1781-1789 à 12 kilos dans les années 1960. Mais c'est au cours des années 1970 que l'on assiste à un véritable bon en avant, et les Français qui, pour la plupart, considéraient encore le poisson comme une nourriture de pénitence se sont mis à en manger de plus en plus fréquemment, pour des raisons diététiques mais aussi par goût. La véritable révolution culinaire qui débuta avec la nouvelle cuisine y est d'ailleurs pour beaucoup.

Traditionnellement, le poisson a toujours fait partie des menus, qu'ils soient de jour maigre ou de jour gras. Il précède le plat de volaille et le rôti de viande. De mer ou de rivière, certaines préparations régionales sont devenues des plats classiques. La bouillabaisse de la région de Marseille est l'une de ces fameuses spécialités. Cette soupe de poissons représente un repas complet en elle-même : poissons de roche et de haute mer sont cuits dans un bouillon safrané et servis avec la célèbre « rouille », une sauce à l'ail, à l'huile d'olive, au piment et au jaune d'œuf. La bourride est une autre soupe de poissons à l'ail et à l'huile d'olive, spécialité de la côte languedocienne. Les anchois, que la population de l'intérieur du pays ne connaissait que conservés au sel, se faisaient sur la côte catalane. Avec les câpres et la tomate, autres spécialités du Midi, ils devinrent un ingrédient de la cuisine classique après la Révolution.

Plus au nord, vers la Normandie et la Bretagne nous avons le brochet, ce roi des poissons de rivière, servi au beurre blanc, aromatisé de vinaigre fin et d'échalotes. On en trouve une recette assez voisine dans un recueil de cuisine des années 1400.

Toujours sur la côte normande, on cuisine à merveille la sole normande qui a donné lieu dans les années 40 à une célébration particulière : en 1938, sur toute la côte normande, mais plus spécialement à Dieppe, fut organisé le « Centenaire de la sole normande » ; le point de repère pris en compte étant la première apparition de cette recette dans un journal, en 1838. Si l'on est certain de la date de cette invention culinaire, on l'est moins en ce qui concerne le lieu où elle vit le jour. D'aucuns prétendent que ce plat fut imaginé par Langlais, chef de cuisine au Rocher de Cancale, tandis que d'autres pensent que le père de cette création est un certain Philippe, restaurateur de la même région. Quelles que soient les discordes qui peuvent subsister au sujet de l'origine de ce plat de poisson fort apprécié, l'accord est parfait lorsqu'il s'agit de parler de sa composition : c'est une sole au vin blanc dont la garniture doit être abondante. Peut-être doit-on retrouver son origine dans une vieille et authentique recette normande : une étuvée de poisson à la crème faite avec du cidre au lieu de vin blanc.

La matelote d'anguilles, dans sa sauce au vin rouge et la pochouse, autre soupe de poissons d'eau douce, sont des préparations nées dans le Centre et en Bourgogne, sans oublier les truites au bleu saisies dans un court bouillon, à peine sorties de leurs ruisseaux de montagne...

Les Poissons, Édouard Pignon
(peint en 1944)
COLLECTION PRIVÉE, NANTES
Le maquereau contient un fort pourcentage
de matière grasse, ce qui le rend
rapidement immangeable. Jadis, on vendait
le maquereau le plus frais — sa capture
remontait à moins de vingt-quatre heures
— sous le nom de « maquereau-cor-de-
chasse ». L'arrivage de poissons frais était
généralement annoncé par le son d'une
corne, d'où son nom.

Anguille et Rouget (1864), Édouard Manet
(1832-83)
MUSÉE D'ORSAY, PARIS
Les Grecs anciens tenaient le rouget en
une telle estime qu'ils le dédièrent à Hécate,
pendant que les Romains étaient prêts à
payer un prix exorbitant pour en
consommer. Sa couleur varie du rose
éclatant au brun rougeâtre ; un rouget rose
étant considéré comme supérieur en
qualité.

Lisettes aux aromates

LISETTES AUX AROMATES

Les lisettes sont de tout petits maquereaux à chair très fine. L'ancienne façon de cuisiner ces poissons, afin de les conserver plusieurs jours, était de les cuire au vin blanc et au vinaigre. Ce type de préparation rappelle les escabèches du Midi, que l'on retrouve par ailleurs en Belgique, sans doute introduites par les envahisseurs espagnols. Aujourd'hui, sur les côtes normandes, les maquereaux au vin blanc sont devenus l'une des spécialités régionales. Cette recette s'inspire de la préparation classique, tout en y apportant une note plus fine et plus aromatisée.

Pour 4 personnes
8 petits maquereaux de 100 g chacun : lisettes
3 dl de vinaigre de cidre
12 échalotes fraîches, 4 clous de girofle
1/2 citron non traité
3 feuilles de laurier, 2 brins de thym
1 cuillerée à café de graines de coriandre
1 cuillerée à café de poivre concassé
4 cuillerées à soupe de gros sel de mer

Demandez à votre poissonnier d'étêter les maquereaux et de les vider. Rincez-les et épongez-les. Mettez-les dans un plat, poudrez-les de gros sel et laissez-les macérer 6 h.
Au bout de ce temps, allumez le four, thermostat 5 (175 °C). Rincez les maquereaux et épongez-les. Rangez-les tête-bêche dans une terrine de 28 cm de long, en glissant entre les poisson thym, laurier, clou de girofle, poivre et coriandre. Ajoutez le

vinaigre et 1 dl d'eau ou un peu plus, jusqu'à ce que les poissons soient recouverts de liquide. Coupez le citron en fines demi-rondelles et ajoutez les échalotes dans la terrine.
Couvrez la terrine d'une feuille d'aluminium et posez-la dans un bain-marie chaud (un plat à four rempli d'eau chaude, par exemple). Glissez au four et laissez cuire 30 minutes : le liquide doit juste frémir.
Lorsque les poissons sont cuits, retirez la terrine du four et du bain-marie et laissez refroidir les poissons dans leur jus. Servez les poissons froids, nappés de leur jus et entourés des citrons et des échalotes.

MAQUEREAUX AUX GROSEILLES

À la fin du XVIIe siècle, La Varenne écrivit un best-seller, *Le Cuisinier françois*, d'où est tirée cette recette, grand classique du genre. On débattra longtemps pour savoir si les groseilles à maquereau sont ainsi nommées parce qu'elles accompagnaient traditionnellement ce poisson, ou bien, comme le prétendent d'autres, parce que le mot « maquereau » signifiait rayures et se rapportait aux stries de la peau de ces grosses baies juteuses, et aux lignes foncées ornant les flancs du poisson. Dans cette recette, la sauce acide rappelle encore un peu les goûts culinaires du Moyen Âge.

> Il faut les rôtir avec du fenouil : étant rôtis, il les faut ouvrir et lever l'arête pour faire une bonne sauce avec beurre, persil et groseilles : le tout assaisonné, faites mitonner un bouillon et vos maquereaux avec votre sauce.

Pour 4 personnes
4 maquereaux de 200 g chacun, levés en filets
250 g de groseilles à maquereau
2 brins d'estragon
1 cuillerée à café de sucre semoule
2 cuillerées à soupe de vinaigre de vin vieux
2 cuillerées à soupe d'huile
50 g de beurre, sel, poivre

Rincez et épongez les filets de maquereau. Faites quatre entailles dans leur peau. Salez-les et poivrez-les sur les deux faces.

Maquereaux aux groseilles (à g.) ; Anchois marinés au vinaigre vieux (à dr.)

Équeutez les groseilles, lavez-les et épongez-les. Effeuillez l'estragon.

Faites chauffer l'huile dans une poêle de 28 cm et faites-y cuire les filets de poisson 2 minutes de chaque côté. Retirez-les de la poêle et réservez-les dans quatre assiettes chaudes.

Jetez l'huile et essuyez la poêle. Faites-y fondre le beurre et ajoutez le vinaigre et le sucre. Dès l'ébullition, ajoutez les groseilles et mélangez 2 minutes. Ajoutez l'estragon, mélangez et retirez du feu.

Nappez les filets de poisson de cette préparation et servez aussitôt.

ANCHOIS MARINÉS AU VINAIGRE VIEUX

En France, les anchois ont longtemps été consommés uniquement sur les côtes méditerranéennes. Au XVIe siècle, les anchois de Provence commencent à être un peu connus en dehors de leur région d'origine, mais c'est tout à la fin du XVIIIe siècle qu'anchois et câpres deviennent vraiment populaires au nord de la Loire. C'est en pays catalan que, traditionnellement, se pêche le plus grand nombre d'anchois, lesquels sont ensuite conservés dans le sel.

Pour 4 personnes
500 g d'anchois frais
2 dl de vinaigre de vin vieux
2 gousses d'ail nouveau
huile d'olive très fruitée, sel, poivre

Séparez en filets les anchois vidés en éliminant la tête et toutes les arêtes. Rincez les filets sous l'eau courante et épongez-les.

Rangez-les dans un plat, côté peau contre le fond du plat, en rangs serrés. Poudrez-les de sel et arrosez-les de vinaigre. Laissez-les mariner 4 h.

Au bout de ce temps, égouttez les filets d'anchois, rincez-les et épongez-les. Coupez les gousses d'ail en fines lamelles.

Rangez les filets de poisson en couches, dans une terrine, en glissant des lamelles d'ail entre chaque couche. Nappez d'huile jusqu'à ce qu'elle recouvre entièrement les filets d'anchois.

Réservez au réfrigérateur jusqu'au moment de servir, accompagné d'une salade, d'oignons frais, de tranches de pain grillées nature, beurrées ou tartinées de tapenade.

Ces anchois se conservent 36 h au réfrigérateur.

Vous pouvez aussi préparer de la même façon des petites sardines.

Saumon au vin rouge (à g.) ; Saumon mariné (à dr.)

SAUMON AU VIN ROUGE

Cette recette nous vient de *La Maison rustique*, l'un des ouvrages du XVIIIe siècle les plus représentatifs de la cuisine pratiquée dans les établissements de la petite noblesse ou de la bourgeoisie terrienne. Le saumon était un poisson très consommé, et abondant dans bien des cours d'eau. Dans cette recette, l'utilisation d'épices variées nous rappelle l'influence lointaine du Moyen Âge, et la liaison au beurre les innovations de la grande cuisine classique.

Pour 4 personnes
4 pavés de saumon frais de 150 g chacun
2 cuillerées à soupe d'huile d'olive
sel, poivre concassé

> Coupez-le par tranches ; et l'ayant fariné, faites-le frire en beurre aillé : étant frit, mettez-le un peu mitonner dans sauce douce faite avec vin rouge, sucre, cannelle, sel, poivre, clous et citron vert, et le servez chaudement.

1/2 l de vin rouge
1 cuillerée à soupe de fond de veau déshydraté
3 échalotes (75 g)
1 carotte moyenne,
1 tomate de 100 g
1 feuille de laurier, 1 brin de thym
3 tiges de persil, 1 gousse d'ail
1 cuillerée à café de sucre semoule
1 ruban de zeste de citron vert
1/3 de cuillerée à café de cannelle en poudre
4 pincées de noix muscade râpée
3 pincées de macis en poudre
3 pincées de poivre concassé
50 g de beurre

Faites des entailles sur la peau des pavés de saumon. Badigeonnez-les d'huile sur les deux faces et poudrez-les de sel et de poivre. Laissez-les macérer 1 h.

Pendant ce temps, préparez la sauce : pelez les échalotes et hachez-les menu. Pelez la carotte et coupez-la en petits cubes. Lavez la tomate et coupez-la en petits cubes.

Mettez les échalotes dans une cocotte en fonte de 24 cm et posez-la sur feu doux. Laissez sécher les échalotes quelques minutes en remuant sans cesse puis versez 4 dl de vin. Dès l'ébullition, ajoutez carotte, tomate, thym, laurier, persil et poivre concassé. Pelez la gousse d'ail, coupez-la en quatre et ajoutez-la dans la cocotte.

Laissez bouillir 20 minutes : la réduction doit être sèche. Versez alors le reste de vin et 1/4 de l d'eau. Dès l'ébullition, ajoutez le fond de veau et laissez réduire de moitié : cela prend 15 minutes environ. Ajoutez alors cannelle, macis, muscade, sucre et citron. Laissez frémir 3 minutes puis filtrez la sauce au-dessus d'une petite casserole. Réservez au chaud.

Faites cuire le saumon : épongez les pavés de saumon et posez-les dans une poêle anti-adhésive de 26 cm, côté peau contre le fond de la poêle. Posez la poêle sur feu modéré et laissez cuire 5 minutes. Couvrez ensuite la poêle et laissez cuire encore 5 minutes.

Répartissez les pavés de saumon dans quatre assiettes chaudes.

Ajoutez le beurre dans la sauce chaude, en fouettant, puis entourez-en les pavés de saumon. Servez aussitôt.

SAUMON MARINÉ

L e poisson cru ou mariné est une nouveauté introduite sur nos tables par la Nouvelle Cuisine. D'inspiration scandinave ou japonaise, il a été adopté par nos concitoyens et fait aujourd'hui partie de l'art culinaire contemporain.

Pour 4 personnes
1 tronçon de saumon frais de 400 g, dans la partie centrale du poisson
1 cuillerée à soupe de sucre semoule
2 cuillerées à soupe de gros sel de mer
4 brins d'aneth

3 cuillerées à soupe d'huile d'olive
1 cuillerée à soupe de ciboulette ciselée
1 cuillerée à soupe d'aneth ciselé
1 cuillerée à café de poivre concassé fin

Demandez à votre poissonnier de retirer l'arête centrale du tronçon de saumon, mais non la peau. Parsemez la chair du poisson de sel et sucre et posez dessus les brins d'aneth, en les froissant entre vos doigts. Mettez les deux parties du poisson l'une contre l'autre, chair contre chair. Enfermez-les dans deux feuilles de film adhésif et réservez 12 h au réfrigérateur.

Rincez longuement les morceaux de poisson. Posez un morceau de saumon sur une planche, peau contre la planche. Coupez-le en fines tranches, la lame du couteau presque parallèle à la planche, en n'entamant pas la peau — elle restera sur la planche une fois le découpage terminé. Rangez les tranches de saumon sur quatre assiettes.

Émulsionnez dans un bol l'huile, le poivre, la ciboulette et l'aneth. Nappez les tranches de saumon de cette sauce et réservez au réfrigérateur. Laissez reposer 1 h avant de servir.

Pêcheur, illustration du manuscrit *Grand Herbier*
BIBLIOTHÈQUE ESTENSE, MODÈNE

Saint Pierre à la vinaigrette de tomates

SAINT-PIERRE À LA VINAIGRETTE DE TOMATES

En voyant ce poisson à la mine patibulaire, on a du mal à croire que sa chair soit exquise. Devenu ces dernières années une sorte de vedette culinaire, avec le turbot et le bar, il était traditionnellement servi avec une purée d'oseille. C'est encore meilleur avec une sauce aromatique et légère comme celle de cette recette.

Pour 3 personnes
1 saint-pierre de 1 kg
250 g de tomates mûres à point
12 olives noires (kalamata)
4 ciboules, 12 feuilles de basilic
1 cuillerée à soupe de vinaigre balsamique ou de vin vieux
2 cuillerées à soupe d'huile d'olive, sel, poivre

Demandez à votre poissonnier de dépouiller le poisson et d'en lever les filets. Salez-les et poivrez-les légèrement. Coupez les olives en fines lamelles verticales, en les dénoyautant. Ébouillantez les tomates 10 secondes puis rafraîchissez-les sous l'eau courante ; pelez-les, coupez-les en deux et éliminez-en les graines. Coupez la pulpe en très petits cubes. Pelez les ciboules, sans en éliminer la partie verte, lavez-les, épongez-les. Coupez-les en deux dans la longueur puis en fines lamelles. Lavez les feuilles de basilic, épongez-les et ciselez finement.

Faites chauffer l'huile dans une poêle anti-adhésive de 26 cm. Faites cuire les filets de poisson 3 minutes de chaque côté, à feu moyen, puis retirez-les de la poêle et jetez l'huile de cuisson. Gardez-les au chaud.
Versez le vinaigre dans la poêle et lorsque celui-ci s'est évaporé, ajoutez tomates et olives. Faites cuire 2 minutes, en tournant avec une spatule. Salez, poivrez, ajoutez les ciboules et mélangez 30 secondes. Ajoutez le basilic et mélangez encore 30 secondes.
Nappez les filets de poisson de sauce et servez, tiède ou froid.

DAURADE AU CITRON

Les Français ont toujours préféré le poisson de mer au poisson de rivière. Au XVIᵉ siècle, un auteur dit de ce dernier qu'il « est trop grossier, qu'il embarrasse et engourdit les membres d'une tumeur visqueuse ». De nos jours encore, à l'étal des poissonniers, la préférence va aux poissons de mer. La daurade est l'une des espèces les plus consommées lorsque l'on veut réaliser une cuisson au four.

Pour 2 personnes
1 daurade de 900 g
1 gros citron non traité
2 cuillerées à soupe de gros sel de mer
1 cuillerée à soupe d'huile, poivre

Rincez la daurade et épongez-la. Salez-la et poivrez-la sur les deux faces. Coupez le citron en fines rondelles et poudrez-les de gros sel. Laissez-les macérer 1 h puis rincez-les et épongez-les.
Allumez le four, thermostat 8. Faites trois entailles sur les deux faces du poisson et glissez-y des rondelles de citron. Huilez une grande feuille de papier sulfurisé et étalez-y la moitié des rondelles de citron restantes. Posez la daurade dessus et couvrez-la du reste de rondelles de citron. Enfermez la papillote et faites-la cuire 20 minutes dans le four.
Lorsque la daurade est cuite, ouvrez la papillote et répartissez les rondelles de citron dans deux assiettes. Levez les filets de la daurade et posez-les sur les rondelles de citron. Nappez du jus contenu dans la papillote. Servez aussitôt et poivrez au moment de déguster.
Accompagnez de blettes à l'anchois, de purée d'aubergines ou de fenouils braisés.

Daurade au citron (à g.) ; Daurade au gros sel, au pistou rouge (à dr.)

DAURADE AU GROS SEL, AU PISTOU ROUGE

Voici encore une nouvelle variation sur le thème du pistou méridional, comme accompagnement harmonieux du poisson, rappelant en bien plus raffiné la populaire daurade à la provençale où le poisson est cuit au four avec des tomates et des herbes aromatiques.

Pour 4 personnes
*1 daurade de 1,5 kg (demander à votre poissonnier
de la vider sans l'écailler)
1,5 kg environ de gros sel de mer*

*350 g de tomates mûres à point
2 cuillerées à soupe d'huile d'olive
24 feuilles de basilic
1 cuillerée à soupe de jus de citron, sel, poivre.*

Allumez le four, thermostat 8 (280 °C). Étalez 1/3 du gros sel dans un plat à four pouvant juste contenir le poisson préalablement rincé et épongé. Couchez-le sur ce lit de sel et couvrez-le entièrement du reste de sel. Glissez le poisson dans le four chaud et laissez cuire 40 minutes.

Pendant ce temps, préparez le pistou rouge : ébouillantez les tomates 10 secondes pour les peler, coupez-les en deux et éliminez-en les graines ; hachez finement la pulpe. Ciselez le basilic. Fouettez l'huile, le jus de citron, sel et poivre dans un bol et ajoutez les tomates et le basilic. Versez en saucière. Lorsque le poisson est cuit, cassez la croûte formée par le sel à la chaleur et éliminez tout le sel : la peau de la daurade partira avec le sel, découvrant des filets cuits à point. Levez les filets et dressez-les dans quatre assiettes. Servez aussitôt avec le pistou rouge à part. Nappez-en les filets de poisson au moment de déguster.

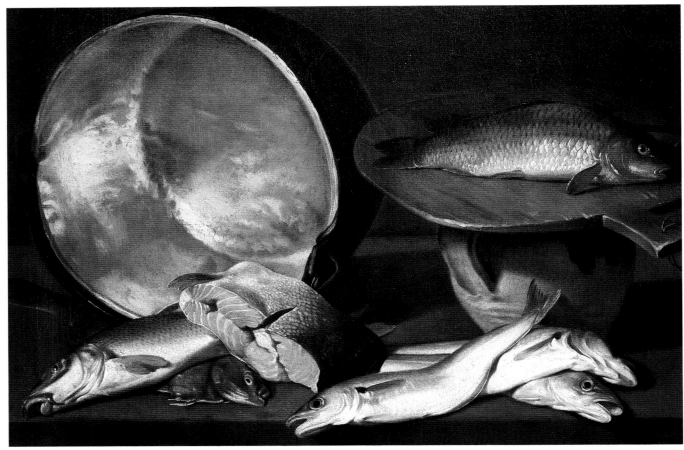

Nature morte aux poissons (1671), François Mather ; MUSÉE DES BEAUX-ARTS, NANTES

TRUITES À LA CRÈME DE POIREAUX

L es truites sauvages se font rares. La pollution des cours d'eau et le braconnage ont dépeuplé de nombreuses rivières. Néanmoins, la truite d'élevage, qui est devenue l'un de nos poissons les moins chers et les plus fréquents sur les étals des poissonniers, s'accommode de bien des façons. Dans cette recette, la crème de poireaux transforme ce poisson modeste en un mets somptueux.

Pour 2 personnes
2 truites sauvages de 280 g chacune
500 g de jeunes poireaux
150 g de crème fraîche épaisse
1 cuillerée à soupe de vermouth blanc sec
4 fleurs fraîches d'aneth
2 pincées de noix muscade râpée
2 pincées de sucre
30 g de beurre, sel, poivre

Allumez le four, thermostat 10 (300 °C). Beurrez très légèrement 2 petits plats à gratin individuels ovales de 24 cm de long.
Videz les truites et lavez-les. Nettoyez les poireaux et réservez 150 g de blanc et 12 feuilles vertes. Coupez les blancs en tronçons de 4 cm puis en bâtonnets de 2 à 3 mm de large. Détachez les fleurs d'aneth de leurs tiges et réservez-les.
Étalez les feuilles vertes de poireaux dans la partie perforée d'une marmite à vapeur. Couchez les truites tête-bêche sur ce lit de verdure, couvrez et laissez cuire 10 minutes à la vapeur.
Faites fondre le reste de beurre dans une poêle anti-adhésive de 24 cm. Ajoutez-y les bâtonnets de poireau et faites-les cuire 8 minutes, à demi-couverts, en les tournant souvent.
Lorsque les truites sont cuites, laissez-les tiédir 3 minutes puis dépouillez-les. Levez-en les filets – c'est très facile – et couchez-les dans les plats à gratin.
Lorsque les poireaux ont cuit 8 minutes, ajoutez-y sel, sucre, poivre, noix muscade et vermouth. Laissez cuire 2 minutes à découvert puis ajoutez la crème et lorsqu'elle bout, éteignez le feu. Ajoutez les fleurs d'aneth et mélangez.
Nappez les filets de truite du contenu de la poêle. Faites cuire au four 8 minutes. Servez aussitôt dans le plat de cuisson.

TRUITES FARCIES AU VERT

L a truite est le poisson de rivière le plus consommé chez nous. Par goût, mais aussi parce qu'il en existe de nombreux élevages. Les poissons farcis ont toujours été une partie délicate et intéressante de notre répertoire culinaire. Ici, la farce verte et subtile s'allie parfaitement au goût et à la texture de la truite.

Pour 3 personnes
3 truites de 280 g chacune
250 g de très petites courgettes

1 oignon frais, 1 gousse d'ail nouveau
2 cuillerées à soupe de chapelure de gressin
2 cuillerées à soupe de basilic ciselé
2 cuillerées à soupe de vermouth blanc sec
2 pincées de noix muscade râpée
1 cuillerée à soupe d'huile d'olive
30 g de beurre, sel, poivre

Demandez à votre poissonnier de gratter les truites, de les vider, de les ouvrir le long de la partie ventrale et d'en retirer l'arête centrale sans séparer les filets qui resteront unis par l'arête dorsale.

Lavez les courgettes et râpez-les très finement dans un robot. Pelez l'oignon et émincez-le très finement. Pelez la gousse d'ail.

Faites chauffer l'huile dans une poêle anti-adhésive et ajoutez une noisette de beurre. Lorsque le beurre est fondu, ajoutez l'oignon et laissez-le cuire 3 minutes, sans le laisser prendre couleur. Ajoutez les courgettes et laissez-les cuire 10 minutes environ, jusqu'à ce qu'elles ne rendent plus d'eau. Ajoutez la gousse d'ail passée au presse-ail et, 30 secondes plus tard, chapelure, sel, poivre et noix muscade. Mélangez, retirez du feu et versez dans une terrine. Laissez tiédir la préparation puis ajoutez le basilic. Mélangez pour obtenir une farce homogène.

Allumez le four, thermostat 8 (280 ºC). Beurrez légèrement un plat à four de 32 cm de long. Posez les truites à plat sur une planche, peau contre la planche, et mettez 1/3 de la farce au centre de chaque poisson. Redonnez aux poissons leur forme initiale. Rangez les poissons dans le plat et garnissez-les du reste de beurre en lamelles. Mouillez de vermouth. Salez. Poivrez.

Glissez le plat au four et laissez cuire 25 minutes. Arrosez deux fois en cours de cuisson.

Dressez les truites dans les assiettes chaudes, arrosez-les de leur jus de cuisson et servez aussitôt.

Truites à la crème de poireaux (à g.) ; Truites farcies au vert (à dr.)

TURBOT RÔTI AU LAURIER

Le turbot est un poisson tellement fin qu'il n'a guère besoin d'accompagnements sophistiqués. Traditionnellement, on le faisait pocher dans un court-bouillon aromatisé, dans une marmite spéciale, la « turbotière », dont la forme correspondait à sa silhouette en losange. Cette recette permet de développer au mieux son superbe fumet.

Pour 4 personnes
4 pavés de turbot de 250 g chacun, sans peau
12 feuilles de laurier fraîches
1 citron non traité
6 cuillerées à soupe d'huile d'olive
sel

Coupez les feuilles de laurier en fines lanières.

Coupez le citron en deux verticalement. Posez chaque demi-citron sur une planche, côté coupé contre la planche. Coupez-le en 4 dans la longueur puis en fins éventails. Mettez-les dans un bol ; poudrez de sel et ajoutez les lanières de laurier. Couvrez de 4 cuillerées à soupe d'huile et laissez mariner 30 minutes.

Badigeonnez les filets du reste d'huile et poudrez-les de sel.

Allumez le four, thermostat 8 (280 °C). Versez le contenu du bol dans un plat à four pouvant juste contenir les pavés. Étalez le tout à la spatule. Disposez dessus les pavés de turbot, côté dépouillé contre le fond du plat.

Glissez le plat au four et laissez cuire 20 minutes. Servez les filets chauds, nappés de citrons confits et de leur jus laiteux. Poivrez au moment de déguster.

Accompagnez-les d'une purée à l'huile d'olive.

Turbot rôti au laurier (à gauche) et turbot aux câpres (à droite)

TURBOT AUX CÂPRES

Dans le Paris de la fin du Moyen Âge, on trouvait fréquemment du turbot sur les étals des poissonniers et la prédilection des Français pour ce poisson ne s'est jamais démentie. Cette recette est tirée de *La Cuisinière bourgeoise*, ouvrage écrit par Menon en 1746 et régulièrement réédité pendant soixante-dix ans ! On note que des ingrédients bien méridionaux, comme les anchois et les câpres, commencent à apparaître dans les recettes.

Mettez dans une casserole un bon morceau de beurre, une pincée de farine, sel, gros poivre, un anchois lavé et haché, et des câpres fines, remuez la sauce sur le feu jusqu'à ce qu'elle soit liée sans qu'elle bouille, et servez dessus le poisson.
Vous pouvez aussi le servir avec une sauce à la béchamel ; faites réduire 3 demi-cuillerées de crème à moitié, mettez-y un peu de sel, et servez sur le turbot.
Vous le servez encore avec une sauce bachée maigre, ou avec un ragoût d'écrevisses.

Pour 2 personnes
2 filets de turbot de 200 g chacun, sans peau
1 cuillerée à café d'huile d'olive, sel

2 cuillerées à soupe de câpres égouttées
1 cuillerée à café de moutarde blanche
1 cuillerée à café de pâte d'anchois
50 g de beurre
1 citron non traité, sel, poivre

Préparez la sauce : mettez la moutarde, la pâte d'anchois et le beurre dans une petite casserole. Lavez le citron et râpez-en le zeste au-dessus de la casserole. Coupez-le en deux, pressez-le et versez 2 cuillerées à soupe de son jus dans la casserole. Posez celle-ci sur un feu très doux, en mélangeant jusqu'à ce que vous obteniez une crème épaisse : le beurre ne doit pas se décomposer. Retirez la casserole du feu et ajoutez les câpres. Rincez les filets de turbot, épongez-les et salez-les légèrement. Versez l'huile dans une poêle et posez la poêle sur feu modéré. Lorsque l'huile est chaude, couchez-y les filets de turbot, côté dépouillé contre la poêle. Mettez un couvercle perforé et laissez cuire à feu doux 8 minutes. Au bout de ce temps, mettez les filets de turbot dans deux assiettes, nappez-les de sauce aux câpres — elle va fondre doucement au contact du poisson chaud — et servez aussitôt. Accompagnez de légumes verts à la vapeur : chou-fleur, brocolis, courgettes, par exemple.

Parmentier de haddock

PARMENTIER DE HADDOCK

Si nous mangeons du haddock, c'est grâce aux Anglais. Sa saveur fumée rappelle un peu celle du hareng saur, mais en beaucoup plus doux. Cette recette est particulièrement intéressante, car elle offre une variation d'un thème fort ancien et d'origine méridionale, la brandade de morue. Ici, le haddock remplace la morue salée, proposant ainsi une version beaucoup plus délicate de ce mets.

Pour 6 personnes
1,2 kg de filets de haddock
1 kg de pommes de terre nouvelles
2 gousses d'ail nouveau
2 cuillerées à soupe d'huile d'olive
sel

Lavez les pommes de terre et mettez-les dans une grande casserole. Couvrez-les d'eau froide et portez à ébullition. Salez légèrement et laissez cuire les pommes de terre pendant 20 minutes environ, jusqu'à ce qu'un couteau puisse les transpercer facilement.
Mettez les filets de haddock dans une grande casserole et couvrez-les d'eau froide. Portez à ébullition et dès le premier frémissement, retirez du feu et laissez reposer 10 minutes.
Lorsque les pommes de terre sont cuites, égouttez-les et laissez-les tiédir. Pelez-les et mettez-les dans le bol d'un robot. Passez-les gousses d'ail au presse-ail au-dessus du robot. Ajoutez l'huile et mixez finement.
Retirez la peau et les arêtes du haddock et mettez sa chair dans le bol du robot. Mixez rapidement afin que le poisson s'émiette, sans être réduit en purée.
Servez aussitôt, avec des tranches de pain tartinées de purée d'olives noires.

Barbue aux épices

BARBUE AUX ÉPICES

La barbue est une cousine du turbot, presque aussi savoureuse. Cette recette montre la faculté de la cuisine française à adopter des arômes autrefois inconnus ou du moins exotiques. Gingembre frais et coriandre en feuilles sont devenus courants sur nos marchés, de même que la citronnelle, le lait de coco, la menthe et l'aneth.

Pour 2 personnes
1 barbue de 900 g
50 g de gingembre frais
1 cuillerée à café de poivre vert lyophilisé
5 cl de vinaigre cristal
1 tablette de bouillon de volaille
1 tablette de bouillon de légumes
1/2 cuillerée à café d'échalotes lyophilisées
12 feuilles de coriandre
12 feuilles de coriandre, 1 éclat d'anis étoilé
1 citron non traité

Allumez le four, thermostat 7 (225 °). Coupez le gingembre en fines lamelles ; mettez-les dans une casserole avec les tablettes de bouillon, les échalotes, l'anis, le poivre et le vinaigre. Versez 3 dl d'eau et portez à ébullition. Laissez cuire jusqu'à ce que les tablettes fondent.

Lavez le citron et coupez-le en fines rondelles. Étalez-les dans un plat à four pouvant juste contenir le poisson. Posez le poisson sur ce lit de citron, peau brune vers le haut. Couvrez-le du contenu de la casserole.

Couvrez le plat d'une feuille d'aluminium et laissez cuire au four 40 minutes, en arrosant deux ou trois fois pendant la cuisson.

Lorsque le poisson est cuit, retirez-le du plat à l'aide de deux spatules souples. Dépouillez-le et levez-en les filets. Répartissez-les dans deux assiettes creuses et couvrez-les des rondelles de citron. Parsemez de coriandre effeuillée.

Versez le bouillon de cuisson dans une petite casserole et faites-le réduire à 2 dl. Laissez-le tiédir puis nappez-en les filets de poisson. Laissez refroidir et réservez au réfrigérateur 1 h au moins avant de déguster.

ROUGETS RÔTIS AU ROMARIN

Les rougets de roche sont parmi les meilleurs poissons de la Méditerranée. Leur goût est si fin qu'ils requièrent non pas des préparations élaborées, mais avant tout la simplicité. Ce plat s'inspire directement de la belle perfection des cuisines provençales.

Pour 4 personnes
8 rougets de roche de 150 g chacun
2 cuillerées à café de brindilles de romarin
8 petites feuilles de sauge fraîche
8 gousses d'ail nouveau, 1 piment oiseau
32 petites olives noires
4 cuillerées à soupe d'huile d'olive
sel, poivre

Écaillez les rougets et videz-les par les ouïes, sans retirer leur foie, délicieux et très iodé. Rincez-les, épongez-les et poudrez-les légèrement de sel et de poivre.

Pelez les gousses d'ail et coupez-les en 3. Mettez-les dans un plat à four rectangulaire pouvant juste contenir les rougets. Ajoutez le romarin, le piment émietté entre vos doigts, les feuilles de sauge et l'huile. Mélangez.

Couchez les rougets tête-bêche dans le plat. Semez les olives çà et là. Laissez mariner les rougets 15 minutes dans cette huile parfumée, en les retournant une fois, le temps de faire chauffer le four au maximum.

Allumez le four, thermostat 10 (300 °C). Lorsqu'il est chaud, faites-y cuire les rougets 20 minutes, en les arrosant deux fois de leur jus.

Une fois cuits, les rougets sont dorés, enrobés d'un jus court et parfumé ; les olives légèrement fripées sont délicieuses et l'ail caramélisé est parfaitement fondant. Servez les rougets chauds, dans le plat de cuisson.

Accompagnez de blettes à l'anchois ou d'aubergines frites ou en purée.

Rougets rôtis au romarin

CABILLAUD BOULANGÈRE

Le cabillaud, qui est de la morue fraîche, reste le plus populaire et le plus courant des poissons de l'Atlantique Nord. La morue salée fut au Moyen Âge presque aussi importante que le hareng salé, car elle assurait l'ordinaire des jours maigres. Fraîche, on la trouve sur tous les étals de poissonneries, venue du Grand Nord, du Labrador ou de Terre-Neuve. Jusque dans les années cinquante, particulièrement dans les zones rurales, la morue était encore synonyme de vendredi, de maigre ou de Carême. En période de moisson ou de battage, il y a de cela à peine vingt ans en Lozère, si la moissonneuse passait dans une ferme un vendredi, il fallait aller demander une dispense au curé pour pouvoir faire gras, car les travailleurs estimaient que le poisson ne leur donnait pas assez de forces.

Pour 6 personnes
1 morceau de cabillaud de 1,3 kg, pris dans le
centre d'un poisson de 3,5 kg
1 kg de pommes de terre : BF15, roseval
2 fenouils
200 g de très fines tranches de lard fumé
4 brins de fenouil sec
50 g de beurre
sel, poivre

Glissez le fenouil sec dans la partie ventrale du poisson rincé et épongé, puis entourez-le de tranches de lard. Ficelez-le comme un rôti.
Allumez le four, thermostat 6 (200 °C). Faites fondre le beurre dans un plat à four. Coupez les pommes de terre pelées en rondelles de 3 mm d'épaisseur. Ajoutez-les dans le plat et mélangez-les au beurre. Retirez les feuilles extérieures des fenouils, lavez les cœurs et râpez-les dans une râpe cylindrique

Cabillaud boulangère (à g.); Morue en cocotte au muscadet (à dr.)

munie de la grille à gros trous. Ajoutez le fenouil râpé aux pommes de terre et mélangez bien. Égalisez la surface avec une spatule.

Posez le poisson dans le plat, partie ventrale vers le haut. Glissez le plat dans le four chaud et laissez cuire 1 h, en retournant le poisson à mi-cuisson.

Lorsque le poisson est cuit, retirez les ficelles et posez-le sur le lit de pommes de terre. Servez chaud dans le plat de cuisson.

Si le morceau de poisson est plus petit, faites précuire les pommes de terre seules pendant 10 à 15 minutes, au four.

MORUE EN COCOTTE AU MUSCADET

L a morue salée est délicate à préparer. Mal dessalée ou mal cuite, elle peut avoir un goût rance. Les vendredis de morue aux pommes de terre étaient d'ailleurs considérés comme de véritables jours de pénitence. Il fallait du temps et du savoir-faire pour préparer une brandade, ou un plat comme celui qui suit, et ainsi transformer un morceau de poisson salé à l'odeur pénétrante en un mets délectable.

Pour 4 personnes
800 g de filets de morue
1 dl de muscadet
100 g d'oignons, 1 gousse d'ail
50 g de blancs de poireaux
200 g de tomates
400 g de pommes de terre à chair ferme
1 brin de thym, 1 feuille de laurier
1 ruban de zeste d'orange
2 pincées de filaments de safran
4 cuillerées à soupe d'huile d'olive, sel, poivre

Laissez dessaler la morue sous un filet d'eau froide pendant 12 h.

Au bout de ce temps, émincez les oignons. Coupez la gousse d'ail en fines lamelles et les blancs de poireaux en fines lamelles obliques. Pelez les tomates, coupez-les en deux et éliminez-en les graines ; coupez la pulpe en petits dés. Coupez les pommes de terre pelées en très fines rondelles dans un robot muni de la râpe à chips.

Coupez les filets de morue en quatre morceaux. Faites frémir de l'eau dans une grande casserole et plongez-y les morceaux de morue. Laissez frémir 5 minutes. Retirez du feu et égouttez la morue.

Faites chauffer l'huile dans une cocotte de 6 l et ajoutez oignons et poireaux. Faites-les blondir 5

La Halle aux poissons le matin (1880),
Victor Gilbert
MUSÉE DES BEAUX-ARTS, LILLE

minutes sur feu doux puis ajoutez ail, thym, laurier, zeste d'orange et safran. Mélangez et ajoutez les tomates, les pommes de terre et le vin. Salez, poivrez et ajoutez 1/4 de l d'eau. À la reprise de l'ébullition, laissez cuire 15 minutes. Ajoutez ensuite la morue et laissez cuire encore 10 minutes à feu doux et à découvert.

Retirez la morue et répartissez-la dans quatre assiettes chaudes. Entourez de pommes de terre à la tomate, nappez de jus et servez aussitôt.

FILETS DE SOLE VAPEUR, SAUCE PERSIL

Nos plus belles soles viennent des côtes normandes, ce sont les petites sœurs des célèbres soles de Douvres. Qu'elles soient « meunières », c'est-à-dire passées dans de la farine et sautées au beurre, ou « normandes », agrémentées de crème fraîche, elles sont délicieuses, mais rien ne vaut la subtilité de la préparation ci-après, dont la simplicité n'est qu'apparente !

Pour 2 personnes
1 sole de 800 g (vidée et nettoyée)
40 g de persil plat finement ciselé
4 rondelles de citron
2 échalotes
1 dl de crème liquide
2 cuillerées à soupe de Noilly Dry
1 cuillerée à soupe d'huile d'olive
25 g de beurre
sel, poivre

Salez et poivrez la sole sur les deux faces.
Beurrez avec la moitié du beurre une grande feuille de papier sulfurisé et étalez au centre le persil.

Posez la sole dessus, côté le plus charnu en dessous. Couvrez-la des rondelles de citron et du reste de beurre en noisettes. Posez la papillote dans un panier vapeur au-dessus d'eau bouillante et faites-la cuire 20 minutes.
Pendant ce temps, préparez la sauce persil : hachez les échalotes menu, mettez-les dans une petite casserole avec le Noilly. Laissez réduire le liquide sur feu doux puis versez la crème. Laissez-la réduire de moitié. Salez et poivrez.
Lorsque la sole est cuite, levez-en les filets et mettez-les dans deux assiettes chaudes. Décorez de rondelles de citron. Versez le jus de cuisson de la papillote dans la casserole et laissez réduire de moitié.
Versez le contenu de la casserole dans le bol d'un mixeur et ajoutez l'huile d'olive. Mixez jusqu'à obtention d'une fine émulsion et nappez-en les filets de poisson. Servez aussitôt.
Accompagnez de pommes vapeur ou de pommes de terre nouvelles cuites dans leur peau.

Filets de sole vapeur, sauce persil

STEAK DE THON AUX OIGNONS DOUX

Cette recette relève d'une tradition très ancienne. Il en existe une version assez proche dans le recueil de recettes d'Apicius, célèbre gourmet romain. Cette manière de préparer le thon se retrouve sur pratiquement tout le pourtour méditérranéen, dans toutes les anciennes colonies romaines.

Pour 4 personnes
1 tranche de thon blanc de 1 kg et de 4 cm d'épaisseur
48 petits oignons nouveaux, ronds
75 g de pignons
2 cuillerées à soupe de raisins de Smyrne
2 cuillerées à café rases de sucre semoule
4 pincées de noix muscade râpée
4 pincées de cayenne en poudre
4 pincées de cumin en poudre
2 cuillerées à soupe d'huile d'olive
sel, poivre

Demandez à votre poissonnier de couper une tranche dans le poisson, juste après la partie

Steak de thon aux oignons doux

ventrale, d'en ôter la peau et l'os central ainsi que toutes les arêtes : vous obtenez 4 pavés. Rincez-les et épongez-les. Poudrez-les de sel et laissez-les macérer 20 minutes.

Pendant ce temps, rincez les raisins sous l'eau chaude et laissez-les tremper dans un bol rempli d'eau tiède.

Mettez les oignons pelés dans une sauteuse anti-adhésive de 26 cm. Ajoutez sel, sucre, 5 cl d'eau et 1 cuillerée à soupe d'huile. Posez la sauteuse sur feu vif et laissez cuire 10 minutes, jusqu'à ce qu'il n'y ait plus de liquide et que les oignons soient enrobés d'un caramel ambré. Ajoutez 1 cuillerée à soupe d'eau et mélangez.

Rincez les pavés de thon, épongez-les et badigeon-nez-les du reste d'huile. Posez-les dans la sauteuse en écartant les oignons et poudrez-les de muscade, cumin, cayenne, sel et poivre. Égouttez les raisins et ajoutez-les dans la sauteuse. Couvrez et laissez cuire 15 minutes, en retournant thon et oignons quatre fois pendant la cuisson.

Pendant ce temps, faites dorer les pignons dans une poêle sèche.

Lorsque le thon est cuit, mettez-le sur un plat de service et nappez-le d'oignons aux raisins. Garnissez de pignons grillés et servez aussitôt. Ce plat est aussi excellent tiède ou froid.

La Marchande de volailles (1927), Kauw le Vieux, dit Albrecht Kawn
MUSÉE DE L'ŒUVRE-NOTRE-DAME, STRASBOURG

VOLAILLES ET GIBIERS

Nous vivons une époque d'une monotonie navrante pour ce qui est de la volaille ! Durant tout le Moyen Age, et jusqu'au XVIᵉ siècle, la variété de volatiles considérés comme comestibles est étonnante. Il n'est pratiquement pas d'oiseau épargné par la curiosité, la faim ou la gourmandise des hommes. Dans les divers recueils de recettes, on trouve mentionnés le paon, le héron, le flamant, la pie, la chouette, la grue, l'aigrette, le morillon, le butor, la spatule, le corbeau et la macreuse, le sansonnet, la tourterelle, la sarcelle et le canard, sans oublier le faisan et la perdrix, l'oie, la bécasse, le cormoran, la cigogne, les cygnes, les poulets, et j'en passe !

Cependant, la consommation de volatiles était un privilège de riches, car elle faisait appel à la plus sophistiquée des chasses, qui est la chasse au vol. La fauconnerie est le divertissement par excellence des aristocrates. Jusqu'à Henri IV et sa célèbre poule au pot, les oiseaux sont considérés de façon générale comme une nourriture noble, qu'ils soient issus de la chasse ou de l'élevage. Les médecins et diététiciens du Moyen Age les recommandent aux classes supérieures et oisives, qui ont moins besoin de « grosses viandes » pour leur tenir au ventre et leur donner des forces. D'ailleurs, la vedette de tout festin durant ces siècles n'est-elle pas le paon, le cygne ou le faisan, rôti mais recouvert de son plumage, pattes et bec dorés à l'or fin ?

L'un des banquets les plus réputés du Moyen Age est celui qui fut donné — à l'occasion de ce que l'on a appelé le *Vœu du faisan* — par le duc de Bourgogne, officiellement en l'honneur des chevaliers et des nobles qui avaient fait serment d'allégeance et qui avaient participé à la guerre contre les Turcs, mais en réalité pour prouver sa suprématie. Pendant l'un des différents entremets de ce festin (« entremets » étant utilisé ici au sens de « spectacle offert aux convives entre deux mets »), un chevalier apporta un faisan sur la tête duquel il prêta serment. Ce fut une sorte de précédent, et cette pratique se renouvela par la suite. Seule différence, le faisan fut remplacé par le paon, le symbole étant plus fort puisque la chair de cet animal était considérée imputrescible. Les animaux qui servaient à ce cérémonial étaient ensuite rôtis et présentés aux convives entiers avec leurs plumes.

Après les années 1670-1680, les plus exotiques de ces oiseaux disparaissent de la table, y compris le paon et le cygne. Ne restent alors que les gibiers à plumes encore appréciés de nos jours et les volailles de basse-cour. Jusqu'à la découverte de l'Amérique, le « coq d'Inde », ou « poule de Guinée », désigne la pintade, déjà connue depuis des siècles et originaire d'Abyssinie. Puis ce nom va s'appliquer à la « dinde » américaine, dont l'élevage se répandra rapidement dans toute l'Europe.

Nature morte : gibier, fruits et viole de gambe (détail), Alexandre-François Desportes (1661-1743)
MUSÉE INTERNATIONAL DE LA CHASSE, CHÂTEAU DE GIEN
Desportes devint le peintre officiel des scènes de chasse de Louis XIV et Louis XV. Il peignit également les chiens, les animaux des familles royales et de nombreuses natures mortes. Il réalisa des études et des croquis de paysages qu'il utilisa en toile de fond de ses scènes de chasses.

Les volailles grasses sont particulièrement recherchées par les gourmets, et pour obtenir ces succulents volatiles on les gave, c'est-à-dire qu'on les nourrit de force, en leur faisant ingurgiter, à l'aide d'un entonnoir, de grandes quantités de grain concassé. Le gavage des canards, oies ou poulets, est une technique extrêmement ancienne : on en trouve une représentation sur des peintures égyptiennes de l'époque pharaonique. Il fut pratiqué en France sans doute dès l'époque gallo-romaine. *Le Ménagier,* rédigé vers 1390, signale des élevages d'oies, dans Paris, où les animaux sont gavés de farine de grain et ainsi engraissés. Bien sûr, le gavage des volailles, avec ou sans entonnoir, n'est pas utilisé uniquement pour obtenir du foie gras. C'est aussi un moyen d'engraisser les animaux ; ainsi en est-il par exemple des poulardes de Bresse ou du Mans qui sont gavées afin d'attendrir leur chair. Il s'agit de spécialités régionales d'Alsace ou du Sud-Ouest, qui n'ont pas encore fait leur entrée dans la grande cuisine.

C'est un chef alsacien du maréchal de Contades qui aurait eu l'idée de commercialiser un pâté de foie gras d'oie à Paris, marquant ainsi le début de la carrière internationale de ce produit. Cette présentation sous forme de pâté durera près d'un siècle. Et ce n'est qu'au XVIIIe siècle que les choses vont changer. Grâce à l'intérêt grandissant des jeunes chefs et des gourmets pour la cuisine régionale, le foie gras est de plus en plus apprécié « pur », c'est-à-dire uniquement conservé dans sa propre graisse, comme il est de coutume de le préparer dans le Sud-Ouest. Le foie gras devient alors un produit de luxe.

Jusqu'à très récemment, le foie gras ne constituait qu'une partie du repas. Les chefs de la nouvelle cuisine en ont fait un plat principal qu'ils accompagnent d'une simple salade.

Oies grasses et chapons, poulardes, pigeons ou canards, rôtis à la broche ou joliment cuisinés étaient des mets très appréciés, convenant aux personnes délicates. La volaille faisait toujours partie de tous les menus des jours gras. Une anecdote assez savoureuse court au sujet de ce qu'on a appelé le poulet « à la Marengo ». Pendant la campagne d'Italie, les Autrichiens ont intercepté la presque totalité du ravitaillement des troupes du général Bonaparte. Le jour de la bataille de Marengo, le Premier consul tenaillé par la faim charge son intendant de préparer un repas avec le peu de denrées que l'ennemi a oublié de saisir, c'est-à-dire une volaille, quelques œufs, des tomates, des écrevisses et un peu d'huile. Et voici ce qui en sorti : « *Avec du pain de munition, Dunan fait d'abord une panade à l'huile et à l'eau. Puis, ayant vidé et découpé le poulet, il le fit à son tour revenir à l'huile ; il mit les œufs à frire dans la même huile, avec quelques gousses d'ail et les tomates... Il rehaussa*

Le Midy, gravure de Scotin
BIBLIOTHÈQUE DES ARTS DÉCORATIFS, PARIS

Histoire du Grand Alexandre. Comment le Grand Alexandre fut empoisonné (1460), Jean Vauquelin
PETIT PALAIS, PARIS
Alexandre, un chef et un conquérant d'une grande ténacité, succomba à une forte fièvre à Babylone en 323 avant J.-C., alors qu'il n'avait que 32 ans. La cause exacte de sa mort n'est pas connue, mais pourrait avoir un rapport avec quelque nourriture qu'il aurait absorbée.

le tout d'eau additionnée d'un soupçon de cognac ; il posa les écrevisses sur le tout afin qu'elles cuisent à la vapeur... Le tout fut servi sur un plat d'étain, le poulet entouré des œufs frits et des écrevisses, arrosé de sa sauce. » (extrait du *Larousse gastronomique*).

Chez les petits bourgeois du XIXe siècle, le poulet rôti est le plat du dimanche traditionnel. Et puis, petit à petit, ce volatile s'est banalisé grâce aux élevages industriels. Depuis les trente dernières années, le poulet de « batterie » a fait des ravages, en France comme ailleurs dans le monde. Il a fallu toute l'énergie et le savoir-faire de quelques éleveurs courageux dans des régions où la qualité de la volaille faisait partie de la tradition séculaire, comme en Bresse par exemple, pour que l'on puisse retrouver le vrai goût du poulet.

L'oie et le canard, élevés pour leur foie gras, servent à faire une conserve très ancienne et succulente : le confit. Dans de grands chaudrons la chair de ces volailles est lentement cuite dans sa propre graisse, puis conservée dans des pots en grès, complètement à l'abri de l'air car recouverte de toute graisse écoulée lors de la cuisson. Ce produit typique du Sud-Ouest se consommait autrefois en hiver, c'était la provision de viande.

Coq et Poule (1787), Anne Vallayer-Coster (1744-1818)
MUSÉE TESSE, LE MANS
L'artiste fut acceptée à l'Académie pour son exceptionnel don de peintre de nature morte. Bien que son mécène fût Marie-Antoinette, Anne Vallayer-Coster survécut à la Révolution, probablement grâce à l'absence de tendance politique de ses œuvres.

127

Ingrédient important dans la garbure — soupe de légumes et de porc — et le cassoulet — plat à base de haricots blancs — le confit est devenu un produit gastronomique. Mais un autre produit du canard a vu le jour ces dernières années : le magret. Il s'agit de la poitrine du volatile, d'une chair rouge, fine, serrée, recouverte d'une belle couche de graisse. Le magret se cuisine comme une viande rouge : poêlé ou grillé, et se sert saignant.

Pour une raison obscure, le lapin fait en France partie en quelque sorte de la catégorie « volaille ». Bien que cet animal à poils n'ait certainement jamais été pourvu d'ailes, il est vendu avec les poulets, canards, dindons, pigeons et autres oiseaux ! Lapin et lièvre ont été présents sur toutes les tables, rurales ou urbaines, aristocratiques ou roturières depuis bien des siècles, le lapin étant considéré comme une chair vulgaire, paysanne, à côté de son aristocratique cousin le lièvre.

À la fin du XIXe siècle, le gibier se raréfie et *La Gazette des campagnes* cherche une explication à cette disparition en masse : « *Les braconniers !... Ils ne détruisent pas tout. En réalité, les plus grands destructeurs sont les engrais chimiques, surtout le nitrate de soude. Celui-ci demeure longtemps adhérent aux feuilles. Il constitue ainsi un poison mortel pour les lièvres, lapins et gibiers à plume.* »

Toutes les provinces ont leur manière de cuisiner le lapin : en gibelotte, avec du lard et du vin blanc, en civet, selon des recettes remontant au début du Moyen Age, en pâté, en terrine, sauté, en sauce ou farci !

Le lièvre a acquis le prestige du gibier. Traditionnellement, il se faisait longuement mariner dans du vin, de l'huile et des aromates, afin d'en attendrir la chair. Un plat de lièvre, quelle qu'en soit la préparation, était toujours un plat de mâles gourmands, riche en sauce et en épices.

Le Coup de l'étrier, Jean-Baptiste Lallemand
(1716-1803)
MUSÉE DES BEAUX-ARTS, DIJON
Les auberges de campagne offraient le
souper aux voyageurs et le repos pour
leurs animaux, mais aussi l'occasion
d'effectuer quelques réparations d'ordre
mineur. Le gîte ne fut offert
commercialement qu'au début du XVIe
siècle. Jusqu'alors, les monastères
proposaient ce service gratuitement.

Le Porteur de gibier, détail d'une tapisserie
de la manufacture de Paris sur des cartons
de Laurent Guyot, série des chasses de
François Ier.
CHÂTEAU DE CHAMBORD
Le mot « gibier » vient du vieux français
gibecer (chasser) qui, lui-même, est dérivé
du mot latin *gibbosus* (bossu). Si l'on
imagine la silhouette d'un chasseur
transportant un sac de gibier sur son dos,
l'évolution de ce mot est claire.

POULE FARCIE, SAUCE COQUE

L e poulet fut longtemps le mets du dimanche pour bien des familles. Les volailles jeunes et tendres ou les chapons étaient le plus souvent rôtis, au four ou à la broche. Les volatiles plus vieux, plus gros, mais aussi plus durs, se prêtaient mieux aux plats en sauce, longuement mijotés, ou à de longues cuissons dans un bouillon, comme dans le cas des poules qui après une vie de bons et loyaux services finissaient leur carrière de pondeuses dans la marmite.

C'était le principe de la poule au pot chère à Henri IV. La volaille farcie, accompagnée de son bouillon et de ses légumes était un repas complet.

Pour 6 personnes
1 poule de 2 kg
6 carottes, 6 poireaux
6 pommes de terre : BF15
3 cœurs de céleri-branche

1 côte de céleri avec ses feuilles
1 poireau (le vert seulement)
1 oignon de 50 g, 1 gousse d'ail
6 tiges de persil, 1 feuille de laurier
3 clous de girofle
1 cuillerée à soupe de gros sel de mer
1 cuillerée à soupe de grains de poivre de couleur

125 g de mie de pain blanc
1 œuf entier + 1 jaune
25 g de persil plat ciselé, 1 petite gousse d'ail
3 fines tranches de jambon cru (50 g)
100 g de jambon blanc
30 g de cerneaux de noix
6 pincées de noix muscade râpée
4 pincées de cayenne en poudre
sel, poivre

2 œufs, 1 dl d'huile d'arachide
2 cuillerées à café de moutarde de Dijon
1 citron non traité
1 cuillerée à soupe d'estragon ciselé
1 cuillerée à soupe 1/2 de cerfeuil ciselé
2 cuillerées à soupe de ciboulette ciselée
sel, poivre blanc

Demandez à votre volailler de vider la poule en pratiquant une seule ouverture rectiligne facile à recoudre et de la brider au niveau du cou. Réservez le foie.

Préparez la farce : réduisez la mie de pain en grosse semoule. Hachez les noix et les deux jambons. Dans une terrine, battez l'œuf à la fourchette, en ajoutant le jaune. Ajoutez la mie de pain, les deux jambons, les noix et le persil. Pelez la gousse d'ail, coupez-la en deux en éliminant le germe et passez-la au presse-ail au-dessus de la terrine. Nettoyez le foie et hachez-le finement au couteau. Ajoutez-le dans la terrine avec sel, poivre, noix muscade et cayenne. Mélangez bien.

Farcissez la poule et cousez l'ouverture avec un fil de coton blanc. Posez-la dans une grande marmite et couvrez-la de 2 litres d'eau froide.

Préparez les ingrédients du bouillon :
pelez l'oignon et piquez-le des clous de girofle. Liez avec un fil de cuisine les tiges de persil, la feuille de laurier, la côte de céleri et le vert de poireau. Ajoutez ce bouquet dans la marmite avec l'oignon et le sel. Portez le tout à ébullition sur feu doux (environ 30 minutes). Écumez, ajoutez les grains de poivre et laissez cuire à tout petits frémissements pendant 2 heures.

Pelez carottes et poireaux. Lavez-les, ainsi que les cœurs de céleri. Coupez ces derniers en deux.

Au bout de 2 heures de cuisson, éteignez le feu et laissez reposer 15 minutes afin que tout le gras remonte à la surface. Retirez-le, ainsi que le bouquet garni et l'oignon. Plongez les légumes dans la marmite et poursuivez la cuisson pendant encore 45 minutes, à petits bouillons.

Préparez la sauce :
faites cuire les œufs à la coque pendant 3 minutes puis refroidissez-les. Cassez-les et faites couler le jaune dans un bol peu évasé. Ajoutez la moutarde et du sel. Mélangez. Attendez 5 minutes puis fouettez au batteur électrique, en incorporant l'huile en mince filet. Lavez le citron, épongez-le et râpez finement son zeste au-dessus du bol. Coupez-le en deux, pressez-le et versez 3 cuillerées à soupe de jus dans le bol. Mélangez.

Détachez les blancs d'œufs de leur coquille avec une petite cuiller et ajoutez-les dans le bol. Continuez de remuer jusqu'à ce que la sauce devienne blanche et crémeuse. Ajoutez du poivre, l'estragon, le cerfeuil et la ciboulette. Versez la sauce en saucière.

Découpez la poule et coupez la farce en tranches. Rangez les morceaux de poule et les tranches de farce sur un plat. Servez avec la sauce et les légumes à part.

Vous pouvez servir en même temps le bouillon filtré bien chaud dans des bols.

Poule farcie, sauce coque (en b.) ; Poulet en cocotte à l'ail nouveau (en h.)

POULET EN COCOTTE À L'AIL NOUVEAU

Le poulet aux quarante gousses d'ail est un classsique de notre cuisine bourgeoise. Mais cette recette le transforme en un mets infiniment plus fin, plus parfumé et plus léger, illustrant parfaitement l'évolution actuelle de nos traditions culinaires.

Poùr 4 personnes
1 poulet de 1,5 kg
(prêt-à-cuire, avec cœur et foie)
24 gousses d'ail nouveau en chemise
2 pincées de brindilles de romarin
2 pincées de fleurs de thym
4 petites feuilles de sauge
1 petite feuille de laurier
2 cuillerées à soupe d'huile peu fruitée
sel, poivre

Allumez le four, thermostat 6 (200 °C). Huilez légèrement une cocotte pouvant contenir le poulet. Huilez légèrement le poulet. Salez-le et poivrez-le à l'intérieur et à l'extérieur.

Versez le reste d'huile dans un bol. Ajoutez thym, romarin, sauge, laurier coupé en deux, sel, poivre, foie et gésier.

Mettez cou et gésier à l'intérieur du poulet et posez-le dans la cocotte. Entourez-le du mélange contenu dans le bol. Couvrez la cocotte et glissez-la dans le four chaud. Laissez cuire 1 heure 35, sans y toucher.

Lorsque le poulet est cuit, retirez la cocotte du four. Retirez le poulet tout doré de la cocotte et entourez-le de deux feuilles d'aluminium. Posez-le sur un plat et laissez-le reposer au chaud dans le four éteint.

Filtrez le jus de cuisson au-dessus d'une casserole. Réservez les gousses d'ail, le foie et le gésier dans une feuille d'aluminium et mettez-les avec le poulet. Faites réduire le jus de cuisson, pâle et abondant, jusqu'à ce qu'il devienne brun et pâteux et que le gras surnage. Retirez le gras et versez dans le jus 1 décilitre d'eau. Laissez bouillir 1 minute, jusqu'à obtention d'une sauce onctueuse et versez-la en saucière.

Servez le poulet chaud, nappé de sauce. Entourez-le de gousses d'ail, avec foie et gésier, accompagné de la sauce à part. Dégustez en même temps les gousses d'ail. Vous pouvez tartiner des tranches de pain grillé avec des gousses d'ail fondantes.

131

Poulet au champagne et aux champignons rosés (en b.) ; Poule farcie aux courgettes (en h.)

POULET AU CHAMPAGNE ET AUX CHAMPIGNONS ROSÉS

En France, les cuissons au vin sont aussi anciennes que les premières traditions culinaires. Elles sont décrites dans des ouvrages comme *Le Viandier* de Taillevent, rédigé au XIVe siècle. La cuisine au vin est une de nos grandes spécialités nationales, d'une continuité sans faille depuis plus de six siècles. Ici, le champagne et la crème confèrent une grande finesse à la chair tendre du poulet.

Pour 4-5 personnes
1 poulet de 1,8 kg (vidé et coupé en 12 morceaux)
500 g de champignons de Paris rosés
1,5 dl de champagne brut
1,2 dl de crème liquide
1 cuillerée à café de moutarde fine
1/2 cuillerée à café de fécule d'arrow-root
1 échalote
12 feuilles d'estragon
sel, poivre

Retirez la peau du poulet et entaillez la chair de chaque morceau. Pelez et hachez menu l'échalote. Lavez et épongez l'estragon.

Mettez le poulet, l'échalote et l'estragon dans une sauteuse anti-adhésive de 26 cm. Ajoutez sel, poivre et champagne. Portez à ébullition sur feu doux. Mélangez. Couvrez et laissez cuire 30 minutes. Puis, ajoutez la crème, la fécule et la moutarde mélangées. Laissez cuire encore 15 minutes à feu doux et à couvert.

Coupez les pieds des champignons. Lavez, épongez et coupez les chapeaux en très fines lamelles. Ajoutez-les dans la sauteuse au bout de 45 minutes de cuisson et laissez cuire encore 10 minutes à découvert, en remuant souvent. Servez aussitôt.

POULET FARCI AUX COURGETTES

V oici une version tout à fait contemporaine de la tradition-nelle poule farcie. Les chairs tendres d'un poulet s'accommodent très bien des légumes délicats que sont les courgettes et leurs fleurs.

Pour 6 personnes
1 poulet de 1,7 kg (prêt-à-cuire,
avec cœur et foie)
300 g de petites courgettes
avec leurs fleurs, très fraîches
50 g de vert d'épinard ou de blettes
1 blanc de poireau
1 oignon nouveau
1 œuf
30 g de chapelure blanche
30 g de parmesan finement et fraîchement râpé
6 gousses d'ail nouveau
20 g de beurre
1 cuillerée à soupe d'huile d'olive
sel, poivre

Lavez les courgettes, épongez-les et râpez-les finement. Mettez-les dans une passoire en les salant et laissez-les s'égoutter 1 heure.
Retirez le pistil des fleurs et coupez les pétales en lanières. Coupez le blanc de poireau dans la longueur puis en fines demi-rondelles et le vert d'épinard en fines lanières. Pelez, lavez et hachez finement l'oignon. Salez le tout et laissez reposer 20 minutes dans une seconde passoire.
Nettoyez le foie et le cœur du poulet et coupez-les en deux. Faites-les dorer 2 minutes dans le beurre, sur feu vif.
Fouettez les œufs dans une terrine. Ajoutez 2 cuillerées à café d'huile, la chapelure, le parmesan, cœur, foie, sel et poivre. Mélangez.
Lorsque les légumes ont reposé 20 minutes, pressez-les entre vos doigts afin d'éliminer toute l'eau. Ajoutez-les dans la terrine. Faites de même avec les courgettes. Mélangez.
Farcissez le poulet de la préparation aux courgettes et fermez les ouvertures avec un fil de coton blanc. Salez la surface du poulet et huilez-le avec le reste d'huile.
Posez le poulet sur un plat à four et entourez-le des gousses d'ail entières. Allumez le four thermostat 6 (200 °C) et laissez cuire le poulet 1 heure 45. Puis, éteignez le four et laissez-y reposer le poulet 20 minutes.
Servez le poulet accompagné de son jus filtré et des gousses d'ail rôties. Vous pouvez le servir avec une purée de pommes de terre ou de l'aligot surgelé que vous préparerez en y ajoutant 1/2 gousse d'ail passée au presse-ail.

Le Déjeuner à Honfleur, Cals (XIXᵉ s.) MUSÉE D'ORSAY, PARIS Proust affectionnait le poulet rôti ;
ceux qu'il mangeait avaient généralement été engraissés au maïs, ce qui leur donnait une teinte or et une saveur délicate.

POULET AU COULIS D'ÉCREVISSES

Cette recette du XVIIIe siècle est tirée de *La Maison rustique*. On imagine qu'à cette époque les écrevisses étaient encore abondantes. De nos jours, elles se font très rares, à cause de la pollution de nos rivières, et sont souvent importées.

Prenez des bons poulets, videz-les et les troussez proprement, et les faites rôtir. Si vous les voulez mettre à la braise, il faut les larder de gros lard et de jambon ; du refte voyez comme cela se pratique à l'Article des pigeons et langue de bœuf, et vous y conformez ; étant cuit d'une manière ou d'autre, il faut avoir un bon ragoût composé de toutes sortes de garnitures, bien paffé et bien affaifonné ; à savoir ris-de-veau, crêtes, foyes gras, champignons, truffes, pointes d'asperges, culs-d'artichaux felon la faifon. Après que votre ragoût fera cuit, il y faut mettre les poulets ; afin qu'ils tirent le goût de la sauce : ensuite prenez des écreviffes cuites à l'ordinaire, ôtez-en les queues et les mettez à part, et pilez bien toutes les jambes : ayant pilé cela dans le mortier avec une petite croûte de pain, paffez-le à l'étamine avec du jus de veau : et quand on sera prêt de servir, vous jetterez le coulis d'écreviffes dans le ragoût : vos queues d'écreviffes vous ferviroont pour garnir : vous les pouvez mettre si vous voulez dans le ragoût, et servez chaudement.

Perdrix rouge dans une niche, Nicolas de Largillière (1656-1746)
PETIT PALAIS, PARIS

Pour 4 personnes
1 poulet de 1,7 kg, prêt-à-cuire
1 kg d'écrevisses
1/4 de l de crème liquide, 60 g de beurre
1 cuillerée à soupe de cognac, 1 dl de vin blanc sec
4 dl de bouillon de volaille
1 côte tendre de céleri, 100 g de carottes
50 g d'oignons
2 cuillerées à soupe d'huile d'arachide
2 cuillerées à soupe d'huile d'olive
sel, poivre

Demandez à votre volailler de vider le poulet et de le couper en 8 morceaux. Salez-les et poivrez-les. Pelez oignons et carottes. Hachez finement carottes, oignons et céleri.
Faites chauffer l'huile d'arachide dans une sauteuse anti-adhésive de 26 centimètres et ajoutez 10 grammes de beurre. Dès qu'il est fondu, faites-y dorer les morceaux de poulet pendant 10 minutes, jusqu'à ce qu'ils soient dorés. Réservez-les sur un plat et mettez les légumes dans la sauteuse. Laissez dorer en remuant puis remettez les morceaux de poulet. Arrosez de cognac et flambez. Versez alors le vin, flambez à nouveau et laissez réduire de moitié. Versez le bouillon et la crème et laissez cuire 45 minutes à feu doux et à couvert.
Châtrez les écrevisses : tirez la nageoire centrale de la queue en la tournant afin de retirer le boyau noir. Faites chauffer l'huile d'olive dans une sauteuse et ajoutez les écrevisses. Faites-les cuire 3 minutes, en les tournant sans cesse puis laissez-les tiédir et décortiquez-les. Réservez-en 8 entières pour la décoration. Lorsque le poulet est cuit, retirez-le de la sauteuse et mettez-le sur un plat de service. Filtrez le jus de cuisson et remettez-le dans la sauteuse. Laissez-le réduire de moitié puis incorporez-y le beurre en fouettant. Plongez-y les morceaux de poulet et les écrevisses. Laissez réchauffer 2 minutes sur feu doux.
Dressez poulet et écrevisses sur un plat et décorez avec les écrevisses entières.

Poulet au coulis d'écrevisses

Dinde de Noël

DINDE DE NOËL

La dinde est un volatile originaire du continent américain. C'est très probablement Cortes qui l'a rapporté du Mexique. Introduite en France au XVIe siècle, sous le nom de « dinde américaine », elle mit un certain temps à se populariser.

En 1564, Charles Estienne, dans son ouvrage intitulé *L'Agriculture et La Maison rustique* dit : « *Cet oiseau est un coffre à avoine,* *un gouffre à mangeaille, où l'on ne peut prendre autre plaisir que bruit et fureur quant aux grands et d'un continuel piaulement quant aux petits ; leur chair est délicate, mais fade et de dure digestion. C'est pourquoi il le faut saupoudrer d'épices, for lardez et aromatisez. Les poules d'Inde mangent autant que des mulets !* » Ce qui n'empêcha pas les cuisiniers d'en faire grand usage.

C'est au XXe siècle que la dinde accompagnée de marrons devint un mets central du repas de Noël, sans doute sous l'influence anglaise. Elle supplanta l'oie dans de nombreuses régions.

Pour 6-8 personnes
1 dinde de Bresse de 4 kg, prête à rôtir
350 g de foies blonds de volaille
125 g de jambon d'York
75 g de cerneaux de noix,
75 g de mie de pain blanc
25 g de persil plat ciselé, 3 échalotes
1 truffe de 40 g
1,5 dl de lait, 25 g de beurre
2 cuillerées à soupe de fine champagne
1/3 de cuillerée à café de cannelle en poudre
4 pincées de clou de girofle en poudre
4 pincées de cumin en poudre et de noix muscade
4 pincées de cayenne en poudre
sel, poivre

Pelez les échalotes et hachez-les finement. Coupez les foies en deux, éliminez les cœurs, les parties nerveuses et les éventuelles parties vertes. Rincez les foies, épongez-les et réservez-en 250 g : coupez-les en cubes de 1 centimètre. Rincez la truffe sous l'eau courante, en la brossant. Râpez grossièrement les noix. Réduisez la mie de pain en grosse semoule. Hachez très finement le jambon. Faites bouillir le lait, ajoutez sel, poivre et mie de pain. Faites cuire le mélange à feu doux, pendant 3 à 4 minutes, en tournant sans cesse, jusqu'à ce que vous obteniez une pâte gluante. Mettez-la dans une grande terrine. Laisser tiédir 3 minutes avant d'y ajouter jambon et persil. Mélangez.

Faites fondre le beurre. Ajoutez les échalotes et faites-les blondir 3 minutes à feu doux. Ajoutez les cubes de foie et faites-les cuire 2 minutes en les tournant sans cesse avec une spatule : ils doivent être juste saisis. Versez le tout dans la terrine. Mélangez. Ajoutez les noix, le cumin, la cannelle, le clou de girofle, la poudre de cayenne, la noix muscade, sel et poivre. Mélangez et arrosez de fine champagne. Râpez la truffe au-dessus de la terrine. Mélangez. Farcissez la dinde de cette préparation et cousez les ouvertures.

Posez la dinde dans un grand plat et glissez-le au four, thermostat 6 (200 °C). Laissez cuire 3 heures, en arrosant souvent. 30 minutes après le début de la cuisson, ajoutez autour de la dinde ses abattis huilés. Lorsque le jus caramélise, ajoutez 5 centilitres d'eau, autant de fois qu'il sera nécessaire.

Puis, laissez reposer la dinde dans le four éteint où elle peut attendre de 20 minutes à 1 heure avant d'être portée à table. Posez-la sur un grand plat et versez son jus dans une casserole à travers une passoire. Laissez-le reposer 5 minutes puis retirez le gras à l'aide d'une cuiller et jetez-le. Salez et poivrez le jus, réchauffez-le et versez-le dans une saucière.

Nature morte : pêches et perdrix, Alexandre-François Desportes (1661-1743) MUSÉE ARCHÉOLOGIQUE MUNICIPAL, LAON

Nature morte animée Alexandre-François Desportes
MUSÉE INTERNATIONAL DE LA CHASSE, CHÂTEAU DE GIEN

LAPIN À LA BIÈRE

Appelés connins au Moyen Age, les lapins d'élevage ont toujours figuré en bonne place sur nos tables. Le plus souvent longuement cuisinés en ragoût, plus rarement rôtis, les lapins de garenne étaient avec le poisson de rivière, un des produits fréquemment braconnés par les paysans jusqu'à l'autorisation octroyée à tous par Louis XVI de chasser ce rongeur qui dévastait les jardins. Ail, lard, herbes aromatiques et baies de genièvre accompagnent traditionnellement sa cuisson qui, selon les régions, peut se faire au vin, à la bière ou au cidre.

Pour 4 personnes
1 lapin de 1,8 kg, coupé en 10 morceaux
125 g de très fines tranches de lard de poitrine
fumé

1/2 litre de bière blonde
12 gousses d'ail, 6 feuilles de laurier
1 cuillerée à soupe de baies de genièvre
1 noix de beurre
sel, poivre

Allumez le four, thermostat 8. Beurrez un plat à four de 32 x 22 centimètres. Pelez les gousses d'ail et coupez-les en deux en éliminant le germe ; laissez-les entières si l'ail est nouveau. Coupez chaque tranche de lard en 4 tronçons.
Rangez les morceaux de lapin dans le plat beurré. Salez-les et poivrez-les. Intercalez lard, laurier, ail et genièvre entre les morceaux de lapin. Arrosez de bière.
Mettez à cuire au four 30 minutes, puis retournez les morceaux de lapin. Laissez-les cuire à nouveau 30 minutes en les retournant encore deux fois, puis 20 minutes, en les retournant toutes les 5 minutes. A la fin de la cuisson (au bout de 1 heure 40), le lapin est caramélisé, l'ail fondant et il n'y a presque plus de sauce dans la plat.
Rangez les morceaux de lapin dans un plat chaud, entourez-les d'ail, de lard et de baies de genièvre et servez aussitôt.

RÂBLES DE LAPIN FARCIS

Le lapin fut longtemps considéré comme un mets rustique, bon à cuisiner selon des recettes du terroir. Chez les aristocrates il n'y eut guère que le bon Louis XVIII pour en raffoler. Fin connaisseur, il pouvait dire au goût, de quel terroir provenait le lapin de garenne qu'on lui servait. Pour la petite bourgeoisie du XIXe siècle et de la première moitié du XXe siècle, c'était un plat qui pouvait avantageusement remplacer le poulet pour un repas du dimanche ou des jours de fête. Il pouvait être farci, comme la poule, et devenir une préparation très raffinée.

Pour 4 personnes
2 râbles de lapins (faites réserver foie et rognon)
20 olives vertes
50 g de feuilles de blette
20 g de feuilles de persil plat
40 g de mie de pain blanc
30 g d'amandes mondées
1 œuf
2 échalotes
2 cuillerées à soupe d'huile d'olive
sel, poivre

Lapin à la bière (à g.) ; Râbles de lapin farcis (à d.)

Débarrassez les râbles de leur graisse. Badigeonnez-les d'huile, salez, poivrez. Pelez les échalotes et hachez-les finement. Ébouillantez les olives 1 minute, rafraîchissez-les sous l'eau courante, dénoyautez-les et coupez-les en quatre.

Dans une poêle huilée chaude, et faites blondir les échalotes 2 minutes à feu doux. Ajoutez foies et rognons et faites-les dorer 2 minutes de chaque côté. Salez, poivrez et retirez du feu.

Allumez le four, thermostat 7 (225 °C). Mixez la mie de pain, les amandes et le persil pendant 15 secondes. Cassez l'œuf dans un saladier et battez-le à la fourchette. Ajoutez-y le mélange mixé et les olives. Coupez foies et rognons en cubes de 1/2 centimètre et ajoutez-les dans le saladier. Faites bouillir le vert de blette 1 minute à l'eau salée puis égouttez-le. Pressez-le entre vos mains pour éliminer toute l'eau. Hachez-le au couteau et ajoutez-le dans le saladier. Mélangez bien.

Farcissez les râbles : étalez-les sur une planche et garnissez l'intérieur de farce. Rabattez les deux parties ventrales sur la farce et ficelez les râbles. Maintenez les deux extrémités à l'aide de bâtonnets. Mettez les râbles dans un plat à four légèrement huilé et glissez le plat au four. Laissez cuire 40 minutes, en retournant souvent les râbles et en ajoutant quelques cuillerées d'eau au fond du plat pour éviter que le jus ne brûle.

Lorsque les râbles sont cuits, retirez-les du plat de cuisson et mettez-les sur un plat de service. Versez la sauce en saucière. Servez les râbles découpés en tranches. Nappez de sauce et dégustez aussitôt.

Accompagnez de tagliatelles fines assaisonnées de beurre ou de purée d'olives nature.

CANARD AUX NAVETS

Le canard est sans doute l'un des grands ancêtres de la basse-cour : les Chinois l'avaient déjà domestiqué il y a quatre mille ans déjà. Facile à élever, gras et succulent, c'est une volaille importante de la cuisine française. La recette qui suit est tirée d'un ouvrage rédigé par le grand La Varenne au XVIIᵉ siècle (*Le Cuisinier françois*). Vieille de trois siècles, elle est toujours d'actualité, car le canard aux navets est resté une des grandes préparations traditionnelles de notre cuisine.

Après qu'ils seront nettoyés, lardez-les de gros lard, puis les passez dans la poêle avec saindoux ou lard fondu, ou bien les faites rôtir trois ou quatre tours à la broche, puis les mettez dans un pot. Ensuite prenez vos navets, les coupez comme vous voudrez, les faites blanchir, les farinez et les passez par du saindoux ou du lard, jusqu'à ce qu'ils soient bien roux, mettez-les dans vos canards, faites bien cuire le tout et mitonner votre pain, afin que votre pain soit lié, si vous avez des câpres, vous y en mettrez ou un filet de vinaigre, dressez et garnissez de navets, puis servez.

Canard aux navets (à g.) ; Magret de canard aux griottes (à d.)

Pour 6 personnes
1 canard de 1,8 kg, prêt-à-cuire
500 g de navets nouveaux
20 oignons nouveaux, 2 échalotes
1,5 dl de xérès sec
1,5 dl de fond de volaille
1/2 cuillerée à café de sucre
50 g de beurre
sel, poivre

Allumez le four, thermostat 6 (200 °C). Pelez les échalotes et hachez-les menu.

Faites fondre 20 grammes de beurre dans une cocotte de 6 litres et faites-y dorer le canard sur toutes ses faces, pendant 5 minutes. Retirez-le et réservez-le sur un plat. Ajoutez les échalotes dans la cocotte et mélangez 3 minutes sur feu doux. Versez le xérès et laissez-le réduire en remuant sans cesse. Versez le fond de volaille, mélangez et remettez le canard dans la cocotte. Glissez la cocotte au four et laissez cuire 30 minutes.

Pendant ce temps, pelez les navets et taillez-les en boules de la taille d'une noix. Pelez les oignons. Faites fondre le reste de beurre dans une sauteuse anti-adhésive de 26 centimètres. Lorsqu'il est fondu, ajoutez les navets et les oignons, sel, sucre et mélangez. Laissez dorer puis couvrez juste d'eau et laissez cuire jusqu'à ce que tout le liquide soit évaporé.

Lorsque le canard a cuit 30 minutes, entourez-le de navets et d'oignons et laissez cuire encore 15 minutes. Mettez sur un plat et servez.

MAGRET DE CANARD AUX GRIOTTES

En France, pendant longtemps, on a préféré l'oie au canard de basse-cour. Ce n'est qu'à la Renaissance que les recettes à base de canard d'élevage se firent plus nombreuses dans les recueils de cuisine. Ce volatile, bien engraissé, voire gavé, se prêtait admirablement aux cuissons à la broche.

Mais notre prédilection actuelle pour le magret est récente, elle date d'une vingtaine d'années. C'est dans le Sud-Ouest, pays du gavage pour la production du foie gras, que l'on commença à commercialiser les poitrines des canards dont la chair rouge, serrée et très fine, se consomme saignante. Cela dit, ce n'est pas une innovation ; les Romains raffinés ne mangeaient, paraît-il, que la tête et le magret du canard : *o tempora o mores...*

Pour 4 personnes
2 magrets de canard gras de 350 g chacun
500 g de griottes

Assiette mosaïquée en porcelaine avec décor d'oiseaux (XVIIIe s.)
MUSÉE CONDÉ, CHANTILLY

1 cuillerée à soupe de crème de cassis
1 cuillerée à soupe de vinaigre de vin vieux
3 cuillerées à soupe de vin rouge
2 cuillerées à café de sucre roux
2 cuillerées à café de fond de volaille déshydraté
20 g de beurre, sel, poivre

Laissez les magrets 1 heure à température ambiante avant de les faire cuire. Dénoyautez les cerises en réservant le jus qui s'écoule pendant cette opération. Poudrez les magrets de sel et de poivre côté chair. Dans une cocotte en fonte, couchez les magrets côté peau et laissez cuire à feu moyen 8 minutes. Jetez alors le gras de cuisson.

Retournez les magrets côté chair contre le fond de la cocotte et faites-les cuire 5 minutes, en piquant la peau croustillante de plusieurs coups de fourchette. Retirez les magrets de la cocotte et réservez-les entre deux assiettes. Jetez tout le gras de cuisson restant.

Versez le vinaigre dans la cocotte et laissez-le s'évaporer. Ajoutez la crème de cassis, le vin, le sucre et les cerises avec leur jus. Laissez bouillir 1 minute puis égouttez les cerises et réservez-les dans un plat creux. Laissez réduire le jus de cuisson, en ajoutant le fond de volaille, jusqu'à ce qu'il en reste 4 cuillerées à soupe. Ajoutez alors le jus rendu par les magrets et celui rendu par les cerises. Laissez encore réduire jusqu'à obtention d'un jus sirupeux et incorporez le beurre en fouettant. Réservez.

Émincez les magrets et disposez-les dans quatre assiettes chaudes, entourez-les de griottes, nappez-les de sauce et servez aussitôt.

PIGEONS AUX PETITS POIS

L'élevage de pigeons en France fut, jusqu'à la Révolution, un privilège de la noblesse terrienne qui avait un « droit de colombage ». Ceci s'explique peut être par le fait que la fiente de ces oiseaux constituait un engrais de choix et avait une grande valeur.

Quoi qu'il en soit, les pigeons ont toujours figuré en bonne place sur nos tables. L'auteur du *Ménagier de Paris*, notre premier traité d'économie domestique daté de la fin du XIVᵉ siècle, nous dit que pour la seule maison du Roi, on consommait par jour « six cent poulailles, deux cents paires de pigeons et cinquante oisons ».

Ce petit galinacé est moins consommé de nos jours ; il est entré dans la catégorie des mets recherchés et raffinés. Accompagné de petits pois frais, c'est la manière la plus traditionnelle et la plus classique de l'accommoder.

> Prenez cinq pigeons, bridez-les, mettez-les dans une casserole foncée de beurre, un bouquet garni et un oignon piqué de deux clous de girofle ; couvrez l'estomac des pigeons de légères bardes de lard, et faites-les cuire à l'étouffade, sans que le beurre puisse frire ; que les pigeons tombent à demi-glace. D'autre part, vous aurez passé une demi-livre de lard dessalé dans du beurre ; ajoutez-y deux cuillerées à bouche de farine ; mouillez d'une cuillerée à soupe de bouillon, un bouquet garni, une pincée de poivre ; lorsque le lard sera cuit aux trois quarts, retirez le bouquet ; ajoutez-y un litre et demi de pois fins, gros comme une muscade de sucre ; vingt minutes de cuisson. Dressez les pigeons, ôtez le beurre qui se trouve sur la demi-glace qu'ils ont rendue ; jetez-y les pois et le lard et couvrez-en les pigeons.
> Observation : dans un instant pressé, on peut cuire les pigeons avec le lard ; lorsque ce dernier sera cuit à moitié, et au bout de vingt minutes, ajoutez les pois ; je préfère le premier procédé parce que les pigeons ont toujours meilleur goût.

Pour 4 personnes
4 pigeons (bridés par votre volailler)
1,5 kg de petits pois frais
16 petits oignons grelots
100 g de poitrine de porc demi-sel
1/4 de l de consommé de volaille
1 cuillerée à soupe d'huile
60 g de beurre
sel, poivre

Écossez les petits pois. Rincez le porc et coupez-le en fins bâtonnets. Pelez les oignons.

Faites chauffer l'huile dans une cocotte. Ajoutez les 2/3 du beurre et faites dorer les pigeonneaux sur toutes leurs faces, pendant 10 minutes environ, sur feu doux. Retirez-les et mettez à leur place les oignons et les bâtonnets de lard. Mélangez 5 minutes sur feu doux puis jetez le gras de cuisson. Versez le consommé dans la cocotte, ajoutez les petits pois, mélangez et remettez les pigeons. Couvrez et laissez cuire 40 minutes.

Lorsque pigeons et petits pois sont cuits, dressez-les sur un plat. Faites réduire le jus de cuisson. Nappez les petits pois du reste du beurre fouetté. Servez aussitôt.

Palais-Royal : le restaurant (1831) *in* « Tableau de Paris »,
Georg-Emanuel Opitz
MUSÉE CARNAVALET, PARIS

PINTADE AUX ENDIVES

La pintade est un oiseau d'origine africaine. Elle est mentionnée en France à partir de la Renaissance, notamment par Rabelais qui, dans son *Pantagruel*, parle de la « guynette », ou poule de Guinée. Sa chair est plus fine, mais aussi plus sèche, que celle du poulet et beaucoup moins grasse. Au XIXᵉ siècle on la faisait légèrement faisander afin de lui faire développer un fumet de gibier.

Pour 3-4 personnes
1 pintade de 1,3 kg, coupée en 8 morceaux
600 g d'endives

50 g de lard de poitrine fumée
150 g de crème fraîche épaisse
3 cuillerées à soupe de vin muscat ambré ou de porto
1 cuillerée à café 1/2 de jus de citron
4 pincées de noix muscade râpée
30 g de beurre
sel, poivre

Salez et poivrez les morceaux de pintade. Après en avoir retiré les premières feuilles, lavez les endives et épongez-les. Coupez-les en huit verticalement. Ôtez la couenne de la poitrine fumée et hachez très finement cette dernière.

Faites fondre le beurre dans une sauteuse et faites dorer les morceaux de pintade à feu doux, 5 minutes. Ajoutez la poitrine hachée et laissez cuire 10 minutes, à feu doux et à demi-couvert, en remuant souvent. Jetez le gras de cuisson, versez le vin muscat et laissez-le s'évaporer en tournant. Ajoutez ensuite les endives et laissez-les dorer 15 minutes, à demi-couvert, en remuant souvent.

Versez alors la crème, noix muscade, sel et poivre et laissez cuire 15 minutes à feu doux, à demi-couvert, jusqu'à ce que la crème soit nappante. Ajoutez le jus de citron et mélangez 30 secondes. Servez dans un plat creux, avec des galettes de pommes de terre râpées.

Pigeons aux petits pois (en h.) ; Pintade aux endives (en b.)

143

Repas campagnard, miniature *in Codex Sophilogium*
ARCHIVES DE TORRE DE TOMBO, LISBONNE

CIVET DE LIÈVRE

Cette recette nous est donnée par *Le Ménagier de Paris,* ouvrage que nous devons à un bon bourgeois de la ville qui l'avait rédigé, dans les années 1390, pour sa très jeune épouse.

Le civet de lièvre ou de lapin est un de nos mets les plus classiques depuis des siècles. Et bien que sa préparation ait connu quelques variations au cours des années, le principe de base de sa réalisation demeure immuable.

Dans la recette originale, le «pain hâlé», était probablement grillé jusqu'à ce qu'il brunisse, passé au mortier et utilisé pour lier, colorer et conférer un peu d'amertume à la sauce. Depuis la fin du XVIIᵉ siècle, on obtient le même effet en liant la sauce avec le sang de l'animal. Aujourd'hui, le foie incorporé à la sauce est un parfait agent de liaison, tandis que la légère amertume conférée par le pain grillé s'obtient en rajoutant deux carrés de chocolat amer.

> Premièrement, fendez le lièvre par la poitrine. S'il a été tué, il y a un ou deux jours, ne le lavez point mais faites-le raidir sur un gril ou à la braise. Ayez des oignons cuits et du saindoux dans un pot et mettez le lièvre coupé en morceaux. Faites-le revenir sur le feu en secouant le pot très souvent. Vous pouvez aussi le faire revenir à la poêle. Puis faites griller du pain et faites-le tremper dans du bouillon de viande avec du vinaigre et du vin. Ayez broyé auparavant du gingembre, de la graine de paradis, girofle, poivre long, noix muscade et cannelle et détrempez dans du verjus et vinaigre ou bouillon de viande. Mettez à part. Puis broyez votre pain trempé, passez-le à l'étamine avec le bouillon, ajoutez les oignons, le saindoux et le lièvre, les épices et du pain brûlé broyé. Faites cuire ensemble et prenez soin que le civet soit brun, aiguisé de vinaigre, assaisonné de sel et d'épices.

Pour 6 personnes
1 lièvre de 2 kg (8 morceaux) avec son foie
75 cl de vin rouge
50 cl de consommé de volaille

1 carotte moyenne, 1 oignon moyen,
1 gousse d'ail
250 g de poitrine de porc demi-sel
1 cuillerée à soupe de farine
2 cuillerées à café de vieil armagnac
75 g de beurre
7 cuillerées à soupe d'huile d'olive
1 échalote grise
1 brin de thym, 2 feuilles de laurier
2 cuillerées à soupe de vinaigre de vin vieux
4 pincées de quatre-épices
250 g d'oignons grelots
300 g de petits champignons de Paris
2 pincées de sucre
sel, poivre

La veille, mettez dans un saladier l'échalote pelée et hachée, sel, poivre, quatre-épices, thym et laurier émiettés entre vos doigts, huile d'olive et vinaigre. Émulsionnez à la fourchette. Ajoutez les morceaux de lièvre, mélangez et couvrez. Réservez 6 à 8 heures au réfrigérateur, en retournant de temps en temps.

Le lendemain, égouttez et épongez les morceaux de lièvre. Coupez le lard en fins lardons. Pelez et hachez grossièrement la carotte et l'oignon.

Allumez le four, thermostat 4. Versez l'huile dans une cocotte et ajoutez le beurre. Dès qu'il est fondu, ajoutez le lard et le hachis d'oignon et de carotte. Laissez-les blondir 5 minutes en remuant sans cesse puis retirez-les avec une écumoire. Mettez dans la cocotte les morceaux de lièvre et faites-les dorer de tous côtés. Remettez alors le mélange lard-oignon-carotte, salez, poivrez et poudrez de farine. Mélangez pendant 2 minutes puis ajoutez l'ail écrasé avec la lame d'un couteau, le consommé et le vin. Portez à ébullition en remuant puis couvrez. Laissez cuire 2 heures au four.

Pendant ce temps, pelez les oignons grelots. Portez à ébullition 1 décilitre d'eau dans une sauteuse avec 25 grammes de beurre et le sucre. Salez, poivrez. Ajoutez les oignons et laissez blondir 20 minutes. Réservez. Ajoutez les champignons, le reste du beurre, sel et poivre. Laissez cuire 7 ou 8 minutes à feu vif, jusqu'à ce que les champignons soient blonds. Réservez-les avec les oignons.

Lorsque le lièvre est cuit, égouttez les morceaux. Réservez-les au chaud. Faites réduire le jus de cuisson filtré sur feu modéré. Coupez en quatre le foie nettoyé. Mixez-le avec la moitié du jus chaud et l'armagnac. Puis versez le reste du jus, sans cesser de mixer. Nappez les morceaux de sauce et servez avec la garniture présentée à part.

Civet de lièvre

Le déjeuner de chasse, Carle van Loo (1705-65) MUSÉE DU LOUVRE, PARIS. Nommé peintre officiel du roi en 1762, van Loo était considéré comme le maître de la peinture

historique de son époque. Il peignait également des portraits et des travaux de décoration.

VIANDES

L a France est un pays d'amateurs de viande. Dans *L'Encyclopédie* de Diderot, on apprend que « la viande de boucherie est la nourriture la plus ordinaire avec le pain ». Elle a toujours été un aliment prestigieux, symbole de force et d'énergie, mais aussi de richesse. Dès le début du Moyen Age, lorsque les cités furent bien établies, la demande de viande s'accrut très rapidement de la part des consommateurs urbains. Vers la fin des années 1400, la consommation de viande atteignit de très hauts niveaux : 43 kilos par an et par personne pour les habitants de Tours et plus de 100 kilos par an dans les familles de petits seigneurs d'Auvergne ! Dans les villes, la corporation des bouchers est très puissante. Ils sont riches, possèdent terres et maisons, négocient la viande mais aussi les bêtes sur pied.

Au XIVe siècle, à Paris, la Grande Boucherie se trouvait dans le quartier qui aujourd'hui ceinture la tour Saint-Jacques, on y comptait dix-neuf bouchers. Quelques années plus tard, on en trouve vingt-neuf et au XVe siècle, ils sont au nombre de trente-deux. La Grande Boucherie est une corporation qui est en mesure d'imposer ses volontés au pouvoir royal. *Le Ménagier de Paris* nous permet de connaître la consommation par semaine pour la ville, y compris la Maison du roi, cela vers les années 1380 : 3 130 moutons, 512 bœufs, 528 porcs et quelque 300 veaux. Les bêtes étaient abattues quotidiennement.

La consommation de viande variait beaucoup selon les milieux et les saisons. Les paysans mangeaient essentiellement de la viande de porc puisqu'ils en faisaient l'élevage. À l'entrée de l'hiver, les bêtes étaient tuées et salées. On préparait le *bacon,* mot d'ancien français signifiant viande salée. Il y avait eu en Gaule un Dieu Bacon, Dieu porc ou sanglier. Le mot fut emprunté par les Anglais et nous revint plus tard sous le déguisement d'un emprunt à l'anglo-saxon ! Les Gaulois, qui étaient célèbres pour leurs jambons salés, avaient fait des adeptes ; les jambons de Bayonne contribuèrent entre autres à renforcer leur solide réputation de grands amateurs de charcuterie.

Les médecins du Moyen Age et de la Renaissance recommandaient la consommation de jeunes animaux tendres aux nobles et aux oisifs, de constitution délicate. Le peuple, et tous ceux qui fournissaient de gros efforts physiques, devaient manger les « grosses viandes » que sont le mouton, le bœuf ou la vache, car ces viandes plus lourdes à digérer, étaient considérées comme plus nourrissantes.

Le mot viande vient du latin *vivenda* — qui maintient en vie. Sous le règne de Louis XIV, les repas étaient annoncés par ces mots : « La viande est servie. »

Avec le temps et les progrès de l'élevage, à la fin du XVIe siècle, la qualité de la viande s'améliore. La consommation urbaine croît, au point d'atteindre, à la veille de la Révolution, les 60 à 80 kilos de viande par an et par habitant sur Paris, contre à peine une trentaine aujourd'hui !

Rabelais, en pleine Renaissance, fait savoir qu'on aimait la viande bien cuite : pas question de manger des chairs sanguinolentes. La viande est souvent bouillie avant d'être rôtie. Volailles ou rôts qui tournent à la broche ont été précuits dans un bouillon, ce qui les attendrit considérablement.

On sert la viande bouillie, en ragoût, rôtie ou grillée, avec sauces et accompagnements, ce qui constitue toujours l'élément central du repas.

Dès les XVIIe et XVIIIe siècles, avec le développement de la grande cuisine, le découpage des bêtes se fait plus précis. À partir de cette époque, on distingue nettement les morceaux à rôtir de ceux à griller, à braiser ou à bouillir, et une hiérarchie très nette se met en place quant aux différentes parties de l'animal. La distinction de classe entre les « grosses viandes » et les chairs plus délicates des volailles et des jeunes animaux disparaît, car les grands créateurs de la cuisine classique développent le goût naissant des aristocrates pour les viandes rouges et les chairs robustes.

Le Déjeuner gras,
Alexandre-François Desportes (1661-1743)
COLLECTION PRIVÉE
Les jambons faits par les Gaulois avaient
très certainement le même goût que ceux
consommés de nos jours. Ils étaient salés
deux ou trois jours avant le fumage, puis
frottés à l'huile et au vinaigre pour être
ensuite mis à sécher. Le jambon était
mangé en entrée, pour stimuler les papilles
gustatives, ou en fin de repas pour exciter
la soif.

Le Déjeuner de jambon,
Robert Levrac de Tournières
(1667-1752) (attribué à)
MUSÉE LAMBINET, VERSAILLES
Austin de Croze, auteur des *Plats régionaux
de France* paru en 1928, considérait que
les jambons d'Artigues-de-Lussac étaient
ceux qui offraient la meilleure qualité.
Cuits, mais pas fumés, ils étaient
généralement frits avec de l'ail et du
vinaigre. Ils étaient ensuite mis à mariner
dans le vinaigre pendant vingt-quatre
heures puis servis très froids.

Le Déjeuner sur l'herbe,
Claude Monet (1840-1926)
MUSÉE D'ORSAY, PARIS

Le dernier grand changement survenu dans le domaine de la viande est la réfrigération, découverte et mise au point dès la deuxième moitié du XIXe siècle par un Français, Charles Tellier. Utilisés d'abord dans l'hôtellerie et les cuisines professionnelles, les réfrigérateurs se banalisent. C'est ainsi qu'on assiste, dans la deuxième moitié du XXe siècle, à une consommation bien moindre de viande conservée au sel, séchée ou en confit. Ces produits traditionnels deviennent alors des ingrédients spécifiques des cuisines régionales ou, comme les diverses charcuteries à base de viande de porc, des spécialités gourmandes : le merveilleux jambon de Bayonne, parfumé, à peine salé, le jambon plus robuste des provinces d'Auvergne,

les saucisses sèches et saucissons, le petit-salé que l'on conservait tout l'hiver et qu'aujourd'hui on consomme surtout bouilli avec des lentilles.

Deviennent en revanche des mets du quotidien : les rillettes, qui sont de la chair de porc cuite et pilée, salée et mélangée à du saindoux, les pâtés de porc, les saucisses fraîches et le jambon cuit.

Rien ne se perd dans l'animal, et les abats ont toujours été consommés, voire appréciés en France. Selon *Le Ménagier de Paris,* les tripes étaient colportées dans la ville par des marchandes ou marchands qui les transportaient dans de grandes bassines. C'était une nourriture de pauvres, peu chère et nourrissante. Les recettes de tripes sont fréquentes, et il nous en reste de savoureuses versions, comme les célèbres tripes à la mode de Caen, longuement cuisinées dans du vin et des aromates, ou encore le « tablier de sapeur », de la tradition lyonnaise. Il en existe en tout plus de vingt recettes ! La cervelle, les rognons et le foie sont des abats de choix, et plus particulièrement le foie de veau, nourriture délicate et fortifiante recommandée aux convalescents et aux enfants. Le sang aussi se mange, particulièrement celui du porc, sous forme de boudin. Selon les régions, on l'agrémente de morceaux de gras, d'épinards, d'oignons ou d'épices. Le boudin blanc est une sorte de mousse de viandes blanches enfilée dans un boyau, comme une saucisse, et c'est un aliment plus particulièrement consommé au moment de Noël.

Menu gras et Ustensiles de cuisine,
Jean-Baptiste Chardin (1699-1779)
MUSÉE DU LOUVRE, PARIS
Ce tableau va de paire avec *Ustensiles de ménage, harengs* (voir p. 102), qui représente également, comme son nom l'indique, une collection d'ustensiles, mais avec des harengs suspendus à la place de la viande que l'on voit ci-dessus.

Calendrier, Novembre, la glandée, Pol de Limbourg, miniature des *Très Riches Heures du Duc de Berry*
MUSÉE CONDÉ, CHANTILLY
Pol de Limbourg et ses deux frères devinrent peintres à la cour du duc de Berry en 1411. De toute leur collection de manuscrits, cette série d'enluminures miniatures est la plus splendide. Elle est un exemple du style gothique international, caractérisé, entre autres, par une attention particulière portée sur les détails.

Si la consommation de chair s'est modifiée au cours des siècles, les éleveurs continuent à produire des viandes parmi les meilleures d'Europe. Le bœuf du Charolais est sans égal, à peine concurrencé par le bétail écossais. Le mouton et l'agneau du Lot, des Alpes ou de pré-salé en Normandie sont d'une délicatesse exceptionnelle. Le gigot d'agneau est en France une viande de fête, de repas dominical. Le veau, que les Français aiment d'une chair très blanche, donc d'animaux très jeunes, a toujours été une viande destinée aux personnes délicates (femmes, malades ou aristocrates) et il figure en bonne place dans tous les recueils de recettes à partir du XVIIe siècle. Il est toujours très cuit, et fréquemment servi en sauce, comme pour la « blanquette de veau » où, après une cuisson lente dans un bouillon, il est servi dans son jus, lié au jaune d'œuf et à la crème, assaisonné de jus de citron.

Le porc est, avec le bœuf, la viande la plus consommée, presque depuis les Gaulois. Même les pieds de porc (comme quoi aucun morceau n'est dédaigné !) ont donné lieu à un plat célèbre depuis le Moyen Age : les pieds de cochon à la Sainte-Menehould, qui sont cuits lentement, panés, grillés, puis servis avec une sauce.

Il faut enfin mentionner une viande en voie de disparition, celle de cheval. En effet, les Français, sous l'influence conjuguée des hygiénistes du XIXe siècle et des pressions économiques, se sont mis à manger du cheval, censé être plus fortifiant que le bœuf et considéré même comme un remède contre l'anémie ! Le steak de cheval fut un événement hebdomadaire dans bien des familles jusque dans les années 1960. Mais un fait est à noter : aucun des grands recueils de la cuisine classique ne fait mention de recettes à base de viande de cheval.

La Sieste pendant la saison des foins,
Gustave Courbet (1819-77)
PETIT PALAIS, PARIS
Alors qu'ils habitaient au Havre, en 1868,
Courbet et Manet décidèrent de faire la
connaissance d'Alexandre Dumas, écrivain
célèbre et amateur de bonne chère. Ils
s'entendirent à merveille immédiatement.
Gustave Geffroy, dans sa biographie,
Claude Monet (1922), note que lorsque
Dumas et Courbet n'étaient pas occupés
à converser, ils chantaient ou cuisinaient
ensemble ; Courbet préparait des plats de
sa Franche-Comté natale, tandis que
Dumas confectionnait des spécialités du
monde entier.

Daube de bœuf aux oignons (à g.) ; Pot-au-feu aux trois viandes, sauce verte (à d.)

DAUBE DE BŒUF AUX OIGNONS

Dans les anciennes batteries de cuisine trônait un vénérable récipient en fonte appelé daubière. Sur le potager, à côté du foyer, y mijotaient des heures durant, à tout petit feu, de succulentes viandes arrosées de vin et d'épices : les daubes. C'étaient des mets bourgeois ou populaires, qui nous rappellent aujourd'hui la cuisine de nos grand-mères, les arômes appétissants de plats longuement et amoureusement préparés sur les vieux fourneaux en fonte. Dans le Midi, on les accompagne de pâtes, dans le Nord on les préfère avec des pommes de terre. Cette recette en restitue tout le parfum évocateur.

Pour 4 personnes
1 aiguillette de rumsteck de 1 kg, ficelée
1 kg de gros oignons
300 g de spaghetti moyens

50 g de parmesan finement et fraîchement râpé
7 clous de girofle
sel, poivre

Allumez le four, thermostat 3 (125 °C). Pelez les oignons et coupez-les en rondelles de 1 centimètre d'épaisseur. Salez et poivrez le morceau de viande et piquez-le de clous de girofle.

Tapissez d'oignons le fond d'une cocotte en fonte de 4 litres. Salez. Posez l'aiguillette sur le lit d'oignons. Couvrez la cocotte et glissez-la au four. Laissez cuire pendant 5 heures, en retournant la viande une ou deux fois.

Au bout de 5 heures de cuisson, retirez la cocotte du four et soulevez le couvercle : un parfum délicieux se dégage de la cocotte où tout est doré ; la couleur du grès, celle de la viande et celle des oignons. Retirez la ficelle de la viande.

Dressez la viande sur un plat de service et entourez-la de la moitié des oignons séparés en anneaux. Couvrez le plat d'une feuille d'aluminium ou gardez-le au chaud dans le four éteint.

Faites bouillir de l'eau dans une marmite. Salez-la et plongez-y les spaghetti. Faites-les cuire *al dente*.

Passez le reste des oignons avec leur jus (il est très court) au moulin à légumes, grille moyenne, au-dessus d'une grande casserole. Lorsque les *spaghetti* sont cuits, égouttez-les et jetez-les dans la casserole. Mélangez 1 minute sur feu doux puis versez les *spaghetti* dans un plat creux.

Servez la viande garnie de rondelles d'oignons et les *spaghetti* en même temps. Poudrez les *spaghetti* de fromage et de poivre au moment de les déguster, comme accompagnement de la viande, fondante, que vous servirez à la cuiller.

POT-AU-FEU AUX TROIS VIANDES, SAUCE VERTE

Tous les pays d'Europe ont leur version de ce type de bouilli, mais chez nous, il fut pendant longtemps le critère infaillible permettant de reconnaître les bonnes cuisinières. Dans bien des provinces, ce fut le plat du dimanche, et la seule occasion de consommer de la viande dont on tirait le maximum : bouillon, chair bouillie et légumes. Les restes de viande froide étaient accommodés les jours suivants en « bœuf miroton ». C'était en quelque sorte la version bovine de la poule au pot. Comme la daube, le pot-au-feu est l'un des mets les plus évocateurs des anciennes traditions culinaires.

Pour 6 personnes
800 g de bœuf
(paleron, macreuse, gîte, milieu de poitrine...)
600 g d'épaule d'agneau
600 g de jarret de veau
1 grosse carotte
2 côtes de céleri avec leurs feuilles
6 brins de persil
3 gousses d'ail
1 feuille de laurier
1 brin de thym
1 oignon de 50 g
3 clous de girofle
1 cuillerée à café de poivres mélangés
2 cuillerées à café de gros sel de mer

Pour les légumes
18 petites carottes
12 petits navets
12 blancs de poireaux
12 petites pommes de terre
3 cœurs de céleri
Pour la sauce
4 filets d'anchois
1 gousse d'ail
8 cerneaux de noix
20 g de mie de pain blanc
les feuilles de 12 brins de persil plat
1 cuillerée à soupe de câpres égouttées
6 petits cornichons
2 échalotes
1 œuf dur
2 cuillerées à soupe de vinaigre
1 dl d'huile d'olive

Pelez la carotte et lavez-la, avec la côte de céleri et les brins de persil. Coupez la carotte en 4 tronçons. Liez avec un fil de cuisine céleri, persil, thym et laurier. Pelez l'oignon et piquez-le de clous de girofle.

Rincez les viandes et mettez-les dans une grande marmite. Ajoutez la carotte, l'oignon, le bouquet d'aromates, le sel, le poivre et les gousses d'ail entières. Couvrez largement d'eau froide. Portez lentement à ébullition puis laissez cuire à tout petits frémissements pendant 4 à 5 heures. Écumez pendant la première demi-heure. Lorsque les viandes sont cuites, retirez du bouillon les légumes et les aromates. Laissez reposer le bouillon 30 minutes environ (ou plusieurs heures si vous en avez le temps) et retirez le gras qui surnage. Préparez les légumes : pelez les carottes, les navets les pommes de terre et les poireaux. Lavez-les, avec les cœurs de céleri, et laissez-les entiers. Mettez-les dans une sauteuse anti-adhésive de 28 centimètres et couvrez-les aux 2/3 de bouillon dégraissé. Couvrez et laissez cuire les légumes à feu doux, pendant 20 minutes environ, jusqu'à ce qu'ils soient tendres et qu'il n'y ait plus de liquide dans la sauteuse.

Préparez la sauce verte : pelez la gousse d'ail et mettez-la dans le bol d'un robot. Lavez le persil et mettez les feuilles dans le bol avec les anchois, les noix, la mie de pain, les câpres, les cornichons, les échalotes pelées, l'œuf coupé en quatre, l'huile et le vinaigre. Mixez rapidement et versez en saucière.

Réchauffez le bouillon et les viandes. Servez le bouillon en tasses, les viandes en tranches, entourées des légumes.

BŒUF À LA FICELLE, CÉLERI ET CHANTERELLES

Les Français, qui ont longtemps méprisé la cuisine anglaise parce que, disaient-ils, tout y était bouilli, ne pensent pas toujours que cette technique culinaire de base fait également partie de leurs traditions. Ce plat succulent montre à quel point un tel type de cuisson permet de réaliser des plats relativement simples mais d'une extraordinaire finesse, grâce entre autres aux champignons sauvages, dont le goût ne sera jamais égalé par les humbles champignons de Paris.

Pour 4 personnes
*4 pavés de bœuf de 150 g chacun, de 3 cm
d'épaisseur
(cœur de rumsteck, filet ou queue de filet)
les feuilles vertes de 6 côtes de céleri
les jeunes feuilles jaunes de 1 cœur de céleri*

*400 g de petites chanterelles
1 échalote grise
4 cuillerées à soupe de crème liquide
1 cuillerée à soupe 1/2 de vin muscat
1 cuillerée à soupe de grains de poivre noir
1 cuillerée à soupe de gros sel de mer
30 g de beurre
sel, poivre*

Ficelez les pavés de bœuf en croix, en formant au centre une boucle de 6 centimètres de long. Coupez la partie dure du pied des chanterelles mais laissez-les entières. Lavez-les rapidement et épongez-les. Rincez les feuilles de céleri. Épongez les feuilles tendres et ciselez-lez : réservez-en 3 cuillerées à soupe. Pelez l'échalote et hachez-la finement.
Faites bouillir de l'eau dans une cocotte de 4 litres. Ajoutez le gros sel, les grains de poivre et les feuilles vertes de céleri.

Bœuf à la ficelle, céleri et chanterelles

Dans une poêle anti-adhésive de 26 centimètres, faites fondre le beurre et l'échalote sans la faire dorer, 3 minutes. Ajoutez les chanterelles et faites-les cuire 5 minutes à feu vif, en les tournant sans cesse, jusqu'à ce qu'elles ne rendent plus d'eau. Salez et arrosez de vin muscat. Lorsqu'il s'est évaporé, ajoutez la crème et laissez cuire 2 minutes : la crème réduit et blondit. Retirez du feu.

Faites glisser les boucles des ficelles des pavés de viande sur le manche d'une cuiller en bois. Placez la cuiller sur la cocotte : les pavés en suspension dans l'eau en ébullition cuiront parfaitement. Comptez 4 minutes pour une cuisson rosée. Retirez les pavés de la cocotte et répartissez- les dans quatre assiettes chaudes.

Ajoutez les jeunes feuilles de céleri ciselées aux chanterelles et faites chauffer 30 secondes, en remuant. Entourez les pavés de viande de chanterelles et servez aussitôt.

Les chanterelles peuvent être remplacées par d'autres champignons sauvages : petits cèpes en lamelles, pieds de mouton, mousserons, trompettes de la mort...

TARTARE AUX ÉPICES ET AUX HERBES

Selon une légende tenace, on raconte que les envahisseurs barbares (Huns, Tartares et autres Attilas déferlant sur l'Est de notre pays il y a quelque mille ans) se nourrissaient de viande crue qu'ils attendrissaient en les plaçant quelques heures sous la selle de leur cheval : d'où le nom de steak tartare pour des préparations réalisées à partir de viande hachée crue. Cette version est plus légère que la recette classique qui exige un jaune d'œuf cru pour lier le tout.

Pour 4-5 personnes
700 g de bœuf maigre haché, très froid
1 cuillerée à soupe de moutarde douce
2 cuillerées à soupe de jus de citron
2 cuillerées à soupe de crème fraîche épaisse
2 cuillerées à soupe d'huile d'olive fruitée
6 cuillerées à soupe de persil plat ciselé
1 cuillerée à soupe de basilic ciselé
2 cuillerées à soupe de ciboulette ciselée
2 cuillerées à café de fine champagne ou de cognac
1/3 de cuillerée à café de cumin en poudre

Tartare aux épices et aux herbes

1/3 de cuillerée à café de cayenne en poudre
1/2 cuillerée à café de poivre noir moulu
3/4 de cuillerée à café de sel de mer fin

Mettez la moutarde dans un bol. Ajoutez le jus de citron, la crème, l'huile, le cognac, le cumin, le cayenne, le sel et le poivre. Mélangez bien puis ajoutez le persil, le basilic et la ciboulette.

Dans une terrine, mélangez intimement, à l'aide de deux fourchettes, la viande hachée et le contenu dans le bol, en aérant la préparation plutôt qu'en l'écrasant ou en la tournant.

Répartissez le tartare dans des assiettes, en formant des dômes. Accompagnez de salades et de pain grillé ou de galettes de pommes de terre râpées.

Décembre, l'abattage du cochon, enluminure *in Le Bréviaire d'amour*
ESCURIAL, MADRID, (XIIIᵉ S.)

CÔTE DE BŒUF À LA MOELLE

À Paris, autrefois, les restaurants situés autour des abattoirs de La Villette servaient les meilleures viandes qui fussent. Onglet, bavette, entrecôte et autres bons morceaux, choisis sur place, passaient presque directement du producteur au consommateur. Pour les sauces au vin qui accompagnaient ces plats, les quais de Bercy, un peu plus au sud de la ville, fournissaient tous les crus désirés, à partir de leurs grands entrepôts où s'accumulaient tonneaux et barriques venus de toutes les régions viticoles. La côte de bœuf, tendre, goûteuse et saignante, a toujours été une pièce de choix pour les amateurs de viande rouge. Quant à la moelle, délicatement retirée des gros os et tartinée sur une fine tranche de pain grillé, elle offre un accompagnement de choix, et dans la plus pure des traditions.

Pour 4 personnes
1 côte de bœuf de 1,3 kg, de 4 cm d'épaisseur
8 tranches de moelle de 2 cm d'épaisseur
75 g d'échalotes grises
50 g de jeune persil frisé ciselé
1,5 dl de vin blanc sec
50 g de beurre mou
1 cuillerée à soupe 1/2 d'huile d'arachide
1 cuillerée à café de poivre mignonnette
sel, poivre

Demandez à votre boucher de parer la viande et de raccourcir l'os au maximum.
Dans un saladier rempli d'eau froide salée, laissez dégorger les tranches de moelle 12 heures.
Au bout de ce temps, égouttez la moelle. Épongez

la viande. Huilez-la de toutes parts avec 1/2 cuillerée à soupe d'huile. Salez-la et poivrez-la et laissez-la séjourner 1 heure à température ambiante avant de la faire cuire. Pelez les échalotes et hachez-les finement.
Huilez le fond et les parois d'une cocotte pouvant juste contenir la côte de bœuf. Posez-la sur un feu moyen et faites dorer la viande 10 minutes. Retournez-la et laissez-la dorer encore 10 minutes.
Lorsque la viande a cuit 20 minutes, retirez-la de la cocotte et posez-la sur une assiette retournée dans un plat creux, pour éviter qu'elle ne baigne dans le jus qu'elle va rendre.
Jetez l'huile de cuisson et mettez les échalotes dans la cocotte. Ajoutez 1 noix de beurre et mélangez 1 minute sur feu doux. Ajoutez le persil et du sel et 1 minute plus tard, le vin. Laissez cuire 5 minutes environ, jusqu'à ce que le vin se soit évaporé. Versez dans la cocotte le jus rendu par la viande. Faites bouillir puis retirez la cocotte du feu et ajoutez le reste de beurre, en noisettes, et le poivre mignonnette, en fouettant. Répartissez la sauce dans six assiettes chaudes.
Faites bouillir de l'eau dans une casserole et plongez-y les tranches de moelle. Laissez-les frémir 2 minutes puis égouttez-les.
Découpez la côte de bœuf en tranches de 1 centimètre et répartissez-les dans les assiettes sur la sauce. Posez deux tranches de moelle pochée dans chaque assiette et servez aussitôt.
Accompagnez de galettes de pommes de terre râpées.

BŒUF AUX CAROTTES

Dans les milieux où l'on ne pouvait se payer les ingrédients de la grande cuisine classique des riches, on consommait surtout des bas morceaux. Il n'empêche que sur les plus humbles fourneaux, des préparations longuement mijotées permettaient d'accommoder les morceaux « à braiser » de manière tout à fait délicieuse. Le bœuf aux carottes — dont on peut imaginer qu'au début du siècle les succulentes effluves envahissaient volontiers les cages d'escaliers des immeubles populaires parisiens — est un excellent exemple de la perfection que peut atteindre ce type de cuisson lente.

Pour 6 personnes
1,5 kg de bœuf à braiser
(gîte-gîte, macreuse ou paleron)
1,5 kg de carottes

Côte de bœuf à la moelle (à g.) ; Bœuf aux carottes (à d.)

150 g de couenne fraîche dégraissée
10 jeunes feuilles de céleri
5 cl de cognac
4 pincées de noix muscade râpée
2 gousses d'ail
1 brin de thym
2 clous de girofle
1 cuillerée à soupe 1/2 de jus de citron
3 cuillerées à soupe d'huile d'arachide
sel, poivre

Demandez à votre boucher de ficeler la viande sans toutefois la larder, ni la barder. Pelez les carottes, lavez-les, coupez-les en rondelles de 1/2 centimètre d'épaisseur. Coupez la couenne en rectangles de 1,5 × 3 centimètres. Plongez les 2 minutes dans l'eau bouillante puis égouttez-les.

Tapissez des deux tiers de la couenne une cocotte en fonte d'une contenance de 4 litres. Pelez les gousses d'ail, coupez-les en quatre, en éliminant le germe.

Allumez le four, thermostat 4 (150 °C). Faites chauffer l'huile dans une sauteuse anti-adhésive de 28 centimètres. Ajoutez rondelles de carottes, ail, thym, laurier et girofle. Faites dorer les carottes à feu plutôt vif, 7 à 8 minutes environ, jusqu'à ce qu'elles caramélisent. Poudrez-les de sel et de noix muscade. Retirez-les avec une écumoire et réservez-les dans une terrine, avec leurs aromates.

Faites dorer la viande sur toutes ses faces pendant 5 minutes. Salez, poivrez puis arrosez de cognac et laissez-le s'évaporer.

Mettez la viande dans la cocotte, entourez-la de carottes et glissez les feuilles de céleri sous les carottes. Couvrez la viande du reste de couennes. Couvrez la cocotte d'un papier sulfurisé huilé et posez le couvercle par-dessus. Mettez la cocotte au four et laissez cuire 4 heures.

Au bout de ce temps, la viande est tendre (la pointe d'un couteau la transperce facilement) si ce n'est pas le cas, prolongez la cuisson de 30 minutes à 1 heure).

Servez la viande en tranches, entourée des carottes confites et des petits morceaux de couenne qui ont donné un jus court et sirupeux. Arrosez les carottes de jus de citron et poivrez au moment de déguster.

161

RÔTI DE BŒUF EN CROÛTE DE POIVRES

Le mot « rosbif » nous est bien entendu venu des Anglais. Il désigne tout simplement un rôti de bœuf, tout à fait délicieux quand il est consommé saignant et très tendre. Il y a une trentaine d'années — avant la bouffée d'air frais qu'allaient apporter sur les tables des chefs révolutionnaires comme Michel Guérard — le rosbif aux haricots verts du dimanche (excellent certes mais peu varié !) s'imposait comme une véritable institution. Dans cette recette, la croûte de poivres donne à la viande un arôme et une saveur délectables.

Pour 4 personnes
800 g de cœur de rumsteck
1 cuillerée à café de grains de poivre noir
1 cuillerée à café de grains de poivre blanc
1 cuillerée à café de poivre vert lyophilisé
1 cuillerée à café de fleurs de thym
1 cuillerée à café rase de gros sel de mer
1/2 cuillerée à café d'huile d'arachide

Demandez à votre boucher de préparer un rôti d'égale épaisseur (6 centimètres de diamètre) et de le ficeler, sans le barder. Laissez la viande séjourner 1 heure à température ambiante avant de la faire cuire.
Allumez le four, thermostat 10 (300 °C). Glissez dans le four un plat en fonte ou en porcelaine à feu, pouvant largement contenir le rôti.

Rôti de bœuf en croûte de poivres

Mettez les trois poivres et le gros sel dans un mortier. Pilez le tout puis ajoutez le thym et mélangez. Épongez la viande et badigeonnez-la d'huile. Enrobez-la uniformément du mélange poivres-gros sel contenu dans le mortier.
Placez une grille dans le plat afin que la viande ne soit pas en contact avec le plat mais entourée d'une chaleur égale qui se répartira sur toutes ses faces. Posez la viande sur la grille et laissez cuire pendant 25 minutes. Éteignez ensuite le four et laissez reposer le rôti 10 minutes dans le four éteint sans l'ouvrir.
Coupez le rôti en tranches de 1 centimètre d'épaisseur : elles sont uniformément cuites et rosées. Rangez-les dans un plat chaud et servez. Accompagnez de purée de pommes de terre.
Ce rôti est tout aussi excellent froid. Retirez-le du four après 10 minutes de repos puis laissez-le refroidir sur la grille afin que la viande ne baigne pas dans le jus qu'elle va rendre — si peu abondant soit-il. Servez-le en très fines tranches, avec une salade, des oignons frais, des olives...

SAUTÉ DE VEAU PRINTANIER

Dans *La Maison Rustique*, publié en 1745, cette recette porte le nom de « Longe de veau en ragoût ». À partir du Moyen Age, le veau est considéré comme une chair pour aristocrates, pour personnes de constitution délicate. On l'estime plus digeste, moins grossière que le bœuf ou les viandes rouges. Cette idée de délicatesse s'est maintenue jusqu'à nos jours où, malgré les avatars de la viande aux hormones de ces années

> Il faut le larder de gros lardons assaisonnez de sel et poivre : vous la faites cuire à la broche, étant presque cuite, vous la tirez et la mettez dans une casserole avec bouillon, un verre de vin blanc, un bouquet de fines herbes, champignons, morilles ; et mousserons, culs-d'artichauts, pointes d'asperges felon la saison, mettez-y le dégoût de la longe et un peu de farine, laiffez mitonner le tout jusqu'à ce que la sauce foit courte, enfuite dreffez-la dans un plat...

passées, le veau est une chair qui, dans l'esprit populaire, conserve sa caractéristique de viande de luxe.

Pour 6 personnes
1 filet mignon de veau de 1,2 kg environ
pour y découper des grenadins
4 cœurs d'artichauts, 24 petites asperges vertes
200 g de petits champignons sauvages

(mousserons, morilles, cèpes...)
150 g d'échalotes
4 cuillerées à soupe de vermouth blanc sec
1 dl de vin blanc sec, 1 dl de bouillon de volaille
1 cuillerée à café de poivre mignonnette
1 cuillerée à soupe d'huile d'arachide
50 g de beurre
sel, poivre

Salez et poivrez le filet mignon de veau. Pelez les échalotes et hachez-les menu.

Faites chauffer l'huile dans une cocotte ovale. Ajoutez 30 grammes de beurre. Dès qu'il est fondu, faites dorer tous les côtés de la viande et les échalotes, 15 minutes environ, à feu doux.

Faites réduire le vermouth dans la cocotte, ajoutez le vin et laissez cuire 1 heure à feu doux et à couvert. Retournez plusieurs fois la viande en cours de cuisson.

Pendant ce temps, réservez 7 centimètres de pointes d'asperges. Coupez les cœurs d'artichauts en quatre puis chaque quart en trois lamelles. Rincez les champignons et épongez-les.

Au bout de 1 heure et demie de cuisson, versez dans la cocotte le bouillon et les légumes. Laissez cuire 20 minutes en tournant encore une fois.

Lorsqu'ils sont cuits, retirez viande et légumes de la cocotte et réservez au chaud. Faites réduire le jus de cuisson jusqu'à ce qu'il soit très sirupeux, incorporez alors le reste de beurre en fouettant : la sauce ainsi obtenue est très courte, liée et ambrée.

Coupez le rôti en tranches et dressez-les dans un plat de service chaud. Entourez-les de légumes, nappez de sauce et servez aussitôt.

Sauté de veau printanier

Blanquette de veau (à g.) ; Paupiettes de veau (à d.)

BLANQUETTE DE VEAU

C e plat, grand classique de notre cuisine française, n'a guère changé depuis le XVIIIᵉ siècle, tout y est : viande tendrement bouillie, sauce veloutée, crème, jus de citron... C'est un mets admirable qui nécessite du savoir-faire pour en réussir la parfaite liaison. Excellent exemple des techniques de la grande cuisine.

Pour 4 personnes
700 g d'épaule de veau
500 g de tendron de veau
1/2 l de consommé de volaille
3 belles carottes
4 feuilles tendres de céleri
1 gousse d'ail
1 échalote grise

1 oignon de 50 g
125 g de crème fraîche épaisse
2 cuillerées à café de jus de citron
sel, poivre

Demandez à votre boucher de couper le tendron en tranches de 1,5 centimètre d'épaisseur et l'épaule en dés de 3 centimètres.

Faites bouillir de l'eau dans une grande marmite et plongez-y les morceaux de viande. Laissez bouillir 1 minute puis égouttez la viande et rincez-la sous l'eau froide. Le bouillon ainsi obtenu est très clair et il sera inutile d'écumer pendant la cuisson.

Versez le consommé dans une cocotte de 5 litres. Ajoutez autant d'eau et portez à ébullition. Pelez la gousse d'ail, l'oignon, l'échalote et les carottes.

Coupez les carottes en rondelles de 1/2 centimètre et hachez menu oignon et échalote. Mettez-les dans la cocotte avec les feuilles de céleri. Couvrez la cocotte et laissez cuire 1 heure 40 à petits frémissements.

Au bout de ce temps, versez le contenu de la cocotte dans une passoire au-dessus d'une casserole. Éliminez l'ail et remettez la viande et les légumes dans la cocotte. Faites réduire le bouillon de cuisson jusqu'à 2 décilitres environ. Ajoutez la crème et le jus de citron et fouettez pendant 1 minute. Versez ce jus réduit, onctueux et parfumé sur la viande et laissez réchauffer 5 minutes sur feu très doux. Servez aussitôt.

PAUPIETTES DE VEAU

Ces fines escalopes farcies font partie de notre patrimoine culinaire depuis environ trois siècles. Elles ont figuré en bonne place, avec le bœuf aux carottes ou le bœuf bourguignon, au menu des restaurants populaires entre les deux guerres.
Pour les jeunes d'aujourd'hui, elles font partie des succulents « plats de grand-mère ».

Pour 4 personnes
8 très fines escalopes de veau de 80 g chacune
1 cuillerée à soupe de vermouth blanc sec
1 cuillerée à soupe de porto ou de madère
50 g de crème fraîche épaisse
1 brin d'estragon
25 g de beurre
sel, poivre

100 g de jambon cuit
70 g de jambon cru
150 g de petits champignons de Paris
30 g de mie de pain brioché
5 cl de lait
1 œuf
2 échalotes
6 cerneaux de noix
40 g d'emmental râpé
1 cuillerée à soupe de persil plat ciselé
1 cuillerée à café d'estragon ciselé
4 pincées de noix muscade râpée
20 g de beurre
sel, poivre

Demandez à votre boucher d'aplatir très finement les escalopes. Salez-les et poivrez-les légèrement sur les deux faces.

Coupez le pied des champignons au ras des chapeaux ; lavez-les, épongez-les et hachez-les finement. Pelez les échalotes et hachez-les menu. Réduisez la mie de pain en fine semoule et mettez-la dans un bol ; ajoutez lait et cognac. Hachez grossièrement les deux jambons et les noix.
Faites fondre le beurre dans une poêle anti-adhésive de 22 centimètres. Ajoutez les champignons et mélangez 3 minutes sur feu vif, jusqu'à ce qu'ils dorent légèrement. Ajoutez les échalotes, mélangez 1 minute puis ajoutez les jambons et les noix. Mélangez encore 1 minute puis versez dans un saladier. Mélangez et ajoutez le persil et l'estragon, le pain trempé, noix muscade, sel et poivre. Cassez l'œuf au-dessus du saladier et mélangez bien. Garnissez chaque escalope d'1/8 de farce, roulez-les et ficelez-les avec du fil de coton blanc.
Dans une sauteuse anti-adhésive de 26 centimètres, faites dorer les paupiettes de tous côtés pendant 10 minutes. Versez le vermouth, laissez-le s'évaporer puis versez 2 cuillerées à soupe d'eau. Couvrez et laissez cuire 30 minutes à feu doux, en retournant régulièrement.
Retirez les paupiettes et réservez-les entre deux assiettes. Versez le madère dans la sauteuse et laissez réduire le jus jusqu'à ce qu'il soit sirupeux. Ajoutez alors la crème et le jus de la viande.
Mélangez jusqu'à obtention d'une sauce onctueuse et remettez les paupiettes. Laissez-les réchauffer 2 minutes sur feu doux puis dressez dans un plat creux. Nappez-les de sauce et servez. Accompagnez de pâtes fraîches ou de riz brun.

Tapisserie de la reine Mathilde (vers 1080) : *Cuisiniers faisant cuire des viandes dans une marmite ;* BAYEUX

JARRET DE VEAU AUX ÉCHALOTES CONFITES

V ersion remaniée de la daube traditionnelle, le jarret de veau ainsi préparé se caractérise par une longue cuisson, où viande et légumes confisent doucement, donnant une chair tellement tendre qu'on pourrait la manger à la cuiller.

Pour 4 personnes
1 jarret arrière de veau de 1,3 kg
12 grosses échalotes nouvelles
5 cl de sauternes
ou de vin muscat blond (rivesaltes)
1 brin de thym
3 clous de girofle
3 cuillerées à soupe de gros sel de mer
1 cuillerée à soupe d'huile
sel, poivre

Roulez le jarret dans le gros sel et laissez-le macérer 1 heure. Au bout de ce temps, allumez le four, thermostat 4 (150 ºC). Mettez le jarret rincé et épongé dans une cocotte en fonte de 24 centimètres de diamètre.

Pelez et huilez les échalotes. Entourez-en le jarret. Ajoutez thym et clous de girofle. Versez le vin et couvrez la cocotte. Glissez-la dans le four chaud et laissez cuire 3 heures en retournant.

En fin de cuisson, la viande est dorée et se détache de l'os. Réservez-la sur un plat, avec les échalotes. Faites réduire le jus de cuisson dans une casserole, jusqu'à obtenir une couleur ambrée. Ajoutez alors 2 cuillerées à soupe d'eau.

Servez le jarret et ses échalotes confites, chauds, avec le jus à part. Accompagnez d'une purée de pommes de terre.

Jarret de veau aux échalotes confites

Pièce de veau aux lardons

PIÈCE DE VEAU AUX LARDONS

Les lardons fumés, surtout dans le Nord, font traditionnellement partie des ragoûts et des viandes mijotées. Ici, dans une cuisson plus légère, en association avec des aromates méditerranéens, ils confèrent à la viande de veau un arôme des plus appétissants.

Pour 2 personnes
500 g de quasi ou culotte de veau
(en une tranche de 3 cm d'épaisseur)
2 tranches de lard de poitrine fumé de 1 cm
d'épaisseur
12 olives de Nyons
12 gousses d'ail
1 cuillerée à café de brindilles de romarin
6 feuilles de sauge, 3 feuilles de laurier
2 cuillerées à soupe de vermouth blanc sec
2 cuillerées à soupe d'huile
1/2 cuillerée à café de poivre concassé fin
sel

Huilez, salez et poivrez la viande sur les deux faces. Laissez reposer 30 minutes.

Pelez les gousses d'ail et coupez la poitrine fumée en bâtonnets de 1/2 centimètre de large.

Versez le reste d'huile dans une cocotte en fonte de 23 centimètres de diamètre. Ajoutez lard, gousses d'ail, romarin, sauge et laurier. Mélangez le tout. Posez la viande et laissez-la cuire 8 minutes de chaque côté, en remuant ail et lardons régulièrement en cours de cuisson.

Puis, retirez la viande et réservez-la au chaud entre deux assiettes. Laissez cuire ail et lardons encore 5 minutes, en remuant, sur feu doux.

Jetez le gras et versez le vermouth dans la cocotte. Mélangez et dès qu'il s'est évaporé, ajoutez 2 cuillerées à soupe d'eau et le jus de la viande. Mélangez. Remettez la viande et laissez-la réchauffer 3 minutes à feu doux, en la retournant.

Dressez la viande sur un plat, entourez-la d'ail et de lardons et nappez de jus. Servez chaud avec une purée de pommes de terre.

Côtes de veau au poivre (en h.) ; Foie de veau à l'aigre-doux (en b.)

CÔTES DE VEAU AU POIVRE

C'est une viande que nous aimons bien blanche, contraire-ment à nos voisins italiens. Pour être parfait, le veau doit être très jeune et très tendre. Sa chair un peu fade demande à être relevée par des sauces subtiles. Ces dernières années, il avait été un peu délaissé par les consommateurs qui se méfiaient des élevages intensifs et des animaux traités aux hormones. Aujourd'hui, certains éleveurs, conscients de l'importance d'une production de qualité, se sont mis à élever des veaux « sous la mère », de manière traditionnelle, offrant une chair incomparable-ment meilleure.

Pour 2 personnes
2 côtes de veau dans le filet de 250 g chacune
1 cuillerée à café de poivre concassé
1 cuillerée à soupe de miel de fleurs
3 cuillerées à soupe de vermouth blanc sec
1 cuillerée à soupe de jus de citron
1 cuillerée à soupe d'huile d'arachide
sel

Épongez les côtes de veau. Salez-les sur les deux faces.
Faites chauffer l'huile dans une poêle anti-adhésive de 24 centimètres. Faites-y cuire les côtes 5 minutes de chaque côté, sur feu doux, puis réservez-les au chaud.

Jetez l'huile et versez le miel dans la poêle. Laissez-le caraméliser puis ajoutez le poivre, le vermouth et le jus de citron. Laissez réduire de moitié puis ajoutez le jus de la viande et laissez encore réduire de moitié : vous obtenez une sauce onctueuse. Retirez du feu et passez les côtes de veau 30 secondes dans la sauce, sur les deux faces. Rangez-les dans deux assiettes chaudes et servez aussitôt avec des endives à la crème.

FOIE DE VEAU À L'AIGRE-DOUX

L e foie de veau a toujours été considéré comme une nourriture extrêmement reconstituante et nourrissante. On en achète pour les enfants, les convalescents, les vieillards. C'est effectivement un abat de choix, au goût exquis. Il doit être servi rosé, c'est-à-dire légèrement saignant, afin de conserver toute sa tendresse.

Pour 4 personnes
4 tranches de foie de veau de 175 g chacune
2 cuillerées à soupe de vermouth blanc sec
2 cuillerées à soupe de vinaigre balsamique
4 cuillerées à soupe de jus de citron
2 cuillerées à café de miel d'acacia ou mille-fleurs
1 cuillerée à café de poivre concassé
1 cuillerée à soupe d'huile d'olive
40 g de beurre, sel

Épongez les tranches de foie. Faites chauffer l'huile dans une poêle anti-adhésive de 28 centimètres. Ajoutez une noix de beurre et faites-y cuire les tranches de foie 3 minutes de chaque côté, sur feu doux. Le foie peut être cuit rosé ou à point. Salez à mi-cuisson. Retirez les tranches de foie de la poêle et gardez-les au chaud.

Jetez le gras de cuisson et versez le vermouth dans la poêle. Grattez le fond de la poêle avec une spatule pour détacher les sucs de cuisson du foie. Lorsque le vermouth s'est évaporé, ajoutez le miel et laissez-le caraméliser jusqu'à ce qu'il devienne ambré. Ajoutez le poivre, le vinaigre et dès qu'il s'est évaporé, le jus de citron. Laissez bouillir 30 secondes puis versez le jus rendu par les tranches de foies.

Après 10 secondes d'ébullition, remettez le foie dans la poêle 5 secondes de chaque côté.

Dressez dans quatre assiettes chaudes et nappez-les de sauce. Servez avec une purée.

Femme faisant paître sa vache (1858), Jean-François Millet ; MUSÉE DE L'AIN, BOURG-EN-BRESSE

GIGOT D'AGNEAU À LA PURÉE D'AIL

Le gigot d'agneau est l'un de nos grands rôtis du dimanche. Les élevages de Corrèze, du Lot, de Haute-Provence, entre autres, sans parler des célèbres moutons de pré-salé, fournissent une chair savoureuse et tendre. On consomme de préférence les agneaux ; le mouton à la saveur plus robuste n'est plus guère prisé. L'ail est le condiment indispensable et classique pour cette viande.

Pour 6 personnes
1 gigot d'agneau paré de 1,7 kg
20 grosses gousses d'ail nouveau
1/2 cuillerée à soupe de brindilles de romarin
1/2 cuillerée à soupe de fleurs de thym
2 cuillerées à soupe d'huile d'arachide
1 noix de beurre
sel, poivre

Allumez le four, thermostat 8 (250 °C). Débarrassez les gousses d'ail des premières peaux mais laissez la dernière : ainsi, vous aurez des gousses d'ail en chemise. Pelez une de ces gousses d'ail et coupez-la en 6 lamelles. Mélangez dans un bol, romarin, thym, 1/2 cuillerée à café de sel fin et du poivre du moulin. Roulez les lamelles d'ail dans ce mélange.

Piquez six fois le gigot avec la pointe d'un couteau et glissez une lamelle d'ail aromatisée dans chaque fente. Huilez légèrement le gigot et enrobez-le du reste du mélange d'aromates. Huilez un grand plat en fonte, posez une grille dedans et mettez le gigot sur la grille, côté bombé vers le bas. Huilez les gousses d'ail en chemise et glissez-les sous le gigot. Glissez le plat au four. Laissez cuire 20 minutes puis retournez le gigot, baissez le thermostat à 7 (225 °C) et laissez cuire encore 25 minutes, en surveillant les gousses d'ail ; retournez-les et vérifiez que le jus ne brûle pas ; il doit seulement caraméliser.

Après 45 minutes de cuisson, retournez le gigot et laissez-le reposer 10 minutes dans le four éteint. Au moment de servir, jetez la graisse de cuisson. Ajoutez un peu d'eau dans le plat si le jus est caramélisé puis versez dans une saucière et ajoutez la pulpe écrasée de 2 gousses d'ail.

Posez le gigot sur un plat, entouré des gousses d'ail en chemise. Vous les dégusterez en même temps que la viande et ses légumes d'accompagnement.

Le Jambon (1889), Paul Gauguin ; THE PHILLIPS COLLECTION, WASHINGTON

Gigot d'agneau à la purée d'ail

Haricot de mouton (en b.) ; Agneau aux pommes nouvelles (en h.)

HARICOT DE MOUTON

On retrouve des ragoûts de ce type dans de très anciens livres de recettes, entre autres dans *Le Ménagier de Paris*. S'y sont rajoutés, au cours des siècles, les haricots venus d'Amérique, remplaçant pois et fèves, et les tomates venues du même continent. Le haricot de mouton a traversé les siècles et continue de figurer dans tous les classiques de la cuisine. L'agneau, qui semble mieux correspondre au goût de nos contemporains, a remplacé le mouton.

Pour 6 personnes
1,6 kg d'agneau (épaule, collier et poitrine mélangés)
750 g de haricots blanc frais
18 petits oignons nouveaux, ronds
200 g de tomates mûres
1 dl de vin blanc sec
3 dl de bouillon de volaille
2 gousses d'ail, 2 échalotes
1 carotte, 2 côtes de céleri

1 cuillerée à café de sucre semoule
1 cuillerée à soupe d'huile
50 g de beurre
sel, poivre

Coupez la viande en cubes de 5 centimètres. Salez-les et poivrez-les. Pelez et hachez finement la carotte, les échalotes et les gousses d'ail. Coupez les gousses d'ail en deux.
Ébouillantez les tomates 10 secondes, puis rafraîchissez-les sous l'eau courante, pelez-les, coupez-les en deux et éliminez-en les graines. Hachez finement la pulpe.
Faites chauffer l'huile dans une cocotte en fonte de 6 litres. Ajoutez le beurre et faites-y dorer les cubes de viande de tous côtés. Ajoutez les légumes hachés et les gousses d'ail et mélangez 5 minutes sur feu doux. Versez alors le vin et laissez-le s'évaporer en remuant. Ajoutez les tomates et le bouillon et laissez cuire 30 minutes.

Pelez les oignons et ôtez-en la tige verte ; lavez-les et épongez-les. Écossez les haricots.

Lorsque la viande est cuite, ajoutez oignons et haricots. Mélangez et laissez cuire encore 1 heure 30, jusqu'à ce que viandes et légumes soient très tendres. Servez aussitôt.

AGNEAU AUX POMMES NOUVELLES

V oici un bel exemple de plat printanier : agneau de Pâques, fines pommes de terre et carottes nouvelles, délicat cerfeuil. C'est une version allégée des ragoûts plus anciens.

Pour 5-6 personnes
1 épaule d'agneau de 1,3 kg, désossée et dégraissée
400 g de toutes petites pommes de terre nouvelles
1 pomme de terre à chair farineuse de 150 g :
bintje
(pour lier le jus)
250 g de carottes nouvelles
100 g d'oignons nouveaux
2 cuillerées à soupe de cerfeuil ciselé
1 cuillerée à café de vinaigre balsamique
60 g de beurre
sel, poivre

Coupez la viande en cubes de 3 centimètres. Salez, poivrez. Pelez, lavez et coupez les carottes en rondelles de 3 millimètres. Pelez, lavez et hachez les oignons. Pelez, lavez et râpez la pomme de terre farineuse. Dans une cocotte, faites à peine blondir la viande à feu doux, pendant 5 minutes, en la tournant. Retirez-la et réservez-la. Faites cuire les oignons 2 minutes dans la cocotte, en remuant : ils ne doivent pas blondir. Ajoutez la pomme de terre et les carottes. Remettez l'agneau et mouillez de 1/4 de litre d'eau chaude.

Couvrez et laissez cuire 1 heure 30, à feu très doux. Pendant ce temps, pelez, rincez et épongez les pommes de terre nouvelles. Au bout de 1 heure 30, ajoutez les pommes de terre dans la cocotte. Salez encore un peu et poivrez. Laissez cuire 25 à 30 minutes ; les pommes de terre doivent être très tendres. Retirez du feu.

Versez le vinaigre dans la cocotte. Mélangez délicatement puis ajoutez le cerfeuil et mélangez à nouveau. Servez dans un plat.

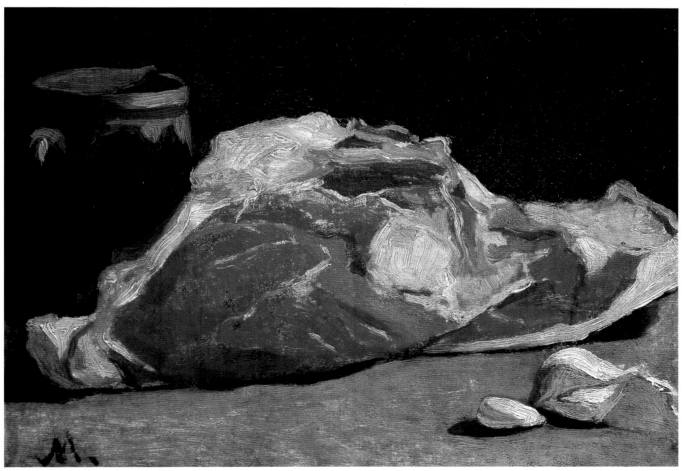

Nature morte : Le Quartier de viande, Claude Monet (1840-1926) MUSÉE D'ORSAY, PARIS

PETIT SALÉ AUX LENTILLES

Traditionnellement, une fois le cochon tué, ce qui ne devenait pas jambon, saucisses ou pâtés, était conservé en saumure pour servir durant tout l'hiver. L'arrivée du congélateur n'a en rien modifié notre goût pour le petit salé, très apprécié en saison froide, toujours associé aux lentilles, dont les meilleures sont les vertes, du Puy.

Pour 4 personnes
1 palette de porc demi-sel de 1,2 kg
(découpée en 4 morceaux)
400 g de lentilles vertes du Puy, 3 grosses carottes
3 tranches de lard de poitrine fumé de 1 cm
2 échalotes, 2 gousses d'ail
4 feuilles de sauge, 1 clou de girofle
3 cuillerées à soupe de vinaigre de vin vieux
3 cuillerées à soupe d'huile d'arachide
sel, poivre

Le Vieux Garçon, (XIXe s.) gravure pour
Le Crime de Sylvestre Bonnard d'Anatole France, Worms
BIBLIOTHÈQUE DES ARTS DÉCORATIFS, PARIS

Mettez les morceaux de palette dans une casserole, couvrez d'eau froide et portez à ébullition. Laissez frémir 45 minutes.

Pendant ce temps, pelez les gousses d'ail et piquez-en une du clou de girofle. Pelez les carottes, lavez-les et coupez-les en rondelles.

Lorsque la palette a cuit 45 minutes, rincez-la sous l'eau courante et égouttez-la. Mettez-la dans une marmite. Ajoutez les carottes, les lentilles, les gousses d'ail, la sauge, un peu de sel et du poivre. Versez 2 cuillerées à soupe d'huile et 2 litres d'eau froide et portez à ébullition sur feu doux. Laissez frémir 1 heure 30 puis laissez tiédir. Dressez sur un plat.

Coupez le lard en fins bâtonnets. Pelez les échalotes et hachez-les menu. Faites chauffer le reste d'huile dans une poêle et ajoutez les lardons. Laissez-les dorer puis éliminez le gras. Ajoutez les échalotes, mélangez et versez le vinaigre. Mélangez et versez sur le petit salé aux lentilles. Servez aussitôt.

Ce plat peut être réalisé la veille. Il se réchauffe à feu doux.

RÔTI DE PORC AUX PRUNEAUX

Depuis les Gaulois, les habitants de l'Hexagone ont toujours eu une prédilection particulière pour le porc. Dans nos campagnes, on tue toujours le cochon au début de l'hiver pour en conserver la chair dans le sel, en saucisses et jambons, sans oublier les rôtis qui vont au congélateur. Nous sommes gros consommateurs de charcuterie et de porc frais. Sa chair s'accommode de tous types de cuisson, et elle est particulièrement savoureuse accompagnée de fruits frais, comme les pommes, ou de fruits secs, comme les pruneaux.

Pour 4-5 personnes
1 rôti de porc de 1 kg, désossé et dégraissé
30 pruneaux, 8 cerneaux de noix
4 cuillerées à soupe de vin blanc sec
100 g de lard de poitrine fumée, maigre
4 feuilles de sauge sèche, 1 feuille de laurier
1 cuillerée à café d'échalote lyophilisée 1 cuillerée
à soupe d'huile
1 cuillerée à soupe de gros sel de mer
1 cuillerée à soupe de sucre
sel, poivre

Poudrez la viande de tous côtés de gros sel et de sucre. Laissez-la macérer 4 heures puis rincez-la et épongez-la.

Petit salé aux lentilles (à g.) ; Rôti de porc aux pruneaux (à d.)

Préparez la farce : dénoyautez 10 pruneaux et hachez-les. Râpez les noix dans une râpe cylindrique munie de la grille à gros trous. Retirez la couenne de la poitrine fumée. Hachez la poitrine fumée et faites-la dorer dans une poêle anti-adhésive de 22 centimètres. Hors du feu, ajoutez les échalotes, la sauge en l'émiettant entre vos doigts, du poivre, les noix râpées, 1 cuillerée à soupe de vin et les pruneaux hachés.

Dénoyautez les 20 pruneaux restants en pratiquant une seule fente. Garnissez chacun d'une noisette de farce et refermez- les. Pour pouvoir farcir le rôti, traversez le centre de la viande en y enfonçant un grand couteau, la lame d'abord perpendiculaire au plan de travail, puis parallèle.

Fourrez la viande du reste de farce, en la tassant et en l'enfonçant bien afin que la farce ne se voit pas à l'extérieur.

Huilez légèrement un plat ovale pouvant juste contenir rôti et pruneaux. Huilez le rôti et posez-le dans le plat. Glissez le plat au four. Allumez celui-ci thermostat 7 (225 °C) et laissez cuire 30 minutes. Puis entourez la viande de pruneaux et arrosez-les du reste de vin. Laissez cuire encore 1 heure, en baissant le thermostat à 5. Servez chaud.

175

Le Carreau des Halles (fin XIXe s.) MUSÉE DES BEAUX-ARTS, LE HAVRE Là où se tenait ce marché au blé au début du XVIe siècle, Louis le Gros créa un autre marché.

Cet endroit n'était autre que les Halles. Et le marché a été transféré à Rungis en 1969.

LÉGUMES

Depuis le début du Moyen Age, les végétaux n'ont pas bonne réputation aux yeux des médecins de l'époque, qui les trouvent peu nourrissants par rapport à la viande ou au pain. Dans leurs préceptes diététiques, ils recommandent de s'en tenir à la consommation de noisettes, d'amandes, de figues, de raisins, de melons et de cerises. Encore faut-il les manger en début de repas afin qu'ils ne viennent pas perturber la digestion des « vraies » nourritures d'origine animale.

Mais à qui s'adressent donc ces doctes médecins de la Faculté? Aux aristocrates, aux nobles, aux riches, aux nantis et aux bourgeois prospères. Les fruits et les légumes ont des valeurs sociales différentes. Les fruits à la rigueur peuvent faire partie d'un régime aristocratique, mais les légumes, herbes et racines, ne sont que des nourritures de pauvres, de paysans et de petites gens. En effet, les produits du jardin sont, sans aucun doute, avec les céréales, l'aliment principal du paysan. C'est l'oignon et l'ail qu'il croque avec une miche de pain, ou la soupe aux choux et aux herbes qui l'attend dans l'âtre après sa journée de labeur. Il varie son ordinaire avec des pois, des fèves et autres légumineuses.

Cependant il n'y a pas que les ruraux qui mangent des légumes à cette époque! Bourgeois et artisans, moines et moniales forment une population importante. Ils consomment d'épais potages de choux, d'épinards, de fèves et de poireaux, agrémentés d'oignons, de pois chiches, de lentilles ou de raves. Citons encore la citrouille, les carottes rouges ou blanches, les racines de persil, de céleri et de betteraves, la chicorée, le pourpier et les asperges, les champignons et les truffes qui vont prendre une place grandissante dans les recettes de l'aristocratie. Le bon bourgeois qui écrivit *Le Ménagier de Paris* présente plusieurs recettes de « potages communs sans épices et non lians » à base de poireaux, de blettes ou de pois, avec des racines de persil ou des panais. Cette dernière racine, succulente, fit une brillante carrière dans la cuisine française avant de disparaître à la fin du XIXᵉ siècle. Pourquoi l'a-t-on oubliée alors que nos voisins anglais n'ont jamais cessé de l'apprécier? Disparus aussi de nos cuisines l'hysope et la rue, la livèche, le pouliot, la bourse à pasteur, la bourrache ou la pimprenelle. Toutes ces herbes croquantes ou parfumées vont survivre tant bien que mal jusqu'au XVIIᵉ siècle mais ne sont plus aujourd'hui que des curiosités potagères.

À la Renaissance, sous l'influence italienne, les classes supérieures commencent à s'intéresser davantage aux végétaux comestibles. Les salades se font fréquentes sur les tables et les plats de légumes nouveaux sont de plus en plus appréciés. On cultive l'artichaut, les carottes, les asperges, les petits pois frais et une grande variété d'herbes à salade.

Ramassage des pommes de terre, (XIXᵉ s.) Ernest Masson
MUSÉE DES BEAUX-ARTS, ROUBAIX
Au milieu du XIXᵉ siècle, environ 75 % de la population française travaillait encore la terre. Les peintures des artistes romantiques montrant des paysans joviaux en costumes colorés étaient en total opposition avec le réalisme solennel d'autres artistes de cette époque, comme Millet par exemple.

Mais les légumes venus d'Amérique sont très lents à s'introduire dans la cuisine française. Il faudra attendre la période révolutionnaire pour que les tomates, les poivrons et les pommes de terre soient acceptés comme des mets délicats ! Le haricot, sans doute parce qu'il ressemble un peu aux fèves et aux vesces, sera intégré plus rapidement. Vers la fin du XVIᵉ siècle, les recettes à base de légumes sont en augmentation dans les livres de cuisine, la quantité et la variété y sont nettement en hausse, y compris des préparations à base de « vulgaires » racines.

Dans les années 1600, Olivier de Serres, l'un des grands agronomes de son époque, œuvre pour développer la variété des productions potagères, dont le chou-fleur, la citrouille, les concombres et les melons, le raifort ou les cardons. C'est de là aussi que datent les premières recettes comprenant des haricots verts, et les cuisiniers, pour les préparer, s'inspirent des diverses manières d'accommoder les asperges.

Avec ce retour en force du naturel dans la cuisine, la valorisation d'une forme de cuisine bourgeoise à l'usage des propriétaires terriens et une nette amélioration des productions fruitières et horticoles, tout est en place pour que s'ouvre le siècle des Lumières.

Le plus grand jardinier de légumes, celui qui a développé le potager avec art et ingéniosité est Jean de La Quintinie, qui va s'occuper du jardin du roi Louis XIV à Versailles. Il va s'ingénier à résoudre toutes sortes de problèmes horticoles jusqu'à la réussite complète. Son souci principal est d'élargir la gamme de végétaux offerts aux cuisiniers. Le résultat sera immédiat : de nombreuses recettes sont alors créées pour tirer parti de la diversité croissante de produits potagers. Grâce à lui, la cour peut s'enticher de petits pois jusqu'à s'en rendre malade, comme en témoigne cette lettre de madame de Maintenon, maîtresse puis épouse de Louis XIV, qu'elle envoie en 1696 au cardinal de Noailles : « *Le chapitre des pois dure toujours, l'impatience d'en manger, le plaisir d'en avoir mangé et la joie d'en manger encore*

La Cuisine bourgeoise,
Jean-Baptiste Lallemand (1716-1803)
MUSÉE DES BEAUX-ARTS, DIJON
À partir, du XVIIIᵉ siècle, la pléthore
d'ustensiles de cuisine comprenait des
passoires, des poêlons, des casseroles en
cuivre de toutes formes et tailles, différentes
louches et un *féral*, grand récipient en
métal servant à emmagasiner l'eau. Le XIXᵉ
siècle apporta un certain raffinement, des
gammes d'ustensiles plus étendues et vit
l'apparition du four qui remplaça le feu de
cheminée.

Nature morte au panier de pois, Anonyme
XVIIIᵉ siècle
MUSÉE DES BEAUX-ARTS, BESANÇON
Clamart et Saint-Germain étaient réputées
pour la qualité et la saveur de leurs petits
pois. L'ajout de l'un de ces deux noms de
villes à la fin d'une recette indique que les
pois y sont l'ingrédient principal. Les
légumes sous forme de racine, comme les
radis, les navets ou les rutabagas, étaient
placés bien bas dans la hiérarchie culinaire
par rapport aux petits pois.

Paysanne en France,
Illustration de *Habitus Praecipuorum*
Popularum (1577), Jost Amman
BIBLIOTHÈQUE NATIONALE, MADRID
La femme ramène à la maison une
sélection de racines. Le panais (navet) était
très apprécié au Moyen Age et pendant la
Renaissance. Le radis, pour sa part, ne fut
cultivé en France qu'à partir du XVIᵉ siècle.

sont les trois points que j'entends traiter depuis quatre jours. Il y a des dames qui, après avoir soupé avec le roi, et bien soupé, trouvent des pois chez elles pour manger avant de se coucher, au risque d'une indigestion. C'est une mode, c'est une fureur. »

Et la pomme de terre direz-vous ? Curieusement, les Français s'en méfient alors que la plupart des autres pays d'Europe l'ont adoptée depuis longtemps. Venue d'Amérique en 1540, elle est devenue au XVIIᵉ siècle une nourriture paysanne importante en Allemagne, en Flandre, en Suisse ou en Espagne. Mais en France, on raconte qu'elle donne la lèpre et qu'elle est juste bonne pour les cochons. Malgré les famines qui sévissent dans les années 1700, le peuple français refuse toujours la pomme de terre.

C'est en 1785 qu'intervient Parmentier. Ce jeune pharmacien a été fait prisonnier à Hanovre et nourri, durant un an de captivité, uniquement avec ces fameux tubercules. Convaincu des bienfaits nutritifs de ce végétal, il va partir en croisade pour faire adopter cet aliment à ses compatriotes. Il arrive à convaincre le roi Louis XVI du bien-fondé de ses intentions, et celui-ci met à sa disposition un champ où seront plantées des pommes de terre. Pour exciter la curiosité du public, ce champ est mis sous garde militaire. Les soldats ont cependant ordre de laisser voler les tubercules s'il y a des amateurs. Le goût du fruit défendu...

Puis Parmentier offre des fleurs de pommes de terre au roi et à la reine qui les mettent à leur boutonnière. Le tour est joué : tous les courtisans en veulent. Ainsi, par la voie hiérarchique en quelque sorte, cet humble végétal va lentement conquérir les cuisines. Mais il n'aura jamais en France l'importance qu'il a acquise dans les pays d'Europe du Nord.

Dans le Midi de la France, les végétaux ont toujours eu un rôle plus important en cuisine que dans les régions du Nord. Tomates et fenouil, artichauts et cardons, haricots et fèves, aubergines et poivrons y sont couramment consommés dès la fin des années 1500. Il faudra deux ou trois siècles pour que tous ces succulents végétaux fassent partie du répertoire courant des cuisiniers du nord de la Loire. Le reste du pays se contente du chou sous toutes ses formes, de poireaux, d'épinards et de haricots verts, de carottes et de petits pois. Les courges et les racines forment une base pour les soupes et les fonds. L'ail et l'oignon sont utilisés en quantités souvent homéopathiques ; dans un célèbre livre de cuisine du début du XXᵉ siècle, *La Cuisine de madame de Saint-Ange,* chaque fois qu'il s'agit d'utiliser de l'oignon ou de l'ail, on précise bien qu'il ne faut le faire que si les convives peuvent le supporter, sous-entendant que les personnes de goût délicat sont naturellement dégoûtées par ces saveurs trop fortes. C'est par la lente progression des recettes méridionales que ces bulbes sont aujourd'hui devenus indispensables !

Jusqu'aux grands changements suscités par la nouvelle cuisine, les Français ont plutôt considéré les légumes comme des garnitures des plats de viande ou de poisson que comme des aliments à part entière, exception faite de la salade, consommée presque à titre thérapeutique, après les lourds plats de viande, pour « aider à digérer » !

Le XIXᵉ siècle ne donnera aux légumes qu'une place secondaire dans la grande cuisine. Il faudra les premiers mouvements réformateurs, les utopistes, les premiers végétariens, pour amorcer un changement qui ne se fera véritablement sentir que dans les années 1970. Ici encore, ce sont les grands créateurs comme Michel Guérard qui vont donner aux légumes la place de choix qu'ils méritent, à la fois pour notre santé et notre bien-être et pour le plus grand plaisir de la table.

Aujourd'hui, nous redécouvrons lentement les légumes oubliés dont La Quintinie et ses émules étaient si fiers : panais et « fournitures de salade », variétés infinies de courges, salicorne et christe marine, cerfeuil, tubéreux, racines de persil, jeunes pousses d'ortie etc., renouant ainsi avec une partie oubliée de notre patrimoine.

Quant aux champignons, ce sont des produits de cueillette, aliments de paysan affamé, qui ne commencent à intéresser les cuisiniers et les gourmands qu'à partir du XVIᵉ siècle. Il s'agit alors de coulemelles ou d'agarics des prés. C'est au XVIIᵉ siècle qu'ils deviennent très à la mode. Doit-on lier cela aux efforts de La Quintinie qui inventa la culture de champignons de couche et aux goûts de Louis XIV pour les végétaux ? Dans *La Cuisinière bourgeoise* (1774), on mentionne fréquemment les morilles et les mousserons. Progressivement, s'installe une hiérarchie culinaire : tout d'abord les morilles, les cèpes et les girolles, puis les mousserons, agarics et coulemelles, enfin la piétaille des lactaires, grisets et autres, et enfin, en bons derniers, les champignons de couche que l'on a, il est vrai, frais toute l'année, mais qui ont fort peu de goût.

La truffe noire, mystérieuse et parfumée, n'a pas toujours fait partie du domaine culinaire français. Peu ou pas mentionnée jusqu'au XVIᵉ siècle, elle est cuisinée de façon curieuse : soit dans du vin avec du vinaigre, du sel et du poivre (*Le Cuisinier françois*), soit bouillie dans

Une scène du marché des Innocents à Paris (vers 1814), Jean-Charles Tardieu
MUSÉE DU LOUVRE, PARIS
Du raisin est renversé de l'étal d'un des vendeurs. Utilisé dans la pâtisserie, servi avec des cailles ou du boudin blanc, le raisin est aussi transformé en confiture, tel le raisiné, une spécialité de Bourgogne. Son jus est mis à mijoter avec des morceaux de fruits variés, sans adjonction de sucre.

un bouillon avec des épices. Rien qui ne mette en valeur la magnifique saveur de ce cryptogame.

Dès le XVIIe siècle, il est connu et reconnu que les meilleures truffes viennent du Périgord, où elles sont récoltées avec l'aide d'un cochon, leur fin odorat permettant de localiser l'endroit où la truffe est enterrée. Il en existe aussi en Provence, où l'on préfère les chercher avec des chiens, moins gourmands que les cochons ! Petit à petit, elles vont acquérir un immense prestige et leur rôle va devenir essentiel dans de nombreuses recettes de cuisine. Vers le milieu du XIXe siècle, avec la langouste, le homard et le foie gras, elles sont le symbole du luxe et du raffinement.

Aujourd'hui les grands marchés aux truffes se tiennent en hiver, en Haute-Provence et dans le Périgord. En effet, la période hivernale est la meilleure saison pour les savourer, toutes fraîches, voire crues, simplement coupées en lamelles et arrosées d'un filet d'huile d'olive. La nouvelle cuisine a mis en valeur la truffe, qui servait autrefois surtout d'ingrédient de base pour des farces et des sauces. Elle est devenue un élément central autour duquel le plat peut s'élaborer.

Nature morte à l'artichaut,
Hippolyte Chaignet (1820-1865)
MUSÉE DES BEAUX-ARTS, DIJON
Posé à côté de l'artichaut, on remarque
une racine noueuse, connue sous le nom
de céleri. Le céleri peut être préparé en
purée, avec des pommes de terre, ou râpé
et mariné dans une sauce moutarde, pour
être servi en hors-d'œuvre.

Nature morte aux oignons, Paul Cézanne
(1839-1906)
MUSÉE D'ORSAY, PARIS
On appelle « Soubise » les plats qui
contiennent soit une sauce à l'oignon à
base de béchamel, soit une purée d'oignons
épaissie avec du riz. Ce nom fut donné en
l'honneur d'un aristocrate du XVIIIᵉ siècle
amateur de bonne chère : Charles de
Rohan, prince de Soubise.

Carottes dorées à l'ail (à g.) ; Côtes de blettes aux anchois (à dr.)

CAROTTES DORÉES À L'AIL

Venue d'Espagne et de Sicile via l'Italie, la carotte se répand en Europe au XIVe siècle. Mais ce n'est qu'au XVIIIe siècle qu'en France, elle deviendra un ingrédient de la grande cuisine. Aliment populaire et paysan (comme la plupart des « racines »), elle était presque toujours présente dans les plats rustiques. Mais cet humble légume peut devenir exquis préparé, entre autres, comme suit :

Pour 3 personnes
600 g de jeunes carottes
12 gousses d'ail
1 brin de thym, 1 brin de romarin
2 cuillerées à soupe d'huile d'olive
sel, poivre

Pelez les carottes et coupez-les en rondelles obliques de 1 cm d'épaisseur. Pelez les gousses d'ail et coupez-les en deux en éliminant le germe.

Faites chauffer l'huile dans une sauteuse et faites-y dorer carottes et ail, 15 minutes à feu doux, en mélangeant de temps en temps.

Ajoutez ensuite sel, poivre, et thym et romarin émiettés. Remuez et laissez cuire encore 15 minutes, en mélangeant de temps en temps.

Retirez carottes et gousses d'ail de la poêle avec une écumoire et mettez-les dans un plat. Elles n'ont pas absorbé l'huile, sont croustillantes à l'extérieur et fondantes à l'intérieur.

Servez ces carottes avec des poissons poêlés, des viandes blanches et des volailles rôties.

CÔTES DE BLETTES AUX ANCHOIS

Au XIVᵉ siècle déjà, l'auteur du *Ménagier de Paris* faisait pousser des blettes dans son jardin. La recette qui suit, à la saveur méridionale, est une des meilleures manières d'accomoder les côtes tendres de ce végétal délicat.

Pour 3-4 personnes
600 g de côtes de jeunes blettes
6 filets d'anchois à l'huile, égouttés
2 gousses d'ail, 1 piment oiseau frais
2 cuillerées à soupe d'huile d'olive

Lavez les côtes et coupez-les en lamelles obliques de 1 × 5 cm, en retirant les fils. Rincez-les mais ne les égouttez pas complètement.

Coupez les gousses d'ail en deux en en ôtant le germe, et les anchois en petits carrés.

Faites chauffer l'huile dans une sauteuse. Ajoutez le piment haché fin et les gousses d'ail. Retirez celles-ci de la sauteuse une fois blondies et mettez-y les côtes de blettes. Mélangez et laissez cuire à feu doux et à couvert 17 minutes.

Retirez ensuite le couvercle : les côtes ont légèrement blondi et toute l'eau s'est évaporée. Ajoutez les anchois. Laissez cuire à découvert et à feu très doux pendant 3 minutes, le temps que les anchois fondent, puis retirez du feu. Servez chaud ou tiède. Poivrez au moment de déguster.

ENDIVES À LA CRÈME

Issue de la plante appelée chicorée, l'endive est une invention récente : elle fut obtenue pour la première fois vers 1860 par un employé du jardin Botanique de Bruxelles. Introduite en France dès 1873, elle y devint très populaire et aujourd'hui, la région Nord en est le plus grand producteur mondial, devançant même la Belgique. Cru ou cuit, ce légume à la saveur légèrement amère s'accomode très bien de viandes blanches et de poissons.

Pour 3 personnes
500 g d'endives
1 dl de crème fraîche liquide
1 cuillerée à soupe de rhum ambré
1 cuillerée à soupe de jus de citron
1 cuillerée à café de sucre semoule
2 pincées de clou de girofle en poudre
2 pincées de noix de muscade râpée
1 noix de beurre
sel, poivre

Coupez les endives en oblique, en rondelles de 1/2 cm d'épaisseur, en commençant par la pointe et en les faisant tourner elles-mêmes sur 1 cm à chaque nouvelle coupe. En fin de coupe, il ne reste plus que la partie centrale des endives, en forme de cône : éliminez-la.

Faites fondre le beurre dans une cocotte en fonte de 4 l et faites-y cuire les endives 1 minute, en les tournant sans cesse. Poudrez de sel, de sucre, d'épices et arrosez de jus de citron. Mélangez. Arrosez de rhum et faites cuire 1 minute à feu vif afin que l'alcool se volatilise.

Versez la crème dans la cocotte, mélangez et laissez cuire 25 minutes à feu doux et à couvert, en tournant de temps en temps. Servez chaud.

Ces endives accompagnent des filets de poisson blanc, des coquilles Saint-Jacques, du foie de veau poêlés ou des viandes blanches en cocotte.

Endives à la crème

POIREAUX CONFITS AU SUCRE

L'humble poireau, présent dans toutes les cuisines depuis bien avant le Moyen Âge, n'est pas seulement destiné à donner de la saveur aux bouillons ou aux anciens « plats d'herbes ». Le *Ménagier de Paris*, rédigé vers 1390, donne une recette de « porée blanche », potage commun sans épices et non liant, où le blanc de poireau est un élément central. Les créateurs de la cuisine contemporaine continuent à trouver de nouvelles et exquises manières de le préparer.

Pour 3 personnes
400 g de blancs de poireaux
2 cuillerées à café rases de sucre semoule
30 g de beurre, sel

Allumez le four, thermostat 6 (200 ºC).
Mettez dans un plat à four de 22 cm de diamètre le beurre, le sucre et 2 cuillerées à soupe d'eau.
Glissez le plat au four et laissez fondre le beurre.
Retirez du four, mélangez et ajoutez les blancs de poireaux. Retournez-les dans le beurre.
Couvrez le plat d'une feuille d'aluminium et glissez-le au four.
Laissez cuire 40 à 45 minutes. En fin de cuisson, les poireaux sont caramélisés.
Servez chaud dans le plat de cuisson.

Menu de restaurant dessiné par Guillaume pour la taverne Tourtel du boulevard des Capucines MUSÉE DES ARTS DÉCORATIFS, PARIS

FEUILLES DE CHOU FARCIES

Depuis le début de notre histoire, le chou a été un des légumes de base. Cultivé dans toutes les régions, il est un peu l'emblème de la cuisine paysanne. Qui donc eut un jour l'idée géniale de le farcir ? Toutes les provinces ont leur version de cette préparation. Dans les Charentes, la farce est « aux herbes », sans viande ; ailleurs, comme en Auvergne, elle comprend de la chair de porc. C'est un plat robuste aux fortes saveurs de terroir. Il fallut attendre l'intérêt croissant pour les plats régionaux qui se manifesta à la fin du XIXe siècle pour qu'il apparût enfin sur les tables « raffinées ».

Pour 6 personnes
1 chou frisé de 1,5 kg
200 g de jambon cuit
100 g de lard de poitrine fumé
50 g de mie de pain
12 baies de genièvre
100 g de carottes
100 g d'oignon
1 côte tendre de céleri avec ses feuilles
1,5 dl de vin blanc pas trop sec
1 œuf
60 g de beurre
sel, poivre

Poireaux confits au sucre

Feuilles de chou farcies

Allumez le four, thermostat 6 (200 °C).

Retirez les feuilles extérieures du chou. Ouvrez celui-ci en réservant 12 grandes feuilles vert tendre et 12 petites feuilles jaunes. Faites blanchir les feuilles vertes 5 minutes à l'eau bouillante et les feuilles jaunes 4 minutes. Égouttez toutes les feuilles et épongez-les.

Retirez la couenne de la poitrine fumée. Mettez le pain, le jambon et la poitrine fumée grossièrement coupés dans le bol d'un robot. Hachez le tout, pas trop fin, et versez-le dans une terrine. Ajoutez l'œuf et mélangez.

Pelez la carotte et l'oignon et râpez-les finement dans le robot. Coupez le cœur de chou et la côte de céleri en fines lamelles. Faites fondre 30 g de beurre dans une sauteuse de 24 cm et ajoutez carotte et oignon. Mélangez 5 minutes puis ajoutez les lamelles de chou et le céleri. Versez 4 cuillerées à soupe de vin blanc, couvrez et laissez cuire 10 minutes puis retirez du feu.

Mélangez les légumes de la sauteuse au contenu du saladier. Ajoutez sel, poivre et baies de genièvre. Farcissez les petites feuilles de la préparation et enrobez-les de grandes feuilles.

Beurrez légèrement un plat à four pouvant juste contenir les farcis. Rangez-les dans le plat et parsemez-les du reste de beurre en noisettes. Arrosez du reste de vin et de 4 cuillerées à soupe d'eau. Couvrez d'une feuille d'aluminium et glissez le plat dans le four chaud. Laissez cuire 40 minutes en retournant les farcis à mi-cuisson et en ajoutant un peu d'eau si nécessaire.

Servez chaud pour accompagner un rôti de porc ou une volaille rôtie : pintade, canard ou dinde.

Poivrons grillés panachés (à g.) ; Neige de céleri boule (à dr.)

POIVRONS GRILLÉS PANACHÉS

Le poivron est un nouveau venu dans nos livres de cuisine. Il n'est mentionné sérieusement comme légume à cuire qu'après la Seconde Guerre mondiale. Ce végétal d'origine américaine, de la même famille que le piment, fut tout d'abord utilisé dans la cuisine du Midi, à partir du XVIIIe siècle, particulièrement en Provence. Il commença sa carrière plus tôt en Italie, en Espagne, en Roumanie et bien sûr en Hongrie, où il est cousin du célèbre paprika. C'est aujourd'hui un légume de choix de notre cuisine contemporaine.

Pour 6 personnes
2 poivrons rouges de 250 g chacun
2 poivrons jaunes de 250 g chacun
2 poivrons verts de 250 g chacun

4 gousses d'ail nouveau
1 dl d'huile d'olive fruitée, sel

Choisissez des poivrons brillants et charnus, sans meurtrissure. Lavez-les et épongez-les.

Faites griller les poivrons environ 30 minutes au gril du four ou sur les braises d'un barbecue, de tous côtés, jusqu'à ce que leur peau devienne brune, mais sans qu'elle carbonise car elle communiquerait aux poivrons un goût amer.

Lorsque les poivrons sont cuits, faites-les tiédir dans une cocotte couverte pendant 15 à 20 minutes. La peau se retirera ensuite aisément.

Pelez les poivrons puis ouvrez-les en deux. S'ils ont du jus, réservez-le dans une terrine. Jetez pédoncule, graines et filaments blancs.

Découpez chaque demi-poivron, dans le sens de la longueur, en rubans de 1,5 cm de large et mettez-les dans la terrine.

Pelez les gousses d'ail et coupez-les en fines lamelles. Mélangez-les aux poivrons, avec l'huile et un peu de sel.

Servez aussitôt encore tiède ou laissez macérer au réfrigérateur pendant quelques heures. Vous pouvez conserver ces poivrons 48 h, mais retirez l'ail au bout de 12 h.

Ces poivrons peuvent accompagner œufs mimosa, salade de tomates, olives, purée d'aubergines, poissons, viandes froides, etc.

NEIGE DE CÉLERI-BOULE

Le céleri boule ou céleri rave fit lui aussi partie de la catégorie rustique des « racines », considérées comme des aliments de paysans et de rustres jusqu'à ce que, avec l'avènement de la cuisine classique, on eût un peu plus de considération pour les légumes. Consommé fréquemment en sauce rémoulade, le céleri est aussi excellent cuit, en fine purée parfumée.

Pour 5-6 personnes
1 kg de céleri-boule
125 g de crème fraîche épaisse
2 cuillerées à soupe d'huile d'olive
sel

Faites bouillir de l'eau dans la partie basse d'une marmite à vapeur.

Pelez le céleri, lavez-le et coupez-le en cubes de 4 cm de côté. Mettez ceux-ci dans la partie perforée de la marmite. Salez.

Posez la partie perforée sur l'eau bouillante, couvrez et laissez cuire 35 minutes environ : le céleri doit être très tendre et se laisser facilement transpercer par la pointe d'un couteau.

Égouttez le céleri dans une passoire, laissez-le tiédir puis mettez-le dans le bol d'un robot. Mixez jusqu'à obtention d'une purée.

Ajoutez la crème sans cesser de mixer. Lorsque vous obtenez une fine purée très blanche, versez l'huile en mince filet, en mixant toujours.

Faites réchauffer la purée sur feu très doux au bain-marie, à la vapeur ou, mieux encore, dans un four à micro-ondes. Servez aussitôt.

L'Abreuvoir, Maître aux Béguins ; MUSÉE DU LOUVRE, PARIS

COURGETTES FARCIES À LA BROUSSE

Ce plat a des saveurs du Midi que lui confèrent la brousse, fromage tout frais au lait de brebis, les tomates et les courgettes.

Pour 5 personnes

1,2 kg de petites courgettes rondes : 10 courgettes
250 g de brousse fraîche de brebis, ricotta ou broccio
400 g de tomates mûres à point
20 g de mie de pain de mie blanc
15 g de parmesan finement et fraîchement râpé
1 cuillerée à soupe de pignons

36 raisins de Corinthe
1 cuillerée à soupe de ciboulette ciselée
1 piment oiseau, 1 gousse d'ail
2 cuillerée à soupe d'huile d'olive, sel, poivre

Coupez les courgettes en deux horizontalement et faites-les précuire à la vapeur pendant 15 minutes. Ensuite, creusez-les jusqu'à 1 cm des bords.
Préparez la farce : réduisez la mie de pain en une fine semoule, au robot ou à la moulinette. Écrasez le fromage dans une assiette et ajoutez mie de pain, parmesan, raisins, pignons, ciboulette, sel et poivre. Mélangez bien.
Lorsque les demi-courgettes sont froides, épongez-en bien l'intérieur avec un papier absorbant. Garnissez-les de farce, en formant un petit dôme.

Courgettes farcies à la brousse (à g.) ; Gratin de courgettes (à dr.)

Pelez les tomates et coupez-les en deux en en éliminant les graines. Coupez la pulpe en petits dés. Coupez la gousse d'ail en lamelles.

Mettez les tomates dans une sauteuse. Ajoutez les lamelles d'ail, le piment en l'émiettant entre vos doigts, l'huile, du sel, du poivre et 3 cuillerées à soupe d'eau. Portez à ébullition puis rangez les demi-courgettes dans la sauteuse. Couvrez et laissez cuire à feu doux pendant 20 minutes.

Rangez les courgettes dans un plat et dégustez-les tièdes, accompagnées de leur petit coulis de tomate dont vous ne devez les arroser ni en cours de cuisson, ni après.

Pommes Maxim's

GRATIN DE COURGETTES

Rarement mentionnées dans nos anciens recueils de recettes, les courgettes ont fait leur entrée dans la grande cuisine par le biais des cuisines régionales. Dans le Midi, une préparation classique est le « tian de courgettes », autrement dit une sorte de gratin.

Pour 4 personnes
400 g de petites courgettes
1,5 dl de lait, 1 dl de crème liquide
2 cuillerées à café de fécule de maïs ou de
pommes de terre
2 œufs
50 g d'emmental râpé
2 pincées de sucre semoule
1 noix de beurre, sel, poivre

Allumez le four, thermostat 6 (200 °C). Versez le lait dans une casserole et portez à ébullition. Coupez les courgettes en très fines rondelles sur une râpe. Ajoutez-les dans la casserole avec sucre, sel et poivre. Laissez cuire 8 à 10 minutes en remuant de temps en temps jusqu'à ce que les courgettes soient légèrement croquantes.

Mettez la fécule dans une terrine. Ajoutez la crème et les œufs. Battez à la fourchette puis ajoutez les courgettes et leur lait de cuisson. Mélangez délicatement et ajoutez la moitié du fromage. Mélangez encore.

Beurrez un plat à gratin de 20 cm de diamètre et versez-y le contenu de la terrine. Parsemez du reste de fromage et glissez le plat au four. Laissez cuire 20 minutes environ, jusqu'à ce que la surface du gratin soit dorée.

Servez le gratin chaud dans son plat de cuisson.

POMMES MAXIM'S

Du célèbre restaurant parisien et d'une simplicité toute excellente. En France, la pomme de terre est moins fréquemment utilisée en garniture de plats que chez les Allemands ou les Anglo-Saxons.

Pour 6 personnes
1 kg de pommes de terre
100 g de beurre, sel

Allumez le four, thermostat 6. Faites fondre le beurre dans une casserole. Laissez-le reposer puis retirez la mousse de la surface et le dépôt blanchâtre du fond : il reste le beurre clarifié.

Coupez les pommes de terre pelées en fines rondelles. Mettez-les dans un saladier et nappez-les de beurre. Salez. Mélangez afin qu'elles soient toutes enrobées de beurre.

Rangez-les en une couche, sur la plaque du four, en les faisant légèrement se chevaucher.

Glissez la plaque au four et laissez cuire 20 à 25 minutes, jusqu'à ce que les pommes de terre soient cuites et blondes. Servez chaud.

PURÉE DE POIREAUX AUX POMMES DE TERRE

L'association de ces deux humbles végétaux est classique. Une de nos soupes de base n'est-elle pas aux « poireaux-pomme de terre » ? La version purée est plus intéressante et plus fine de goût. Ayons une pensée reconnaissante pour la Nouvelle Cuisine : elle a introduit un regain d'intérêt pour les purées de toutes sortes que l'on avait un peu oubliées depuis le XVIIIᵉ siècle !

Pour 4 personnes
600 g de poireaux
400 g de pommes de terre à chair farineuse : bintje
2 cuillerées à soupe d'huile d'olive
sel

Ne conservez des poireaux que le blanc et la partie vert tendre (300 g). Hachez-les. Pelez les pommes de terre, lavez-les et égouttez-les : réservez-en 300 g. Coupez-les en très petits cubes.

Faites à peine chauffer l'huile dans une cocotte en fonte de 4 l. Ajoutez poireaux et pommes de terre et mélangez 2 minutes à feu très doux.

Versez 1/2 l d'eau dans la cocotte, salez et laissez cuire 20 minutes, à feu doux.

Au bout de ce temps, il n'y a plus d'eau dans la cocotte ; versez-en le contenu dans un robot et réduisez en purée pas trop fine. Servez aussitôt.

Cette purée accompagne le foie de veau à l'aigre-doux, le haddock ou la morue pochés ou encore des filets de poisson poêlés.

Le Repas des humbles, Laurent Adénot ; MUSÉE DES BEAUX-ARTS, DIJON

Purée de poireaux aux pommes de terre (à g.) ; Purée d'aubergines (à dr.)

PURÉE D'AUBERGINES

La belle aubergine, introduite par l'Espagne via les Arabes, ne fut guère appréciée en dehors du Midi de la France, jusque bien avant dans le XVIIIe siècle. En dehors des spécialités régionales, elle fut plutôt traitée comme une curiosité et les recettes sont peu nombreuses. Sa carrière récente connaît le même succès que le poivron, ce qui n'est pas étonnant quand on déguste le plat qui suit.

Pour 4-6 personnes
4 aubergines oblongues de 250 g chacune
3 cuillerées à soupe d'huile d'olive
1 cuillerée à soupe de jus de citron
1 gousse d'ail, 4 pincées de cumin en poudre
sel

Allumez le four, thermostat 8 (250 °C). Piquez les aubergines de deux ou trois coups de couteau.

Posez-les sur la grille du four placée au-dessus de la lèchefrite et glissez le tout dans le four chaud. Laissez cuire 45 minutes environ, jusqu'à ce que les aubergines soient ratatinées. Retirez-les du four et laissez tiédir 20 minutes.

Pelez les aubergines et réservez la pulpe dans une assiette. Écrasez-la à la fourchette, plus ou moins grossièrement, en y ajoutant au fur et à mesure l'huile, le jus de citron, le cumin et la gousse d'ail passée au presse-ail.

Servez cette purée froide, avec des tranches de pain grillées, de la purée d'olives noires, des filets d'anchois à l'huile ou en accompagnement de poissons grillés et de viandes rôties froides. Selon les goûts, la quantité d'huile peut être augmentée et celle de jus de citron diminuée.

Galettes de pommes de terre râpées (à g.) ; Purée de pommes de terre à l'huile d'olive (à dr.)

GALETTES DE POMMES DE TERRE RÂPÉES

Une fois acceptée la pomme de terre, il fallut que les cuisiniers du XIXe siècle inventent des manières intéressantes de la préparer. Les possibilités étaient infinies et de nos jours, les créateurs en trouvent encore de nouvelles. Ces galettes de pomme de terre furent un temps un plat vedette des végétariens.

Pour 2 personnes
2 pommes de terre bintje de 125 g chacune
1 cuillerée à soupe d'huile d'arachide, sel

Râpez les pommes de terre pelées dans un robot muni de la plus fine râpe, de manière à ce qu'elles ressemblent à des cheveux d'ange. Pressez-les entre vos mains pour en éliminer le maximum d'eau.
Formez 4 petites galettes. Faites chauffer l'huile dans une poêle anti-adhésive et déposez-y les galettes. Faites-les cuire à feu doux, poêle à-demi couverte, pendant 10 minutes environ, en les tournant à mi-cuisson.
Lorsque les galettes sont dorées, retirez-les de la poêle avec une spatule. Servez-les aussitôt.

PURÉE DE POMMES DE TERRE À L'HUILE D'OLIVE

Les Français ont été parmi les derniers Européens à accepter la pomme de terre, qu'ils considéraient comme un mets répugnant ! Il fallut la Révolution et les famines qui sévirent pour qu'apparût enfin un livre de cuisine, entièrement consacré à ce tubercule et intitulé *La Cuisinière Républicaine*. Publié en 1793, ce fut le premier ouvrage « gastronomique » écrit en France par une femme.

Pour 5-6 personnes
1 kg de pommes de terre à chair farineuse : bintje
2 dl de lait ou de crème fraîche liquide
4 cuillerées à soupe d'huile d'olive
2 pincées de noix muscade râpée, sel

Faites bouillir de l'eau dans la partie basse d'une marmite à vapeur.
Coupez les pommes de terre pelées en cubes de 2 cm. Posez-les dans la partie perforée de la marmite et salez-les. Posez-les sur l'eau bouillante et laissez-les cuire pendant 15 minutes environ.

Faites ensuite chauffer le lait ou la crème dans une grande casserole. Passez les pommes de terre au moulin à légumes, grille fine, au-dessus de la casserole posée sur feu doux. Mélangez en soulevant la purée avec une spatule et non en la tournant, ce qui la rendrait élastique. Ajoutez l'huile en mince filet, sans cesser de soulever.

Salez la purée et ajoutez la noix muscade râpée. Servez aussitôt.

CHOU-FLEUR À LA POLONAISE

Introduit en France par les Italiens à la fin de la Renaissance, ce légume ne devint populaire qu'à l'époque de Louis XIV, comme le montre cette recette tirée du *Cuisinier François* de La Varenne. Aujourd'hui, la France en est devenue le deuxième producteur après l'Italie et c'est un de nos végétaux les plus consommés. La Bretagne s'en est fait une spécialité, et grâce aux différences de climat entre le Nord et le Sud du pays, il s'en cultive toute l'année.

> Une fois bien nettoyés, faites-les cuire avec du sel et un morceau de graisse ou de beurre ; bien cuits, pelez-les et mettez-les avec du beurre frais, un filet de vinaigre et un peu de muscade, pour vous servir de garniture autour du plat.
>
> Si vous voulez les servir seuls, mettez-les de même, et au moment de servir, faites une sauce avec du bon beurre frais, une ciboule, du sel, du vinaigre, de la muscade .
>
> Il faut que la sauce soit bien liée.
>
> Que si c'est en charmage, mettez-y quelques jaunes d'œufs, dont vous pouvez vous passer, si la sauce est bien liée, puis garnissez-en les assiettes et servez chaud.

Le poète Piron à table avec ses amis Vadé et Colé, Étienne Jeaurat
MUSÉE DU LOUVRE, PARIS

Chou-fleur à la polonaise

Pour 4 personnes
1 chou-fleur de 800 g
50 g de mie de pain rassis
2 jaunes d'œufs durs
2 cuillerées à soupe de persil ciselé
50 g de beurre, sel, poivre

Râpez les jaunes d'œufs dans une râpe cylindrique moyenne. Mélangez-les au persil ciselé.

Émiettez finement la mie de pain dans un robot ou une râpe cylindrique fine. Faites fondre le beurre dans une poêle anti-adhésive de 24 cm. Ajoutez la mie de pain et faites-la dorer dans le beurre chaud. Réservez.

Faites bouillir de l'eau dans la partie basse d'une marmite à vapeur.

Lavez le chou-fleur et séparez-le en petits bouquets. Salez-les. Mettez-les dans la partie perforée. Posez la partie perforée sur l'eau bouillante, couvrez et laissez cuire 35 minutes environ : le chou-fleur doit être juste tendre.

Dressez le chou-fleur dans un plat de service et poudrez-le du mélange jaune d'œuf-persil. Parsemez de mie de pain dorée, poivrez et servez aussitôt.

Ce chou-fleur accompagne les poissons vapeur ou rôtis, les viandes blanches poêlées ou rôties.

TIAN DE COURGETTES, TOMATES ET OIGNONS

Le « tian » est un plat à gratin en terre cuite, typiquement provençal, qui a donné son nom à une recette. Traditionnellement, dans cette région, on l'utilise pour cuire au four toutes sortes de préparations à base de légumes, dont le résultat est une sorte de confit moelleux et aromatique.

Pour 6 personnes
4 courgettes de 200 g chacune
750 g de tomates mûres mais fermes
500 g d'oignons frais
1 dl d'huile d'olive
sel, poivre

Coupez les oignons et les courgettes (extrémités enlevées) en rondelles de 1/2 cm d'épaisseur, et les tomates en autant de fines rondelles.

Allumez le four, thermostat 6 (200 ºC). Faites chauffer la moitié de l'huile dans une poêle et faites-y cuire les oignons 10 minutes à feu doux, en les tournant souvent.

Versez-les dans un plat à four en aplanissant la surface. Faites alterner les rondelles de courgettes et de tomates sur quatre rangées. Arrosez du reste d'huile, salez et poivrez.

Glissez le plat au four et laissez cuire pendant 1 h, en surveillant la cuisson : les légumes doivent confire en dorant très légèrement. S'ils dorent trop vite, baissez le thermostat à 5 (170 ºC). Servez ce confit chaud dans le plat de cuisson.

La Bouillie au coin du feu, Jean-Baptiste Lallemand ; MUSÉE DES BEAUX-ARTS, DIJON

Tian de courgettes, tomates et oignons

Ratatouille (en b.) ; Jardinière de légumes au pistou (en h.)

RATATOUILLE

Ce plat des plus typiques du midi est devenu, aux yeux de nombreux étrangers, une sorte de plat national. Il est vrai que courgettes, aubergines et même tomates, qui jusqu'au début du siècle étaient fort chères à Paris ou dans le Nord, sont aujourd'hui présents sur tous les marchés et en toutes saisons.

Pour 6 personnes
500 g de petites courgettes
300 g de petites aubergines
1 poivron rouge de 250 g, 1 poivron jaune de
250 g
200 g d'oignons, 2 gousses d'ail nouveau
300 g de tomates mûres à point
4 cuillerées à soupe d'huile d'olive, sel, poivre

Enlevez les extrémités des courgettes et des aubergines et coupez ces légumes en cubes de 2 cm.

Coupez les poivrons en 4 verticalement en retirant le pédoncule, les graines et les filaments blancs. Coupez la pulpe en carrés de 2 cm.

Pelez les gousses d'ail et coupez-les en fines lamelles. Pelez les oignons et émincez-les finement. Ébouillantez les tomates 10 secondes, puis rafraîchissez-les sous l'eau courante, pelez-les, coupez-les en deux et éliminez-en les graines. Coupez la pulpe en petits cubes.

Versez 2 dl d'eau dans une sauteuse anti-adhésive de 28 cm. Ajoutez-y l'huile et l'ail. Portez à ébullition. Salez légèrement puis mettez tous les légumes dans la sauteuse. Lorsque l'ébullition reprend, couvrez et laissez cuire 45 minutes environ, à feu modéré, en tournant de temps en temps. À la fin de la cuisson, les légumes sont dorés et il n'y a plus d'eau dans la sauteuse. Servez cette ratatouille chaude, pour accompagner poissons, volailles et viandes, grillés ou rôtis.

JARDINIÈRE DE LÉGUMES AU PISTOU

C ousin du *pesto* italien, le pistou provençal s'allie merveilleusement aux légumes. Il fait partie des spécialités régionales devenues partie de la création culinaire contemporaine.

Pour 3 personnes
6 petits artichauts violets de 100 g chacun
4 petites pommes de terre de 50 g chacune :
roseval
100 g de tomates cerises, très mûres, fripées
6 oignons nouveaux : 100 g
1 petite gousse d'ail nouveau
6 grandes feuilles de basilic
1 cuillerée à soupe d'huile d'arachide
1 1/2 cuillerée à soupe d'huile d'olive
1/2 citron, sel, poivre

Coupez les tomates cerises en quatre. Réservez-les dans un bol. Coupez les oignons en rondelles de 3 mm. Pelez les pommes de terre et coupez-les en deux dans le sens de la longueur puis, sans les séparer, en fines rondelles de 3 mm d'épaisseur ; rincez-les et épongez-les.

Cassez la queue des artichauts au ras du cœur. Ôtez les feuilles dures et coupez les tendres à 1 cm du cœur. Parez les cœurs. Coupez-les en quatre et frottez-les de citron afin qu'ils ne noircissent pas. Coupez chaque quartier en 3 lamelles.

Faites chauffer l'huile d'arachide dans une cocotte en fonte de 4 l. Ajoutez les oignons, mélangez 1 minute puis ajoutez les lamelles d'artichaut et, 1 minute plus tard, les demi-rondelles de pommes de terre. Mélangez 2 minutes. Salez, poivrez et ajoutez les tomates. Mélangez. Couvrez la cocotte et laissez cuire à feu très doux pendant 20 minutes. Tournez souvent pendant la cuisson.

Préparez le pistou : lavez les feuilles de basilic et épongez-les. Pilez-les dans un mortier avec quelques grains de sel et la demi-gousse d'ail. Ajoutez l'huile d'olive et mélangez.

En fin de cuisson, les légumes doivent être tendres et fondants. Retirez la cocotte du feu. Arrosez les légumes de pistou, mélangez et dressez-les dans un plat de service.

Servez chaud ou tiède.

La Récolte des pommes de terre, Henri Lerolle ; MUSÉE SAINT-DENIS, REIMS

Le Rappel des glaneuses, J. Breton (1859) MUSÉE D'ORSAY, PARIS. Les silhouettes arrêtées de femmes en train de glaner devint vite un cliché des peintures paysannes du XIXᵉ siè

PAINS ET PÂTISSERIES

Depuis des siècles, le pain est l'aliment de base de la population laborieuse et, dans une mesure moindre, de l'aristocratie. Seul dénominateur commun entre seigneurs, nobles, bourgeois, artisans et paysans, il est présent sur toutes les tables depuis le Moyen Age.

Très tôt, la fabrication du pain (aliment riche en signification symbolique) est confiée dans les villes et les agglomérations à des spécialistes : les meuniers, fourniers et boulangers. Les premiers boulangers firent leur apparition en Europe, ramenés de Grèce par les Romains qui les installèrent en Italie. En France, la trace la plus lointaine que l'on puisse retrouver remonte à Saint Louis. Ils étaient alors réunis en une confrérie sous le nom de *tallemeliers*.

Les paysans pétrissent eux-mêmes leur pâte mais la portent à cuire au four banal, c'est-à-dire au four du seigneur, moyennant une taxe, bien entendu ! Il existe aussi, par ailleurs, une fabrication domestique dans les monastères et les établissements princiers. Les bourgeois des villes peuvent passer des contrats avec un boulanger : celui-ci leur fournissant le pain contre une certaine quantité de grain. Ils peuvent aussi pétrir la pâte chez eux et la cuire au four public. À partir du XIe siècle, le pain est presque toujours fait à base de farine de froment, sauf dans l'Ouest et le Centre, où l'on préfère le pain de seigle ou de méteil. Le méteil est un mélange de céréales, le plus souvent froment et seigle. Les paysans préférent généralement ensemencer un champ avec différents types de grain, afin de limiter les risques de perte de toute la récolte.

Le pain blanc est une nourriture délicate réservée aux oisifs, aristocrates et riches. Le pain de ville, plus grossier, est le pain courant consommé par la population urbaine, on l'appelle aussi le pain bourgeois. Le « pain à tout », un pain de couleur foncée, proche de notre pain complet, est l'aliment grossier, mais de base pour les populations laborieuses et toute la paysannerie. Ces distinctions vont se maintenir au cours des siècles, et nous les retrouvons encore aujourd'hui dans nos boulangeries, sans toutefois les connotations sociales du passé.

On pourrait presque dire que l'ordre s'est inversé et que, de nos jours, par souci diététique, les riches consomment davantage de « pain à tout » ou pain complet que les ouvriers ou paysans. Il y eut aussi le « biscuit » qui, comme son nom l'indique, était un pain cuit deux fois, la deuxième cuisson assurant une complète dessication et une longue conservation. Il fut longtemps l'essentiel de la ration des marins. Jusqu'à la fin du Moyen Age, le pain sert à toutes sortes de choses : à épaissir le potage quand il est coupé en « soupes », à lier les sauces et les fonds de ragoût ; chez les nobles et les bourgeois, il sert d'assiette sous forme de « tranchoir ».

Les Cribleuses de blé, Gustave Courbet
(1819-1877)
MUSÉE DES BEAUX-ARTS, NANTES
Le tableau de Courbet, *Enterrement à
Ornans,* décrivait des funérailles paysannes,
alors que son tableau *Les Cantonniers*
mettait l'accent sur des ouvriers pauvres.
Il pensait que le paysan et l'ouvrier étaient
les sujets les plus nobles qu'un artiste
pouvait s'efforcer de dépeindre, mais ses
toiles ne révèlent pas un intérêt émotionnel
pour la classe ouvrière, comme c'est le cas
pour les toiles de Millet, par exemple.

Au cours des siècles les pains varient de taille et de forme. Le plus souvent, ils se présentent en miches rondes, plus ou moins grandes, mais il y a selon les régions des pains de formes différentes : longs, ovales, tressés, fendus, les variations sont infinies. La baguette croustillante et dorée est un pain de ville, parisien de surcroît, qui s'est popularisé depuis le début du siècle. Portée sous le bras par un homme en béret basque et en maillot de corps, elle fut longtemps pour le monde entier une image caricaturale de la France.

À la fin du XVe siècle, il existe déjà sur les étals des boulangers de nombreux pains « fantaisie », c'est-à-dire de formes différentes, de pâte plus fine et de cuissons variées : pains au lait, au gruau, fougaces du midi, brioches et kouglofs d'Alsace, sans oublier les croissants, parisiens eux aussi, et sans doute « importés » d'Autriche à la fin du XVIIIe siècle.

Depuis longtemps, la lutte est rude entre boulangers et pâtissiers. Ces derniers vont même jusqu'à intenter un procès aux premiers qui se sont mis à vendre des pâtisseries dans leur échoppe. Ils vont obtenir satisfaction : les boulangers n'ont plus le droit de vendre de gâteaux, sous quelque forme que ce soit. La bataille sera réengagée un peu plus tard à propos de la galette des rois. Le boulanger a en effet pour habitude, le jour de l'Épiphanie, d'offrir aux clients qui viennent faire cuire leur pain dans son four une galette des rois. Les pâtissiers s'insurgent contre cette concurrence déloyale. Mais cette fois-ci, les boulangers vont tenir bon et ils continueront à distribuer des galettes. Un nouveau problème va apparaître en 1794 ; les révolutionnaires se demandent soudain si cette traditionnelle galette des rois ne serait pas un prétexte pour fêter en cachette les ennemis détrônés. Les pâtissiers, conscients du préjudice moral que pourrait poser aux héros de la Révolution cette pâtisserie, vont contourner le problème. Dorénavant, ils fabriquent des galettes de la Liberté sur lesquelles ils gravent au couteau un bonnet phrygien.

Mais parallèlement à ces « querelles de paroisses » la véritable période charnière entre boulangerie et pâtisserie se situe au XVIIe siècle. Jusque-là, le mot « pâtisserie » n'éveillait pas automatiquement l'idée de sucré. Le pâté a toujours été une préparation enrobée de pâte, au contenu indifféremment salé ou sucré. Une encyclopédie du XVIIIe siècle définit le terme

La Boulangère in « Les Femmes de Paris »,
Alfred-André Géniole (XIXe s.)
MUSÉE CARNAVALET, PARIS
Une femme porte deux longues baguettes
parisiennes, alors que l'autre tient un
bâtard, plus court et plus large.

Les Apprêts d'un déjeuner rustique,
Roland H. H. de la Porte (1724-1793)
MUSÉE DU LOUVRE, PARIS
Cette toile fut exposée au Salon en 1763
et admirée par un des critiques pour sa
« surprenante illusion » d'une miche de
pain qui dépasse.

Le Vanneur, Jean-François Millet
(1814-1875)
MUSÉE DU LOUVRE, PARIS
Cette peinture est une version tardive d'une
toile qui valut à Millet une grande
acclamation au Salon de 1848.

« pâtisserie » comme « *une préparation de paste avec plusieurs assaisonnements friands de
viandes* (au sens de victuaille), *de beurre, de sucre, de fruits, comme sont les pâtés, tourtes,
tartes, biscuits, brioches, etc..* ».

Cependant la pâtisserie telle que nous l'entendons aujourd'hui est en fait bien ancienne.
Au Moyen Age, il y a des petits gâteaux à foison : craquelins, gimblettes, poupelins et
échaudés, nieulles et pains d'épices, talmouses et darioles, gaufres et oublies et sans doute
bien d'autres dont nous n'avons même plus les recettes. Les nieulles, nous le savons, étaient
des gâteaux faits d'une pâte « aussi fine qu'un copeau » et saupoudrée de sucre. Au XIIIe
siècle, il s'en vendait dans les églises certains jours de fête, et elles étaient alors ornées de
motifs religieux. Les oublies étaient des sortes de gaufres extrêmement fines faites avec une
pâte contenant du miel. Les talmouses étaient de savoureux petits pâtés au fromage frais. Il
y avait aussi les beignets et les crêpes dont on faisait bombance pour Mardi gras...

Jusqu'à la fin de la Renaissance, qui vit une large diffusion du sucre de canne, les
pâtisseries se sucrent au miel, quant aux tartes, elles sont douces ou salées, souvent à base
de fromage blanc et d'œufs. Puis, lorsque naît la grande cuisine, elles deviennent ce qu'elles

Les Moissonneuses, Henri Lerolle
(XIXe s.)
MUSÉE DES BEAUX-ARTS, MULHOUSE

Le Déjeuner (détail) (1874),
Claude Monet
MUSÉE D'ORSAY, PARIS
Des fruits, des fleurs et des repas
conviviaux sont des sujets auxquels Monet
revenait et revenait encore. Son jardin à
Argenteuil était l'endroit idéal pour
travailler sur ces trois thèmes.

sont aujourd'hui : « des pièces de four, de crème, de confiture, aux pommes, au massepain, aux griottes, et aux fruits en général ». La tarte est sans doute la pâtisserie la plus fréquemment confectionnée à la maison, à base de pâte brisée, feuilletée ou sablée.

L'influence italienne fut importante en France dans le domaine de la pâtisserie sucrée. En effet, les cuisiniers et pâtissiers de la péninsule se familiarisèrent très tôt avec les techniques de cuisson du sucre de canne et ses applications. Leur savoir-faire eut tôt fait de passer les Alpes, à la suite des armées et des délégations princières.

Au XIXe siècle, avec Antonin Carême, la pâtisserie se fait monumentale et architecturale. Les motifs sculpturaux en sucre filé et en massepain, les pâtés en forme de places fortes ornées de canons, de palais ou autres fantaisies romantiques, ornent les gigantesques buffets impériaux et royaux. On peut se demander s'il s'agit encore là de cuisine ou si ces constructions alimentaires n'ont plus qu'une fonction ornementale.

La pâtisserie aujourd'hui a repris un rôle plus modeste, mais tout à fait essentiel, car plusieurs de nos très grands chefs firent leurs premières armes dans cette discipline : pour n'en citer que deux à un siècle et demi d'intervalle, Antonin Carême et Michel Guérard.

Battage du blé, in *Le Rustican* (vers 1460), Pierre de Crescens
MUSÉE CONDÉ, CHANTILLY

PAIN À LA BIÈRE

Durant des siècles, les boulangers ont utilisé un morceau de pâte fermentée (levain), pour faire lever le pain. La levure de bière, introduite vers 1600, souleva de nombreuses controverses. La Faculté de médecine de Paris la déclara « contraire à la santé et préjudiciable au corps humain ». On continua à l'utiliser pour la confection de pains de froment, plus légers et plus fins que les pains de méteil. Quoi qu'il en soit, il s'agissait plutôt d'une réintroduction que d'une invention, puisque Pline déjà faisait remarquer que les Gaulois utilisaient l'écume de la cervoise pour alléger le pain !

Pour 1 pain d'environ 850 g
200 g de farine de seigle
200 g de farine de blé bise
100 g de farine de blé blanche
25 cl de bière blonde, légèrement tiède
1 sachet de levure de boulanger lyophilisée (8 g)
1 cuillerée à café de cassonade
2 cuillerées à café de sel

Mettez la cassonade dans un verre de 2 décilitres. Ajoutez 1 décilitre d'eau tiède (35 °C) et remuez afin que le sucre fonde. Versez la levure en pluie, mélangez et laissez gonfler la levure dans un endroit tiède, sans y toucher, pendant 10 minutes environ : elle doit atteindre le bord du verre.
Versez les farines sur le plan de travail. Salez et mélangez. Creusez un puits et versez-y la bière. Remuez la levure et versez-la dans le puits.
Du bout des doigts et en un mouvement vif partant du centre, mélangez les éléments, puis roulez la

pâte en boule et travaillez-la : poussez-la devant vous, puis pliez-la et faites-lui faire un quart de tour sur elle-même dans le sens inverse des aiguilles d'une montre. Recommencez l'opération et continuez de travailler la pâte pendant 5 minutes, jusqu'à ce qu'elle soit lisse et élastique.
Mettez la pâte dans une grande terrine légèrement farinée et couvrez-la d'un linge. Laissez-la reposer dans un endroit tiède, pendant environ 1 heure 30 : elle doit doubler de volume.
Pendant ce temps, huilez un moule à pain de 30 centimètres de long.
Faites retomber la pâte en la tapotant et mettez-la sur le plan de travail. Travaillez-la 3 minutes. Formez un cylindre de la longueur du moule et posez-le dans le moule. Couvrez d'un linge et laissez gonfler dans un endroit tiède.
Lorsque le pain a levé, allumez le four, thermostat 7 (225 °C). Retirez le linge et glissez le pain dans le four chaud. Laissez cuire 45 minutes.
Retirez-le du four, démoulez-le et laissez-le refroidir sur une grille.
Ce pain est meilleur 12 heures après.

PAINS AU LAIT

Jusqu'au XIXe siècle, le pain le plus consommé en France, surtout par les classes populaires et paysannes, fut le pain bis, sorte de pain complet ou de pain de méteil, fait de farines mélangées. Il était en effet fréquent que l'on ensemence les champs de céréales avec plusieurs espèces de grains, afin de réduire les pertes en cas de maladie végétale. Le pain blanc était un pain consommé en ville, ou l'apanage des aristocrates et des riches. De tels petits pains au lait, mollets et très fins, étaient courants sur les tables des bons bourgeois et des nobles, surtout les jours de fête. On considérait par ailleurs le pain blanc plus digeste et meilleur pour la santé, à l'opposé de nos croyances contemporaines sur la valeur des fibres.

Pour 12 petits pains
500 g de farine de blé blanche, type 45
1 sachet de levure de boulangerie lyophilisée (8 g)
1,5 dl de lait tiède
50 g de beurre très mou
1 œuf
1 cuillerée à café de sucre semoule
1 cuillerée 1/2 à café de sel

Mettez la moitié du sucre dans un verre de 2 décilitres. Ajoutez 1 décilitre d'eau tiède (35 °C) et remuez. Versez ensuite la levure en pluie, mélangez

Pains à la bière (à g.) ; Pains au lait (à d.)

et laissez gonfler la levure dans un endroit tiède, sans y toucher, pendant 10 minutes environ : elle doit atteindre le bord du verre.

Tamisez la farine. Poudrez-la du reste de sucre et du sel et mélangez. Creusez un puits, cassez-y l'œuf et ajoutez le beurre. Remuez la levure et versez-la dans le puits, avec le lait tiède.

Du bout des doigts et en un mouvement vif partant du centre, mélangez tous les éléments, puis roulez la pâte en boule et travaillez-la : poussez-la devant vous, puis pliez-la vers vous et faites-lui faire un quart de tour sur elle-même dans le sens inverse des aiguilles d'une montre. Recommencez l'opération et continuez de travailler la pâte 5 minutes, jusqu'à ce qu'elle soit élastique.

Mettez alors la pâte dans une grande terrine légèrement farinée et couvrez-la d'un linge. Laissez-la reposer dans un endroit tiède, à l'abri des courants d'air, pendant environ 1 heure 30.

Faites retomber la pâte en la tapotant du bout des doigts et mettez-la sur le plan de travail. Travaillez-la 3 minutes, puis divisez-la en 12 parts. Roulez ces parts entre vos mains, puis posez les boules sur une plaque anti-adhésive, en les espaçant de 5 centimètres.

Laissez-les telles quelles ou incisez-les avec la pointe d'un couteau. Couvrez d'un linge et laissez lever 10 minutes dans un endroit tiède.

Allumez le four, thermostat 6 (200 ºC). Dès qu'il est chaud, enfournez. Laissez cuire 15 minutes, puis laissez refroidir sur une grille.

Avec cette pâte, vous pouvez préparer des petits pains de formes variées : navettes ; petites ficelles ; tresses ; torsades...

Vous pouvez aussi, bien sûr, confectionner un seul pain, moulé ou non.

PAIN AUX OLIVES

Peu d'aliments de base ont subi autant de fantaisies que la pâte à pain ! Depuis des millénaires, les hommes ont fait des pains de toutes sortes, multipliant à volonté les formes et les goûts. Quoi de plus logique que cette association du pain et des olives, les deux nourritures essentielles du monde méditerranéen ?

Pour 1 pain d'environ 750 g
400 g de farine de blé bise
1 sachet de levure de boulanger lyophilisée (8 g)
200 g d'olives noires charnues
2 cuillerées à soupe d'huile d'olive
1/2 cuillerée à café de sucre semoule
1 cuillerée à café rase de sel de mer fin

Mettez 1 cuillerée à café de sucre dans un verre de 2 décilitres. Ajoutez 1 décilitre d'eau tiède (35 °C) et remuez.
Versez la levure en pluie, mélangez et laissez gonfler la levure dans un endroit tiède, sans y toucher, pendant 10 minutes environ : elle doit atteindre le bord du verre.
Mettez la farine sur le plan de travail. Salez et mélangez. Creusez un puits. Versez-y la levure, avec 1,5 décilitre d'eau tiède et l'huile.
Du bout des doigts et en un mouvement vif partant du centre, mélangez tous les éléments, puis roulez la pâte en boule et travaillez-la : poussez-la devant vous, puis pliez-la et faites-lui faire un quart de tour sur elle-même dans le sens inverse des aiguilles d'une montre.
Recommencez l'opération et continuez de travailler ainsi la pâte pendant 5 minutes, jusqu'à ce qu'elle soit lisse.

Mettez la pâte dans une grande terrine légèrement farinée et couvrez-la d'un linge. Laissez-la reposer dans un endroit tiède, à l'abri des courants d'air, pendant environ 1 heure 30.
Pendant ce temps, découpez les olives en fines lamelles verticales, en éliminant le noyau.
Faites retomber la pâte en la tapotant et mettez-la sur le plan de travail. Travaillez-la 3 minutes. Étalez-la en un rectangle de 1 centimètre d'épaisseur et parsemez sa surface de lamelles d'olive. Roulez le rectangle en un cylindre. Torsadez les extrémités et glissez-les sous le pain. Posez le pain sur une plaque anti-adhésive. Faites des entailles obliques et parallèles sur le dessus.
Couvrez d'un linge et laissez gonfler 20 minutes.
Allumez le four, thermostat 7 (225 °C). Lorsque le pain a levé, retirez le linge et glissez la plaque au four. Laissez cuire 40 minutes, puis retirez du four et laissez refroidir sur une grille.
Ce pain est excellent avec des fromages frais, de chèvre ou de brebis, mais il est parfait servi avec des viandes, des poissons ou des entrées estivales : poivrons grillés, purée d'aubergine, salades vertes et salades de tomate...

PAIN DE SEIGLE

Le pain de seigle fut longtemps le préféré de certaines provinces françaises, entre autres en Auvergne et dans le Lyonnais. Aujourd'hui encore, il est des familles d'agriculteurs de Haute-Lozère qui regrettent le temps où ils cuisaient leur propre pain de seigle. Il y a quelques années, délaissant cette céréale, les boulangers ont préféré fabriquer du pain de froment blanchi et raffiné, insipide, mais qui demande moins de labeur. Le bon pain de seigle, disent les Lozériens, doit être tendre mais compact, il doit « tenir au ventre ». Ils considèrent son parfum inégalable. Coupé en tranches, servi avec du beurre salé, il accompagne fruits de mer et coquillages.

Pour 1 pain d'environ 800 g
400 g de farine de seigle
175 g de farine de blé blanche
1 sachet de levure de boulangerie lyophilisée
(8 g)
1 cuillerée à café de sucre semoule
2 cuillerées à café de sel

Mettez le sucre dans un verre de 2 décilitres de contenance. Ajoutez 1 décilitre d'eau tiède (35 °C) et remuez avec une petite cuiller afin que le sucre fonde. Versez la levure en pluie, mélangez et laissez gonfler la levure dans une endroit tiède, sans y toucher, pendant 10 minutes.

Pain de seigle (en haut) ; Pain aux olives (en bas)

Mettez les farines sur le plan de travail. Salez et mélangez. Creusez un puits. Versez-y la levure, avec 2,5 décilitres d'eau tiède. Du bout des doigts et en un mouvement vif partant du centre, mélangez tous les éléments, puis roulez la pâte en boule et travaillez-la : poussez-la devant vous, puis pliez-la et faites-lui faire un quart de tour sur elle-même dans le sens inverse des aiguilles d'une montre. Recommencez l'opération et continuez de travailler la pâte pendant 5 minutes.

Mettez alors la pâte dans une grande terrine légèrement farinée et couvrez-la d'un linge.

Laissez-la lever dans un endroit tiède, à l'abri des courants d'air, pendant environ 2 heures.

Faites retomber la pâte en la tapotant. Travaillez-la 3 minutes et faites-en une boule. Posez-la sur une plaque anti-adhésive, poudrez sa surface de farine de blé, puis faites 4 incisions à l'aide d'un couteau pointu. Couvrez d'un linge et laissez gonfler 20 minutes, dans un endroit tiède.

Allumez le four, thermostat 7 (225 °C). Lorsque le pain a levé, enfournez-le. Laissez cuire 50 minutes, puis faites refroidir sur une grille.

Petits pains aux raisins et au romarin

PETITS PAINS AUX RAISINS ET AU ROMARIN

Bien avant le Moyen Âge, les petits pains fantaisie faisaient déjà partie des diverses traditions régionales. Selon les villes, les foires et les occasions, leur forme et leur goût varient. Au miel, aux raisins, au fromage, aux pignons, aux noix, etc., sans oublier les formes les plus bizarres, les plus étonnantes ou les plus obscènes ! De ces traditions, il ne nous reste aujourd'hui qu'un pâle vestige, sous forme de fouaces, fougasses, brioches et autres petits pains, que l'on peut parfois encore découvrir au hasard des rencontres dans les boulangeries de campagne.

Pour 12 petits pains
500 g de farine de blé blanche, type 45
2 brins de romarin frais de 20 cm de long
150 g de gros raisins secs : malaga
1 sachet de levure de boulangerie lyophilisée
(8 g)
4 cuillerées à soupe d'huile d'olive fruitée
1 cuillerée à café d'huile d'olive
1 cuillerée à soupe de sucre semoule
1 cuillerée 1/2 à café de sel de mer fin

Mettez 1 cuillerée à café de sucre dans un verre de 2 décilitres. Ajoutez 1 décilitre d'eau tiède (35 °C) et remuez. Versez la levure en pluie, mélangez et laissez gonfler la levure dans un endroit tiède, sans y toucher, pendant 10 minutes environ : elle doit atteindre le bord du verre.

Mettez la farine sur le plan de travail. Salez et mélangez. Creusez un puits au centre. Versez-y la levure, avec 1,5 décilitre d'eau tiède.

Du bout des doigts et en un mouvement vif partant du centre, mélangez tous les éléments, puis roulez la pâte en boule et travaillez-la : poussez-la devant vous, puis pliez-la et faites-lui faire un quart de tour sur elle-même dans le sens inverse des aiguilles d'une montre. Recommencez l'opération et continuez de travailler la pâte pendant 5 minutes, jusqu'à ce qu'elle soit élastique.

Mettez alors la pâte dans une grande terrine légèrement farinée et couvrez-la d'un linge. Laissez-la reposer dans un endroit tiède, à l'abri des courants d'air, pendant environ 1 heure 30.

Pendant ce temps, préparez l'huile parfumée : réservez les feuilles les plus tendres du romarin. Mettez les autres dans une casserole avec 4 cuillerées d'huile. Faites chauffer sur feu très doux, puis éteignez le feu. Laissez infuser 15 minutes. Ensuite, filtrez l'huile et réservez-la.

Faites retomber la pâte en la tapotant. Travaillez-la 3 minutes, comme la première fois, en y incorporant l'huile parfumée, puis le sucre, les raisins et les feuilles de romarin réservées.

Formez 12 petites boules, sans essayer de les rendre parfaitement rondes et posez-les sur une plaque anti-adhésive en les espaçant de 5 centimètres. Faites une entaille en croix sur chaque petit pain. Badigeonnez-les d'huile, au pinceau. Laissez-les lever 20 minutes, dans un endroit tiède.

Allumez le four, thermostat 6 (200 °C). Lorsqu'il est chaud, enfournez et laissez cuire 30 minutes. Retirez du four et laissez tiédir sur une grille. Servez ces petits pains tièdes ou froids.

Allumez le four, thermostat 5 (175 ºC). Beurrez un moule à charlotte de 18 centimètres.

Cassez les œufs en séparant les blancs des jaunes. Mettez les jaunes dans une terrine et les blancs dans une autre ; poudrez-les de sel. Fouettez les jaunes avec le sucre semoule.

Battez les blancs en neige ferme et incorporez-en la moitié au mélange jaunes-sucre. Incorporez alors la farine et la vanille, puis la fécule. Mélangez, puis incorporez le reste des blancs, en soulevant la pâte. Versez la pâte dans le moule et glissez dans le four chaud. Laissez cuire 35 minutes.

Retirez le moule du four et laissez reposer le gâteau 5 minutes avant de le démouler et de le poudrer de sucre glace.

Ce très léger gâteau se conserve plusieurs jours. Il est délicieux pour accompagner une mousse au chocolat ou une crème pâtissière ou des compotes de fruits. Rassis et coupé en tranches que vous mouillerez d'alcool de votre choix, il sera la base d'excellentes charlottes.

Gâteau de Savoie

GÂTEAU DE SAVOIE

C'est une préparation de base dans l'art de la pâtisserie. Il s'accommode de toutes sortes de traitements et d'accompagnements et, depuis deux cents ans, on en trouve la recette dans tous nos livres de cuisine.

Pour 6 personnes
60 g de farine de blé blanche, type 45
60 g de fécule de pommes de terre
200 g de sucre semoule
4 œufs
1 cuillerée à café de vanille en poudre
1 cuillerée à soupe de sucre glace
1 pincée de sel

GÂTEAU AUX NOIX

Les noix ont joué un rôle important dans l'alimentation du Quercy ou de la Drôme, non seulement parce que l'on en tirait de l'huile, mais aussi parce qu'elles constituaient un ingrédient de base pour de nombreuses recettes locales. Les gâteaux aux noix, dont il existe de nombreuses variantes, sont des mets délicieux, qui se gardent longtemps et qui sont encore meilleurs quand on les fait soi-même.

Pour 6 personnes
200 g de cerneaux de noix
150 g de sucre semoule
50 g de farine de blé blanche, type 45
60 g de beurre mou
3 œufs

Allumez le four, thermostat 6 (200 ºC). Beurrez un moule à cake anti-adhésif de 23 centimètres. Râpez les cerneaux de noix.

Mettez les œufs dans une terrine avec le sucre. Fouettez 2 minutes, puis ajoutez la farine, le beurre et les noix, sans cesser de mélanger.

Versez la pâte dans le moule et glissez au four. Laissez cuire 40 minutes, jusqu'à ce que le gâteau soit gonflé et doré. Retirez-le du four et laissez-le reposer 30 minutes. Laissez-le refroidir sur une grille avant de le servir.

Gâteau aux noix

MADELEINES AU CHOCOLAT

Inventés dans la ville de Commercy par une cuisinière nommée Madeleine Paumier, ces merveilleux petits gâteaux furent immortalisés dans la littérature par Marcel Proust, en qui elles suscitèrent une puissante force évocatrice de certaines scènes de son enfance. Peu importe d'ailleurs si en réalité sa petite madeleine fut, aux dires de certains, une tranche de pain grillé. La version classique se fait sans chocolat, et ces friandises se servent avec le thé.

Pour 24 grosses madeleines
75 g de chocolat de couverture noir amer
75 g de farine de blé blanche, type 45
75 g de beurre
75 g de sucre semoule
1 cuillerée à soupe de cacao non sucré
2 œufs entiers
2 jaunes d'œufs
1 cuillerée à café de vanille liquide

Allumez le four, thermostat 4 (150 °C). Beurrez 2 plaques de moules à grosses madeleines.
Faites ramollir le chocolat dans une casserole, sur feu très doux. Ajoutez le beurre et lissez le mélange à la spatule. Retirez du feu.
Ajoutez le sucre dans la casserole, puis la farine et le cacao en les tamisant. Battez les œufs et les jaunes à la fourchette dans un petit bol et ajoutez-les dans la casserole, en mélangeant rapidement. Remuez 2 minutes sur feu très doux.
Répartissez la pâte dans les moules et glissez au four. Laissez cuire 12 à 15 minutes. Retirez du four et détachez les madeleines. Laissez-les tiédir sur une grille avant de les déguster.

CAKE AUX ZESTES D'AGRUMES ET AUX PÉPITES DE CHOCOLAT

Que les Français aient conservé le mot anglais *cake* pour désigner ce gâteau est symptomatique de l'anglophilie qui sévit dans le premier quart du siècle. C'était l'époque où Debussy faisait blanchir son linge en Angleterre et donnait des titres anglais à certaines de ses pièces. On prenait le five o'clock au cours d'une garden-party et on mangeait du cake dans la splendeur du rituel victorien.

Madeleines au chocolat (à g.) ; Cake au zeste d'agrumes et aux pépites de chocolat (à d.)

au cours d'une garden-party et on mangeait du cake dans la splendeur du rituel victorien.

Pour 6 personnes
150 g de zestes de pamplemousse confit
60 g de pépites de chocolat
2 œufs
125 g de sucre semoule
125 g de beurre mou
150 g de farine de blé blanche, type 45
1 cuillerée à café rase de levure chimique

Allumez le four, thermostat 6 (200 °C). Beurrez un moule à cake de 20 × 6 centimètres.

Coupez les zestes de pamplemousse en carrés de 1 centimètre et mettez-les dans un bol. Tamisez farine et levure, puis ajoutez 1/3 de cette préparation aux zestes. Mélangez. Fouettez les œufs à la fourchette dans un autre bol.

Mettez le beurre dans une terrine avec le sucre. Battez au fouet, puis incorporez les œufs, la farine et la levure. Ajoutez les zestes et les pépites de chocolat. Mélangez rapidement.

Versez la pâte dans le moule. Glissez au four et laissez cuire 15 minutes. Baissez le thermostat à 5 (175 °C), puis laissez cuire encore 45 minutes, jusqu'à ce que le cake soit gonflé et doré. Laissez reposer 15 minutes, puis démoulez et laissez refroidir sur une grille.

Vous pouvez conserver ce cake plusieurs jours.

GÂTEAU MARBRÉ

Parfait exemple de la traditionnelle pâtisserie familiale, ce type de gâteau a dû faire le bonheur de générations de petits Français à l'heure du goûter. Le petit pain au chocolat acheté chez le boulanger du coin tend de plus en plus, hélas ! à remplacer le savoureux gâteau marbré.

Pour 10 personnes
375 g de farine de blé blanche, type 45
200 g de sucre semoule
200 g de beurre mou
1 sachet de levure chimique
1,25 dl de lait
5 œufs
1/2 cuillerée à café de vanille liquide naturelle
2 cuillerées à soupe de café amer
40 g de cacao non sucré
1 pincée de sel

Gâteau marbré

Allumez le four, thermostat 5 (175 °C). Beurrez un moule à cake de 28 centimètres. Faites tiédir le lait dans une petite casserole.

Tamisez la farine et la levure. Mettez le beurre dans une terrine, ajoutez le sucre en pluie et travaillez avec une spatule pendant 2 minutes.

Cassez les œufs en séparant les blancs des jaunes. Mettez les blancs dans un saladier et poudrez-les de sel. Versez les jaunes dans la terrine, en alternance avec 1 cuillerée de farine. Ajoutez le reste de farine et le lait tiède.

Divisez la pâte en 3 et mettez-la dans 3 terrines. Ajoutez la vanille dans la première, le café dans la deuxième et le cacao dans la troisième.

Battez les blancs d'œufs en neige ferme et répartissez-les dans les terrines, en en mettant un peu plus dans la pâte au cacao. Incorporez délicatement les blancs à chaque préparation.

Versez les pâtes dans le moule en alternant les couleurs. Glissez le moule au four et laissez cuire 1 heure. Démoulez et laissez refroidir. Attendez 8 heures au moins avant de déguster.

Merveilleux accompagnement du café, du thé ou du chocolat, ce gâteau est encore meilleur 24 heures après sa fabrication.

La Pâtisserie Clappe, (1889) Jean Béraud MUSÉE CARNAVALET, PARIS

BISCUIT À LA CRÈME

Dans les écoles maternelles depuis quelques années, on apprend aux petits, garçons et filles, à faire de la pâtisserie. Il s'agit souvent de biscuits, certes bien moins délicats que celui de cette recette, mais excellents tout de même. Puisse cette sympathique initiative aider à conserver une tradition de pâtisserie ménagère, aujourd'hui en grand danger de disparition.

Pour 5-6 personnes
200 g de farine de blé blanche, type 45
125 g de crème fraîche épaisse
80 g de sucre semoule
3 œufs
2 cuillerées à soupe de rhum ambré
1 sachet de levure chimique
1 pincée de sel

Allumez le four, thermostat 5 (175 °C). Beurrez un moule à manqué de 20 centimètres.

Mettez la crème dans une terrine avec le sucre. Mélangez. Cassez les œufs en séparant les blancs des jaunes. Mettez les blancs dans un saladier et poudrez-les de sel. Ajoutez les jaunes au mélange crème-sucre. Incorporez la farine et la levure.

Ajoutez le rhum et mélangez encore.

Battez les blancs d'œufs en neige ferme et incorporez-les à la pâte, en la soulevant.

Versez la pâte dans le moule et glissez-le au four.

Laissez cuire 35 minutes environ.

Démoulez le biscuit et laissez-le refroidir.

Ce délicat biscuit se déguste à l'heure du thé, tel quel ou accompagné de confitures.

218

BISCUIT AU VIN BLANC

La cuisine au vin ne se borne pas au domaine du salé. Elle peut aussi se décliner au sucré dans des crèmes, des compotes ou des gâteaux comme celui-ci. Notez que tout l'alcool que contient le vin s'est évaporé en cours de cuisson, et que ce biscuit peut être consommé sans remords par le plus consciencieux des anti-alcooliques.

Pour 6 personnes
200 g de farine de blé blanche, type 45
1 dl de vin blanc sec et fruité : riesling
5 cuillerées à soupe d'huile d'arachide ou de
germe de maïs
150 g de sucre semoule, 3 œufs
1 sachet de levure chimique
1 pincée de sel

Allumez le four, thermostat 6 (200 °C). Beurrez un moule à manqué de 22 centimètres. Mélangez farine, levure et sel.

Cassez les œufs dans une terrine et battez-les au fouet à main. Incorporez le sucre en pluie, sans cesser de battre, puis versez l'huile et le vin. Mélangez, puis incorporez le contenu du saladier, peu à peu, sans cesser de battre, jusqu'à ce que la pâte soit lisse et aérée.

Versez la pâte dans le moule et glissez-le au four. Laissez cuire 35 minutes environ.

Retirez le moule du four, démoulez le biscuit et laissez-le refroidir avant de déguster.

Servez ce biscuit tel quel ou accompagné de crème pâtissière, de compotes ou de confitures.

Biscuit au vin blanc (en h.) ; Biscuit à la crème (en b.)

BISCUIT AUX POMMES

À l'origine, comme son nom l'indique, le biscuit était une pâte cuite deux fois. Il représentait la ration de base des marins. En effet, cette sorte de pain très sec et très dur se conservait plusieurs mois. Puis ce mot en vint à évoquer un gâteau léger, une préparation de base pour la pâtisserie. Aujourd'hui, ce mot désigne à la fois un gâteau à pâte tendre, et des petits gâteaux secs, ce qui est une façon de rendre à ce mot son sens d'origine.

Pour 6 personnes
4 pommes de 200 g chacune : goldens ou reines des reinettes
50 g de beurre
2 cuillerées à soupe de calvados
200 g de farine de blé blanche, type 45

25 g de fécule de maïs
180 g de sucre semoule
2 cuillerées à café de cannelle en poudre
2 cuillerées à café de vanille en poudre
2 cuillerées à café de levure chimique
1 dl de jus d'orange
1,5 dl d'huile d'arachide
2 œufs
40 g d'amandes hachées
1 pincée de sel

Allumez le four, thermostat 5 (175 °C). Beurrez un moule à manqué anti-adhésif de 22 centimètres. Coupez les pommes en 4, pelez-les et retirez-en le cœur. Coupez chaque quartier de pomme en 3 lamelles.

Faites fondre le beurre dans une poêle anti-adhésive

Biscuit aux pommes (en h.) ; Biscuit au chocolat (en b.)

Apple biscuit (top); Chocolate biscuit (bottom)

Nature morte avec brioche et citron, (1832-1883) Édouard Manet MUSÉE DES BEAUX-ARTS, STRASBOURG

de 26 centimètres. Faites blondir les lamelles de pomme 2 minutes de chaque côté, puis arrosez-les de calvados. Enflammez-le. Lorsque la flamme s'est éteinte, retirez les pommes de la poêle. Réservez-les sur un grand plat en évitant qu'elles ne se chevauchent.

Tamisez la farine dans le bol d'un robot. Ajoutez la fécule, le sucre, le sel, la cannelle, la vanille, la levure, le jus d'orange, l'huile et les œufs. Mixez 1 minute à grande vitesse, jusqu'à obtention d'une pâte lisse.

Versez un tiers de la pâte dans le moule. Rangez dessus la moitié des pommes, puis couvrez-les du deuxième tiers de pâte. Rangez dessus le reste des pommes et couvrez-les du reste de pâte. Poudrez d'amandes. Glissez le moule au four et laissez cuire le gâteau 55 minutes.

À sa sortie du four, laissez le gâteau reposer 5 minutes. Servez tiède. Vous pouvez l'accompagner de crème fraîche, à température ambiante.

BISCUIT AU CHOCOLAT

L e biscuit peut s'accommoder de toutes sortes de parfums, y compris le chocolat comme dans cette recette. Il fait partie de l'arsenal pâtissier familial, hélas ! aujourd'hui durement concurrencé par la pâtisserie industrielle.

Pour 6 personnes
150 g de chocolat de couverture noir amer

50 g de farine de blé blanche, type 45
1/2 cuillerée à café de levure chimique
120 g de sucre semoule
100 g de beurre
3 œufs
1 pincée de sel

Allumez le four, thermostat 5 (175 °C). Beurrez légèrement un moule à cake anti-adhésif de 25 centimètres de long.

Cassez le chocolat en morceaux et mettez-les dans une terrine. Ajoutez le sucre et le beurre. Mettez la terrine dans un bain-marie et laissez fondre le chocolat sans y toucher. Ensuite, retirez la terrine du bain-marie et lissez le tout en tournant avec une spatule. Laissez refroidir.

Tamisez farine et levure. Cassez les œufs en séparant les blancs des jaunes. Salez les blancs et battez-les en neige ferme.

Ajoutez les jaunes d'œufs dans la terrine. Incorporez la moitié des blancs, en alternance avec la farine. Incorporez enfin le reste des blancs.

Versez la préparation dans le moule et glissez-le au four. Laissez cuire 55 minutes. À la sortie du four, laissez reposer le gâteau 5 minutes, puis démoulez-le et laissez-le refroidir 2 heures au moins.

Servez ce gâteau froid, en tranches épaisses, à l'heure du thé. Vous pouvez l'enrichir de 50 grammes de cerneaux de noix, râpés gros.

Corbeille de prunes, Corbeille de fraises, Louise Moillon (1616-vers 1674) MUSÉE DES AUGUSTINS, TOULOUSE. Louise Moillon, le peintre français des natures mortes les plus fines

du XVIIe siècle, mêlait une observation intense à un fascinant sentiment d'immobilité. Elle fut remarquée pour son interprétation subtile de la texture du fruit.

DESSERTS

En France, le fromage vient avant le dessert. Depuis l'adoption du service à la russe, le repas dans sa séquence comprend une dernière note salée avant sa conclusion. Il existe près de trois cents sortes de fromages, d'une infinie variété de goûts et de textures. De chèvre, de vache, de brebis, les formes et les odeurs se déclinent savamment selon les provinces. Fromages gras à pâte molle, bien faits, de Normandie, de Brie et autres régions de l'Est, chèvres cendrés, secs, frais ou bien affinés, du Centre, du Midi et du Sud-Ouest, le roquefort des Causses et le brebis des Pyrénées pour les régions d'élevage ovin, les pâtes cuites des Alpes, les subtiles productions de l'Auvergne, la liste est interminable et il y en a pour tous les goûts. Mais aux grands repas — du XVIIIe jusqu'au premier quart de ce siècle — il était de règle de ne jamais offrir de fromage aux dames : l'odeur et la robustesse de ce mets devant forcément offenser leur délicate sensibilité !

Les repas quotidiens dans les milieux modestes se terminaient souvent par le fromage, et on en retrouve un écho dans certains menus de restaurants populaires, où il est spécifié : fromage ou dessert.

Il y a peut être cent cinquante ans que le dessert, tel que nous le connaissons aujourd'hui, est devenu une règle pour clore un repas. Jusque-là, dans le service à la française, des plats sucrés pouvaient être servis lors de chaque service, et non pas seulement à la fin. La tradition, encore très vivante aujourd'hui, voulait que l'on commence le repas par un apéritif de vin doux accompagné, à cette époque, d'échaudés et autres petits gâteaux, de pomme cuites, de figues et de cerises. Les diététiciens de l'époque recommandaient de commencer le repas par des fruits et de l'acide.

Cependant, certains repas du Moyen Age, comme on le note dans la série des menus proposés par *Le Ménagier de Paris* écrit vers 1390, s'achèvent par une « issue de table » proche de notre conception du dessert. L'issue est offerte aux convives une fois la nappe retirée et comprend de l'hypocras, qui était un vin sucré et épicé, et des oublies accompagnées parfois de noisettes et d'amandes, ou de fruits secs ou frais. S'il s'agit d'un banquet luxueux, on offre des dragées, qui sont alors des graines d'anis ou d'autres épices enrobées de sucre.

Jusqu'à la fin du Moyen Age, le principal édulcorant était le miel. Venue de Nouvelle Guinée, la canne à sucre ne fit son apparition en Europe qu'aux alentours du XIe siècle, apportée par les Arabes qui l'implantèrent un peu partout au hasard de leurs conquêtes. On assista alors à un véritable engouement pour le sucre dont on usait sans modération. Tout

Le Buffet, Jean-Baptiste Chardin ; MUSÉE DU LOUVRE, PARIS
Une modeste pièce montée de prunes, pommes, poires et pêches. Montreuil, à l'est de Paris, était connu pour ses pêches. Louis XIV en recevait chaque année un panier plein de la part d'un mousquetaire qui y résidait et à qui il avait accordé une pension.

La Bataille d'oranges (1968), G. Rohner,
GALERIE DE PARIS, PARIS
Henri IV construisit la première orangerie
en France, aux Tuileries. Son petit-fils,
Louis XIV, en fit bâtir une autre d'une
grande beauté à Versailles. Le fruit cultivé
dans ces édifices magnifiques était amer et
recherché pour son zeste et son jus, comme
une alternative au citron. Les oranges
douces devaient être importées du Portugal.

était prétexte à faire marmelades, confitures et gelées. En 1555, dans son *Traité des Confitures*, Nostradamus en parle ainsi : « *Je vous dis que si quelqu'un a parfaite intelligence de savoir la maîtrise de bien et dûment gouverner le sucre, il mettra tous les fruits en parfaite confiture.* » Peu de temps après, dans son *Théâtre d'agriculture et Message des champs*, Olivier de Serres le définit comme « *une racine fort rouge, assez grosse, dont les feuilles sont des bettes et tout cela est bon à manger, appareillé en cuisine ; voire la racine est mangée entre les viandes délicates, dont le jus très beau à voir par sa merveille couleur* ».

À ses tous débuts, ce produit exotique rare et précieux, n'était utilisé qu'en médecine. C'est progressivement et avec parcimonie qu'il devint un « ingrédient » de cuisine. Jusqu'au XVIIIe siècle, le sucre était délivré par les apothicaires, ancêtres de nos épiciers et pharmaciens actuels ; en effet, ces derniers détenaient le monopole de la vente des épices et du sucre.

À partir du XIIe siècle, le sucre fit son apparition dans de nombreuses recettes mais plus couramment à l'étranger qu'en France où la différence entre le sucré et le salé fut de plus en plus marquée. Le mélange de ces deux goûts devint même tout à fait déplacé dans les menus de l'Hexagone.

Cette caractéristique typiquement française de la séparation du sucré et du salé devint tout à fait définitive au XVIIe siècle. L.S.R., dont l'ouvrage est de loin le plus moderne des livres de cuisine de ce siècle, dit à propos de lièvres rôtis : « *Si quelqu'un aime et demande une sauce douce (sucrée), ce qui me paraît fort impertinent et fort ridicule, vous le pourrez faire en faisant bouillir du vin rouge dans un poeslon avec sucre, geroffle, cannelle et réduire le tout à consistence de sirop.* » Il était devenu vulgaire, voire impoli, de mélanger sucré et salé dans un même plat.

Le Compotier (1908), Georges Braque
MUSÉE D'ART MODERNE, STOCKHOLM
La banane demeura un fruit rare en Europe
quasiment jusqu'à la fin du XIXe siècle.
Comme d'autres fruits exotiques,
rapidement périssables, le progrès de
réfrigération et de transport rapide en firent
une denrée commune.

Jusqu'alors, le sucre était considéré par les médecins comme une nourriture saine, pouvant soigner diverses formes d'inflammations sans risque d'effets secondaires néfastes, du moment qu'on le consommait avec modération (il pouvait difficilement en être autrement au Moyen Age puisqu'il était une denrée rare et chère). Mais à mesure que le sucre se banalisait, les médecins changèrent d'avis. Le sucre devint « le grand coupable » : il était la cause de phtisies et autres troubles pulmonaires, il noircissait les dents, donnait mauvaise haleine et provoquait toutes sortes de désagréments. Ce qui prouve que les gens en consommait beaucoup plus que par le passé.

Un siècle plus tard, tandis que le sucre était devenu plus abordable et donc accessible à tous, les médecins révisèrent à nouveau leur jugement : il était redevenu un excellent apport énergétique.

Aujourd'hui, suivant l'inlassable répétition du cours de l'histoire, le sucre blanc est à nouveau déclaré mauvais. Évitez-le à tout prix, disent les médecins, sous peine d'être atteint des pires maux. Mais comment se priver de dessert ?

Le mot dessert vient de « desservir » : c'est ce que l'on sert quand on a terminé de débarrasser la table, c'est-à-dire d'enlever tous les plats qui s'y trouvaient. Ce dernier service, comprenant obligatoirement quelques plats sucrés, s'établit définitivement vers le XVIIe siècle. Entre divers mets, les convives ont aussi un choix de fruits, de pâtisseries sucrées, confitures, massepains, dragées et fromages. Il peut y avoir des crèmes et autres préparations sucrées ne comportant pas de pâte : œufs à la neige ou îles flottantes, bavarois et flans, omelettes sucrées, tout ce que nous appelons aujourd'hui les entremets. Les premiers « vrais » entremets

Nature morte au melon, Claude Monet (1840-1926)
MUSÉE CALOUSTE GULBEKIAN, LISBONNE
Alors qu'on bâtissait une nouvelle bibliothèque à Cavaillon, près d'Anjou, les membres de son conseil municipal écrivirent à Alexandre Dumas en lui demandant de faire don de deux ou trois de ses meilleures nouvelles. L'auteur répondit qu'il ne pouvait être juge de ses propres livres, et suggéra d'envoyer la totalité de ses œuvres contre douze melons de Cavaillon par an. Le conseil accepta de bon cœur.

227

L'Enfant aux cerises, Édouard Manet
(1832-1883)
MUSÉE CALOUSTE GULBNKIAN, LISBONNE
On remarque que de nombreuses recettes
comportant Montmorency dans leur nom
sont à base de cerises. La ville de
Montmorency est connue pour sa variété
acide de ce fruit qu'on peut utiliser frais,
cristallisé ou macéré dans l'alcool pour la
préparation de nombreux mets salés ou
sucrés. Le kirsch, liqueur d'Alsace, est
fabriquée à base de cerises.

furent les spectacles offerts aux convives des festins de Moyen Age entre chaque service. Puis le mot s'appliqua à des plats que l'on pouvait servir à la place du spectacle. Ensuite il désigna les mets que l'on présentait à certains emplacements de la table servie à la française et, effectivement, ces mets pouvaient être sucrés. Enfin aujourd'hui, un entremets est un plat sucré, comprenant le plus souvent des œufs et du lait, servi au dessert.

À l'approche de la Révolution le dessert devint, sur les tables des riches, une véritable institution. De fabuleuses constructions de meringues, de fruits, de gâteaux et de crèmes s'étalaient en de magnifiques compositions. Un soin tout particulier était apporté à la décoration des repas. Faits de fleurs fraîches, d'argent, de cristal, de porcelaine et de sculptures de glace, ces centres de tables faisaient du service des desserts une féerie pour le plus grand plaisir de tous.

Mais le dessert en France n'a jamais eu une place prépondérante. Il n'est pas devenu une institution comparable à ce qu'elle est dans d'autres pays d'Europe du Nord. Chez nous, le goût du sucré s'est développé lentement, et il a fallu attendre le XVIIe siècle pour que le sucre se banalise alors que nos voisins se gorgeaient déjà de friandises. Nos grands cuisiniers et pâtissiers ont été moins intéressés par le sucré que par le salé ; ce sont les Italiens du XVIe siècle qui ont familiarisé les Français avec les confiseries raffinées à base du produit de la canne. Ce sont eux aussi qui nous ont appris à faire les glaces et les sorbets. Les préparations à base de chocolat ont été maîtrisées ailleurs en Europe, notamment par les Suisses, Belges et Anglais avant de s'intégrer dans la tradition française, mais nos confiseurs se sont bien rattrapés depuis !

Au quotidien, le dessert comporte le plus souvent des fruits, crus ou cuits, pour une note rafraîchissante et légèrement sucrée à la fin du repas. Les préparations plus élaborées terminent les repas plus festifs.

Aujourd'hui nos desserts se sont allégés. Le lait lardé et la tarte au fromage de Taillevent ont été remplacés par d'aériennes préparations à base de fruits, de feuilletés croustillants, de soufflés et de mousses, de crèmes et de pâtisseries délicates qui, si elles ne se présentent plus sous les aspects monumentaux des confections architecturales en sucre filé et massepain d'un Antonin Carême ou d'un Urbain Dubois, n'en retiennent pas moins le grand raffinement.

Cueillette des pommes, in *Le Rustican* (vers 1460), Pierre de Crescens
MUSÉE CONDÉ, CHANTILLY
Excepté leurs nombreuses applications dans la cuisine, les pommes sont utilisées en Normandie dans la production de cidre et de calvados ; ce dernier est un alcool brut fabriqué en distillant le cidre.

La Chocolatière, Jean-Étienne Liottard (1702-1789)
STAATLICHE KUNSTSAMMLUNG, DRESDES

MOUSSE AU CHOCOLAT

Si, vers la fin du XVIIIe siècle, les mousses disparaissent presque entièrement de la cuisine dite « classique », ne retrouvant véritablement leur rôle de vedette qu'à l'avènement de la nouvelle cuisine, il y eut une exception unique, mais notoire. Celle de la mousse au chocolat : le plus simple, le plus courant, et certains diront le plus apprécié de tous les desserts français. Des générations d'enfants et d'adultes auront toujours des souvenirs tendrement émus de mousse au chocolat couronnant goûters ou repas de fête. C'est sans doute aussi le premier dessert que l'on apprend à faire et la récompense la meilleure de l'enfant sage.

Pour 6-8 personnes
400 g de chocolat de couverture noir amer
125 g de beurre mou
20 g de sucre semoule
6 œufs
3 cuillerées à soupe de liqueur de votre choix
(facultatif)

Cassez les œufs en séparant les blancs des jaunes. Cassez le chocolat en morceaux et faites-le fondre au bain-marie. Ajoutez le beurre et lissez le mélange à la spatule. Incorporez les jaunes d'œufs un à un, sans cesser de remuer. Ajoutez la liqueur choisie et mélangez encore.
Battez les blancs d'œufs en neige ferme et ajoutez le sucre, sans cesser de battre jusqu'à ce qu'ils soient lisses et brillants. Ajoutez un tiers des blancs dans le mélange. Incorporez ensuite le reste des blancs, en soulevant la masse.
Mettez la mousse dans une jatte et réservez-la au réfrigérateur. Laissez reposer au moins 6 heures.

MARQUISE AU CHOCOLAT, SAUCE PISTACHE

Le chocolat, que les Espagnols rapportèrent du continent américain vers la fin des années 1500, pénétra en France plus tard, par l'intermédiaire de deux infantes d'Espagne : Anne d'Autriche, épouse de Louis XIII, et Marie-Thérèse, épouse de Louis XIV. Ces deux reines furent de grandes « chocolâtres », et le goût pour le cacao se répandit à travers la cour, puis dans tout le pays. C'est sous le règne de Louis XIV que l'on découvrira le moyen d'évaporer et de mouler le chocolat pour en faire la friandise que nous connaissons. Quant à la première chocolaterie industrielle, elle vit le jour en France, en 1770, avec les Chocolats et Thés Pelletier et Compagnie.

Pour 5 personnes
400 g de chocolat de couverture noir amer
125 g beurre mou
4 jaunes d'œufs
75 g de sucre glace
1/2 l de crème liquide, très froide
2 sachets de sucre vanillé
1⁄2 cuillerée à café de cannelle en poudre
1 cuillerée à café de vanille liquide

2 jaunes d'œufs
40 g de sucre semoule
2 dl de lait
100 g de pistaches mondées

Faites fondre le chocolat au bain-marie ou au four à micro-ondes. Ajoutez ensuite le beurre et lissez le mélange à la spatule.

Cassez les œufs dans une terrine. Ajoutez le sucre, la vanille et la cannelle en battant bien, puis le mélange chocolat-beurre. Laissez refroidir.

Fouettez la crème, ajoutez le sucre vanillé et continuez de fouetter jusqu'à obtention d'une chantilly ferme. Incorporez-la au mélange précédent.

Tapissez de papier film un moule à cake de 28 centimètres. Versez-y la préparation. Couvrez et mettez au frais. Laissez reposer de 12 à 24 heures.

Préparez la sauce pistache : faites bouillir le lait dans une casserole. Fouettez les jaunes d'œufs et la moitié du sucre dans une seconde casserole, puis versez le lait chaud. Faites cuire cette crème sur feu doux, en remuant sans cesse, sans laissez bouillir, jusqu'à ce que la crème soit nappante et veloutée. Retirez du feu.

Mettez les pistaches et le reste de sucre dans le bol d'un robot et mixez jusqu'à obtention d'une fine poudre. Ajoutez la crème anglaise et mixez encore 1 minute à grande vitesse. Versez la crème dans une jatte et réservez-la au réfrigérateur.

Au moment de servir, démoulez le gâteau et servez-le en tranches, accompagné de sauce pistache.

Mousse au chocolat (en h.) ; Marquise au chocolat sauce pistache (en b.)

GÂTEAU AU CHOCOLAT DE GEORGE SAND

Cette recette originale est tirée des carnets de cuisine tenus par George Sand, lors de ses séjours à Nohant dans les années 1830-1860. Dans ce milieu aux visiteurs cosmopolites, les repas étaient des événements considérés comme très importants, et l'écrivain collectionnait les recettes recueillies durant ses nombreux voyages ou transmises par des amis tant français qu'étrangers. Dans la grande cuisine de cette gentilhommière du XVIIIᵉ s'élaboraient des plats traditionnels ou exotiques, et George Sand ne dédaignait pas de mettre parfois la main à la pâte.

1/4 (125 grammes) d'amandes douces que l'on râpe sans les avoir mondées, 1/2 livre de chocolat râpé, 1/2 livre de sucre en poudre, 70 grammes de farine, 1/2 livre de beurre, 6 jaunes d'œufs. Après avoir remué jusqu'à ce que le mélange soit bien complet, ajoutez 6 blancs d'œufs battus en neige très ferme. Beurrez un moule, saupoudrez-le d'un peu de farine. Faites cuire dans un moule chauffé à l'avance, mais pas trop chaud, 45 minutes de cuisson environ.

Pour 6 personnes
250 g de chocolat de couverture noir amer
100 g de beurre mou
100 g de poudre d'amandes
100 g de sucre semoule
4 œufs
1/2 cuillerée à café de vanille en poudre
1 pincée de sel

Gâteau au chocolat de George Sand

Allumez le four, thermostat 5 (175 °C). Beurrez un moule à manqué de 22 centimètres de diamètre.
Mélangez le sucre — moins 2 cuillerées à soupe —, la vanille et la poudre d'amande, dans un bol.
Cassez les œufs en séparant les blancs des jaunes. Faites fondre le chocolat au bain-marie, ajoutez le beurre. Retirez du feu et ajoutez les jaunes d'œufs un à un, puis le mélange sucre-vanille-poudre d'amande, en mélangeant bien.
Battez les blancs d'œufs en neige ferme et incorporez-y le sucre réservé, sans cesser de fouetter, jusqu'à ce qu'ils soient lisses et brillants.
Versez la préparation au chocolat dans les blancs et mélangez délicatement, en soulevant la pâte et non en la tournant.
Versez la pâte dans le moule et glissez au four. Laissez cuire le gâteau 35 minutes, puis laissez reposer 15 minutes avant de le démouler.
Servez tiède ou froid, tel quel ou avec une crème anglaise ou un coulis de chocolat.

ŒUFS À LA NEIGE

Tirée du *Cuisinier françois* de La Varenne, célèbre livre de cuisine écrit sous le règne de Louis XIV, cette recette est demeurée inchangée jusqu'à nos jours. Ce dessert qui faisait les délices de nos ancêtres est toujours aussi populaire et toujours aussi apprécié des petits et des grands. Il suffit pour s'en persuader de regarder les cartes des restaurants de quartier et des bistrots, il fait partie du sempiternel triple choix de desserts : crème caramel, mousse au chocolat, œufs à la neige (ou île flottante).

Cassez les œufs, séparez les blancs d'avec les jaunes, mettez les jaunes dans un plat avec du beurre, les assaisonner de sel, mettez-les sur la cendre chaude, battez et fouettez bien les blancs, un peu avant que de servir jetez-les sur les jaunes avec une goutte d'eau rose, la pelle du feu par-dessus : sucrez puis servez.

Pour 4 personnes
1/2 litre de lait
4 œufs
120 g de sucre semoule
1 gousse de vanille

Préparez d'abord la crème anglaise : fendez la gousse de vanille et faites-la bouillir avec le lait.

Œufs à la neige

Laissez infuser 5 minutes. Grattez l'intérieur de la gousse et ajoutez les petites graines noires parfumées dans le lait. Jetez la gousse.

Cassez les œufs en séparant les blancs des jaunes. Mettez les jaunes dans une casserole avec 80 grammes de sucre. Fouettez jusqu'à ce que le mélange blanchisse, puis délayez-le avec le lait.

Faites cuire sur feu modéré, en remuant sans cesse, sans laisser bouillir. Retirez-la du feu et laissez-la refroidir en la fouettant régulièrement afin qu'elle reste bien lisse. Passez la crème à travers un tamis et réservez-la au réfrigérateur.

Battez les blancs en neige ferme, ajoutez le reste de sucre et fouettez-les encore 1 minute, jusqu'à ce qu'ils soient très fermes.

Faites bouillir de l'eau, puis baissez le feu. Plongez une cuiller dans de l'eau froide, puis prélevez de grosses cuillerées de blancs, que vous déposez dans l'eau frémissante. Plongez la cuiller dans l'eau froide entre chaque opération afin de faciliter le glissement des blancs dans l'eau.

Retournez les blancs après 30 secondes, avec une écumoire. Laissez cuire encore 30 secondes puis égouttez-les avec l'écumoire et déposez-les sur une grille munie d'un linge humidifié, en prenant soin de ne pas les faire se toucher. Réservez-les ensuite au réfrigérateur.

Au moment de servir, versez la crème anglaise dans une jatte et garnissez des blancs, en dôme.

Préparez le caramel : faites fondre le sucre avec 2 cuillerées à soupe d'eau et laissez cuire jusqu'à obtention d'un joli caramel ambré. Versez le caramel en mince filet sur les blancs afin de former des fils. Servez aussitôt.

Crêpes soufflées citron-framboise

CRÊPES SOUFFLÉES CITRON-FRAMBOISE

Dans *Le Ménagier de Paris*, rédigé vers les années 1390, cette recette porte le nom de crespes. Les crêpes correspondent à l'une des plus anciennes manières de faire cuire de la pâte, technique issue de la confection des premières galettes de pain. Friandise populaire et courante depuis le Moyen Age, elles se mangent traditionnellement à la chandeleur et à Mardi gras. Il est recommandé, pour s'assurer d'avoir de l'argent toute l'année, de retourner la crêpe en la faisant sauter en l'air d'une main, tout en tenant une pièce d'or dans l'autre. Si la crêpe retombe dans la poêle, la richesse est assurée !

Prenez de la fleur (de farine) des destrempez d'œufs tant moyeux (jaunes) comme aubuns (blancs) osté le germe, et deffaites d'eaue, et y mettez du sel et du vin, et batez : puis mettez du sain (saindoux) sur le feu en une petite paelle de fer, ou moitié sain et moitié beurre frais, et faites frémier (frémir) ; et adonc aiez une éscuelle percée d'un petit perthuis (trou), et adonc mettez de celle boulie dedans l'escuelle en commençant au milieu, et laissez filer tout autour de la pealle ; puis mettez en un plat, et de la pouldre de sucre dessus. Et que la paelle dessusdite de fer ou d'airain tiegne trois chopines, et ait el bort demoy doy (doigt) de hault, et soit aussi larghe ou dessus comme en bas, ne plus ne moins ; et pour cause.

Pour 6 personnes

Pour la pâte à crêpes
100 g de farine de blé blanche, type 45
2 œufs
50 g de beurre
1/4 de litre de lait
1 cuillerée à soupe de rhum ambré
1 cuillerée à soupe de sucre semoule
Pour le soufflé au citron
4 œufs + 2 blancs
le zeste râpé de 3 citrons non traités
1 cuillerée à soupe de jus de citron
90 g de sucre semoule
1 cuillerée à soupe de fécule de pomme de terre
ou de maïs
Pour le coulis de framboise
400 g de framboises
60 g de sucre glace
1 cuillerée à soupe de jus de citron
Pour la cuisson
30 g de beurre

Préparez le coulis de framboise : mettez les framboises, le sucre et le jus de citron dans le bol d'un mixeur. Mixez rapidement à grande vitesse, puis réservez le coulis au réfrigérateur.

Préparez la pâte à crêpes : faites fondre le beurre dans une casserole sur feu doux. Ajoutez le lait et laissez tiédir. Retirez du feu. Cassez les œufs dans le bol d'un mixeur. Ajoutez le rhum, le sucre vanillé, la farine et le mélange contenu de la casserole. Mixez 1 minute à petite vitesse, puis versez cette pâte dans une terrine.

Cette pâte, riche en œufs et en beurre, n'ayant pas besoin de reposer, faites cuire les crêpes aussitôt : faites fondre le beurre dans une poêle anti-adhésive ou une crêpière, puis versez-le dans un bol. Versez la pâte dans l'ustensile, à l'aide d'une petite louche, en soulevant la poêle et en lui faisant décrire un mouvement tournant. Après quelques secondes, retournez la crêpe avec une spatule et faites-la cuire de l'autre côté pendant 10 secondes. Lorsque la crêpe est cuite, posez-la sur une assiette. Vous préparerez ainsi 15 crêpes dont vous réservez les 12 plus belles. Entre chaque crêpe, beurrez légèrement l'ustensile.

Préparez le soufflé citron : cassez les œufs en séparant les blancs des jaunes. Réservez tous les blancs dans un grand saladier et les jaunes dans une terrine.

Battez les jaunes avec la moitié du sucre, la fécule, le jus et le zeste de citron. Battez les blancs en neige et incorporez le reste de sucre, sans cesser de fouetter. Incorporez le quart des blancs aux jaunes en fouettant vivement, puis versez dans les blancs. Mélangez délicatement.

Allumez le four, thermostat 8 (250 ºC).

Étalez une crêpe sur une assiette et posez 2 grosses cuillerées à soupe de soufflé au citron au centre. Pliez la crêpe en chausson, sans appuyer. Faites de même avec les autres crêpes.

Beurrez un plat à four pouvant contenir les 12 crêpes. Rangez-y les crêpes et glissez le plat au four. Laissez cuire 4 minutes, le temps que les crêpes s'ouvrent sous la poussée du soufflé qui gonfle à la cuisson.

Répartissez les crêpes dans 6 assiettes et entourez-les délicatement de coulis de framboise. Dégustez sans attendre.

Fleurs et Fruits, Paul Cézanne (1839-1906) MUSÉE DE L'ORANGERIE, PARIS

Soupe de cerises en gelée d'amande (en b.) ; Amandines aux fruits rouges (en h.)

SOUPE DE CERISES EN GELÉE D'AMANDE

Les cerises rouges dont les jeunes filles aiment toujours à se faire des pendants d'oreilles connaissent, malheureusement, une saison limitée. Ne pouvant toutes les manger crues, les cuisiniers et pâtissiers font preuve d'imagination pour les accommoder de mille et une manières : en confiture, en sirop, en clafoutis, en compote comme la soupe de cette recette, sans oublier, bien sûr, les célébrissimes cerises à l'eau-de-vie. Il en existe de nombreuses variétés, divisées en deux catégories : les cerises douces, à la chair ferme et sucrée, issues du merisier (ou cerisier sauvage d'Europe), et les cerises plus aigres qui font les meilleures confitures et viennent d'une variété de cerisier sauvage originaire de la mer Noire.

Pour 4 personnes
500 g de cerises
24 amandes fraîches
3 feuilles de gélatine
1 dl de sirop de canne
6 gouttes d'extrait naturel d'amande amère
1 cuillerée à soupe de kirsch
2 tasses de crème fouettée

Faites ramollir les feuilles de gélatine dans de l'eau froide. Lavez les cerises, égouttez-les et piquez-les de quelques coups d'aiguille afin qu'elles n'éclatent pas à la cuisson.

Versez le sirop dans une casserole et portez à ébullition. Égouttez la gélatine et plongez-les dans le sirop. Dès la reprise de l'ébullition, ajoutez les cerises et laissez-les cuire 5 minutes.

Versez les cerises et leur jus dans une jatte et laissez refroidir. Mettez au réfrigérateur et laissez refroidir pendant 1 heure au moins.

Au moment de servir, décortiquez les amandes, pelez-les et séparez-les en deux. Fouettez la crème. Garnissez d'amandes et de crème fouettée.

AMANDINES AUX FRUITS ROUGES

Amandes et sucre sont de vieux compagnons. En France, une grande quantité de pâtisseries et de desserts en sont parfumés : frangipanes, massepains, nougats, et j'en passe, dont ces amandines délicates, allégées de fruits rouges.

Pour 8 personnes
350 g de groseilles et framboises mélangées
4 blancs d'œufs
140 g de sucre semoule
100 g de poudre d'amande
1 cuillerée à soupe de fécule de pomme de terre
1 cuillerée à soupe de sucre glace

Allumez le four, thermostat 4 (150 °C). Beurrez 8 moules à brioches de 3 centimètres de diamètre à la base et de 8 centimètres en haut.

Mélangez la poudre d'amande et la fécule. Battez les blancs en neige et incorporez le sucre, sans cesser de battre pendant 1 minute. Ajoutez le mélange amande-fécule, en soulevant la préparation. Ajoutez les framboises, très délicatement.

Répartissez la préparation dans les moules et glissez-les au four. Laissez cuire 20 minutes.

Retirez les moules et laissez reposer les petits gâteaux 5 minutes. Démoulez-les et poudrez-les de sucre glace. Servez aussitôt.

Si vous le désirez, vous pouvez accompagner les amandines d'une crème anglaise froide, parfumée à la vanille et/ou au kirsch, préparée avec les 4 jaunes non utilisés, 1/2 litre de lait et 100 grammes de sucre.

TARTE AUX POMMES AUX AMANDES

C'est la mère des tartes aux fruits. Qu'on la fasse soi-même ou qu'on l'achète chez le pâtissier, en pâte feuilletée, sablée ou brisée, elle est notre Tarte fondamentale. Au cours des siècles s'y sont introduites quelques fantaisies, comme la tarte Tatin, par exemple, qui inverse les choses en mettant les pommes dans le fond du moule et la pâte par-dessus.

Pour 4 personnes
100 g de farine de blé blanche
60 g de beurre
1 cuillerée à soupe de sucre glace
4 pincées de vanille en poudre

2 pincées de sel
3 pommes reines des reinettes de 150 g chacune
50 g de poudre d'amande
50 g de sucre cristallisé roux
2 cuillerées à soupe de rhum ambré
3 pincées de cannelle en poudre

La veille, préparez la pâte : mettez la farine dans le bol d'un robot. Ajoutez le beurre, le sucre, la vanille, le sel et 1 cuillerée à soupe d'eau.

Mixez 30 secondes à grande vitesse jusqu'à obtention d'une boule. Réservez-la dans un sachet en plastique au réfrigérateur.

Le lendemain, étalez la pâte au rouleau à pâtisserie sur 3 millimètres d'épaisseur et garnissez-en un moule à tarte en porcelaine à feu de 20 centimètres de diamètre. Glissez le moule au four et laissez reposer la pâte 1 heure.

Au bout de ce temps, allumez le four, thermostat 9 (250 °C).

Mélangez la poudre d'amande, le sucre et la cannelle dans un bol. Coupez les pommes en quartiers, pelez-les et retirez le cœur. Râpez chaque quartier de pomme. Réservez-les dans un saladier. Ajoutez le rhum et le mélange du bol, en tournant délicatement.

Garnissez le fond de pâte des pommes râpées. Lissez la surface et glissez au four. Laissez cuire 30 minutes, puis retirez du four et laissez reposer 10 minutes avant de démouler. Servez tiède.

Tarte aux pommes aux amandes

Corbeille de fruits et Petit Panier de fraises, Louise Moillon (1616-vers 1764) MUSÉE DES AUGUSTINS, TOULOUSE

TARTELETTES FEUILLETÉES AUX FIGUES, COULIS DE CASSIS

La figue est un fruit qui nous vient du Midi. La marquise de Sévigné, qui visitait sa fille dans son château de la Drôme, signalait à ses amis que « pour les melons, les figues et les muscats, c'est une chose étrange : si nous voulions, par quelque bizarre fantaisie, trouver un mauvais melon, nous serions obligés de le faire venir de Paris, il ne s'en trouve point ici ». C'est toujours un peu vrai de nos jours, les meilleures figues sont celles que l'on déguste sur l'arbre, chaudes de soleil, prêtes à éclater de jus. Une autre excellente solution est d'en faire des tartelettes.

Pour 6 personnes
200 g de pâte feuilletée au beurre
6 grosses figues violettes, mûres à point
60 g de poudre d'amande
50 g de beurre
50 g de sucre
1 œuf
Pour le coulis
200 g de cassis
80 g de sucre semoule

Préparez le coulis de cassis : lavez les cassis, égrappez-les et mettez-les dans le bol d'un robot. Ajoutez le sucre et mixez jusqu'à obtention d'une fine purée. Filtrez la purée dans une passoire afin d'obtenir un fin coulis. Réservez.

Allumez le four, thermostat 6 (200 °C). Préparez la crème d'amande : faites fondre le beurre et laissez-le refroidir. Fouettez l'œuf avec le sucre. Ajoutez la poudre d'amande et le beurre et mélangez. Étalez la pâte au rouleau sur 3 millimètres d'épaisseur et découpez-y 6 disques de 10 centimètres de diamètre. Posez-les sur une plaque anti-adhésive. Garnissez de crème d'amande.

Coupez les figues en 8 quartiers et garnissez-en les tartelettes. Glissez au four et laissez cuire 25 minutes. Retirez les tartelettes du four et répartissez-les dans 6 assiettes. Entourez-les de coulis et servez aussitôt.

TARTELETTES SABLÉES AUX ABRICOTS

L'abricot, comme l'amande, sont des ingrédients importants de notre pâtisserie. Ce fruit nous vient de loin ; il fut, en effet, domestiqué par les Chinois il y a cinq mille ans. Progressivement, il atteignit le Moyen, puis le Proche-Orient, pour venir s'enraciner dans les terres sèches du midi de la France. Les meilleurs nous viennent du Roussillon. Frais, il entre dans la composition de tartes ou d'entremets, comme le riz à la Condé, et, en confiture, il sert à « coller » ou à glacer diverses préparations pâtissières.

Pour 6 personnes
220 g de farine de blé blanche
150 g de beurre mou
50 g de poudre de noisettes
80 g de sucre glace
1 œuf

60 g de poudre d'amande
50 g de beurre
50 g de sucre
1 œuf
24 gros abricots bien mûrs
3 cuillerées à soupe de sucre semoule

Préparez la pâte : faites griller la poudre de noisette dans une poêle. Laissez refroidir sur une assiette. Mettez le beurre, le sucre, l'œuf, la farine et la poudre de noisette dans le bol d'un robot. Mixez jusqu'à obtention d'une boule. Laissez-la reposer 1 heure au frais.

Préparez la crème d'amande : faites griller la poudre d'amande dans une poêle sur feu doux. Laissez refroidir. Faites fondre le beurre. Fouettez l'œuf

avec le sucre. Ajoutez la poudre d'amande, le kirsch et le beurre et mélangez.

Lavez les abricots, épongez-les et coupez-les en 4 en éliminant le noyau. Mettez-les délicatement dans un plat creux, et poudrez-les de sucre. Laissez-les macérer.

Allumez le four, thermostat 6 (200 ºC). Divisez la pâte en 6 et étalez-la en disques de 7 à 8 centimètres de diamètre. Tapissez-en le fond, mais non les parois, de 10 moules à tartelettes de 8 centimètres de diamètre, en poussant la pâte avec les doigts. Glissez au four et laissez cuire 15 minutes environ. Au bout de ce temps, garnissez d'une fine couche de crème d'amande et glissez les tartelettes au four. Laissez cuire encore 20 minutes, puis démoulez les tartelettes et posez-les sur une plaque.

Allumez le gril. Disposez les abricots sur les tartelettes, côté peau contre la crème, en rosace. Glissez les tartelettes au four, le plus près possible de la source de chaleur et laissez caraméliser, pendant 5 minutes environ. Retirez du four et servez aussitôt.

Tartelette feuilletée aux figues, coulis de cassis (à g.) ; Tartelette sablée aux abricots (à d.)

CLAFOUTIS AUX FRAMBOISES

L e clafoutis est issu de la tradition paysanne. Traditionnellement, il se fait avec des cerises (dont on ne retire pas les noyaux), mais toutes sortes de fruits peuvent convenir. Il s'agit d'un genre de pâte à crêpes, cuite au four dans un moule et constellée de fruits.

Pour 4 personnes
400 g de framboises
1 cuillerée à soupe de farine de blé blanche,
type 45
150 g de sucre semoule
1 sachet de sucre vanillé
1 œuf + 2 jaunes
1/4 de l de crème liquide

Allumez le four, thermostat 5 (175 °C). Cassez l'œuf dans une terrine, ajoutez les jaunes et 120 grammes de sucre et mélangez au fouet, sans faire mousser. Ajoutez la farine, en la tamisant, puis la crème. Mélangez encore.

Étalez les framboises dans un plat à tarte. Parsemez-les du reste de sucre et du sucre vanillé et roulez-les dedans. Versez délicatement la préparation sur les framboises.

Glissez le moule au four et laissez cuire 50 minutes environ, jusqu'à ce que le clafoutis soit pris et sa surface blonde. Servez tiède.

POIRES AU MIEL DE SAFRAN

C e dessert contemporain est la réplique de traditions médiévales. L'usage du safran pour parfumer et pour colorer vient directement de cette époque. Les poires se prêtent admirablement à la cuisson et ici, dans leur sirop safrané, elles atteignent la perfection.

Clafoutis aux framboises (à g.) ; Poires au miel de safran (à d.)

Pour 6 personnes
6 poires de 200 g : williams rouges, de préférence
150 g de miel d'acacia
6 pincées de filaments de safran
1 citron

Versez le miel dans une casserole pouvant contenir les poires debout. Ajoutez 3/4 de litre d'eau et portez à ébullition.

Pelez les poires en leur laissant le pédoncule. Coupez le citron en 2 et frottez-en chaque poire.

Plongez les poires debout dans le sirop chaud et laissez cuire 45 minutes, à feu doux, jusqu'à ce que les poires soient très tendres.

Égouttez les poires et mettez-les dans un compotier. Ajoutez le safran et posez la casserole sur feu modéré. Faites réduire le sirop jusqu'à ce qu'il soit très épais, puis nappez-en les poires.

Servez ces poires chaudes ou tièdes, mais elles sont aussi très bonnes froides. Accompagnez-les de tuiles aux amandes.

Pets-de-Nonne

BEIGNETS MIGNONS (PETS-DE-NONNE)

Cette recette apparaît dans *La Maison rustique,* en 1745. Comme les crêpes, les beignets sont une très ancienne friandise, et toujours comme les crêpes, on en faisait particulièrement pour Mardi gras et pour la chandeleur. Depuis le Moyen Age, ils sont vendus sur les foires, et il en existe à tous les parfums : aux pommes, au fromage, aux amandes, à la fleur de sureau ou d'acacia, ou bien comme dans cette ancienne recette, dans leur toute délicieuse simplicité.

> Mettez de l'eau dans une casserole avec gros comme une noix de beurre et un peu de sel, avec de l'écorce de citron vert confit et haché bien menu : faites bouillir cela sur un fourneau ; et ayant mis deux bonnes poignées de farine, tournez-la à force de bras jusqu'à ce que cela se détache du fond de la casserole ; alors vous le tirerez en arrière et y mettrez deux jaunes d'œufs que vous mêlerez bien ensemble et continuerez d'y mettre deux œufs à deux œufs jusqu'à dix ou douze que votre pâte soit délicate ; ensuite mettez de la farine et tirez votre pâte par morceaux sur le tour. Quand elle aura reposé, roulez-la et coupez-la par petits morceaux, empêchant qu'ils ne s'attachent l'un à l'autre ; et quand on sera prêt à servir, vous frirez vos beignets à la poêle dans du beurre ou saindoux bien chaud : étant cuits de belle couleur, vous les tirez, les poudrez de sucre dessus et d'un peu d'eau de fleur d'orange et les servez chaudement.

Pour environ 24 choux
150 g de farine de blé blanche, type 45
100 g de beurre
5 œufs
100 g de sucre
2 cuillerées à café rase de sucre semoule
1 cuillerée à café rase de sel
huile d'arachide

Tamisez la farine. Mettez 1/2 litre d'eau dans une casserole avec le sel, le sucre et le beurre. Posez sur feu doux et retirez du feu dès le premier bouillon. Hors du feu, incorporez la farine en pluie en tournant avec une spatule. Remettez sur feu doux et mélangez pendant 1 minute environ, afin de dessécher la pâte. Retirez à nouveau la casserole du feu et ajoutez les œufs un à un, en incorporant le premier œuf avant d'ajouter le suivant. Travaillez peu la pâte après le dernier œuf : vous aurez des choux lisses et unis.

Lorsque la pâte est prête, faites chauffer l'huile dans une bassine à friture. Lorsqu'elle est chaude, prenez la pâte par cuillerées et faites-la glisser dans l'huile chaude, en la poussant avec le doigt : elle tombe en formant une petite boule qui gonfle, dore et se retourne elle-même dans l'huile chaude.

Lorsque les pets-de-nonne sont cuits, au bout de 3 minutes, retirez-les et égouttez-les.

Dressez les pets-de-nonne en pyramide sur un plat en les poudrant de sucre. Servez-les chauds.

CRÈME BRÛLÉE

Elle doit son nom au fait que, pour la réaliser, l'on fait caraméliser du sucre sur sa surface, soit sous un gril, soit, à l'ancienne, avec une pelle rougie. Cela n'a évidemment pas grand-chose à voir avec le brûlé. Le contraste du craquant caramel et de l'onctueuse crème est des plus succulents. On retrouve des recettes semblables dans tous les livres de cuisine à partir du XVIIIᵉ siècle et jusqu'à nos jours.

Pour 4 personnes
3 dl de lait
1 dl de crème liquide
60 g de miel d'acacia
40 g de cassonade
2 œufs
3 jaunes d'œufs
2 gousses de vanille

Allumez le four, thermostat 2 (100 °C).
Versez le lait dans une casserole et portez à ébullition. Ajoutez la crème, mélangez 30 secondes, puis retirez du feu.
Cassez les œufs dans une terrine, ajoutez les jaunes et battez au fouet. Ajoutez le miel et continuez de battre jusqu'à ce que le mélange blanchisse, sans mousser. Versez-y le mélange lait-crème.
Répartissez la préparation dans 4 plats à œufs de 15 centimètres de diamètre en la filtrant. Glissez au four et laissez cuire 30 minutes, puis éteignez le four et laissez reposer les crèmes 15 minutes dans le four éteint : le centre, qui était encore liquide, va prendre.
Lorsque les crèmes sont cuites, retirez-les du four et laissez-les refroidir. Mettez-les au réfrigérateur et laissez reposer de 2 à 8 heures.
Allumez le gril du four. Fendez les gousses de vanille en 2 et retirez les petites graines noires qu'elles contiennent. Mettez-les dans un bol avec le sucre. Poudrez les crèmes de ce sucre parfumé.
Glissez les crèmes au four pendant 1 minute 30 environ, jusqu'à ce que le sucre caramélise. Retirez du four et laissez refroidir.
Réservez les crèmes au réfrigérateur jusqu'au moment de servir, mais elles ne doivent pas attendre plus de 2 heures, sinon le caramel risquerait de fondre à l'humidité.

Fleurs et Fruits, Jean-Baptiste Monnoyer (1636-1699) MUSÉE DES BEAUX-ARTS, ORLÉANS

BLANC-MANGER AUX FRAISES DES BOIS

Le blanc-manger a une très longue histoire. Au Moyen Age, ce plat était connu dans tous les pays d'Europe, mais on rechercherait vainement dans les recettes des XIVᵉ et XVᵉ siècles un prototype de base. Les recettes sont différentes selon les pays et ont pour seul aspect commun la recherche d'une couleur blanche. Et encore, au XVᵉ siècle, il y a des « blanc-mangier party » qui, comme leur nom l'indique, sont bicolores.
Par exemple, les Anglais le font au riz, au blanc de poulet et au lait d'amande, et les Français au blanc de poulet, au bouillon et aux amandes. La version moderne en fait une crème collée à la gélatine et parfumée à l'amande.

Pour 4 personnes
600 g de fraises des bois
20 gouttes d'extrait naturel d'amande amère
1/2 l de lait
6 cuillerées à soupe de sucre semoule
6 feuilles de gélatine
1 cuillerée à café de jus de citron

Crème brûlée (à g.) ; Blanc-manger aux fraises des bois (à d.)

Faites tremper la gélatine dans de l'eau froide. Versez 1 décilitre de lait dans une casserole et portez à ébullition. Égouttez la gélatine et ajoutez-les dans le lait. Mélangez et retirez du feu. Ajoutez le reste de lait, le sucre et l'extrait d'amande amère. Mélangez et laissez refroidir.

Humidifiez 4 plats à gratin de 11 centimètres de diamètre et répartissez-y les fraises. Couvrez-les de lait d'amande et mettez au réfrigérateur. Laissez prendre pendant 4 à 6 heures.

Préparez le coulis de fraises de bois : passez les fruits au moulin à légumes (grille moyenne) au-dessus d'une casserole. Ajoutez le sucre et le jus de citron. Portez à ébullition et laissez bouillir 5 minutes. Retirez du feu et laissez refroidir. Réservez au réfrigérateur jusqu'au moment de servir.

Au moment de servir, plongez le fond des moules dans de l'eau chaude, puis retournez-les sur 4 assiettes. Entourez chaque blanc-manger de coulis et servez.

GÂTEAU AU FROMAGE BLANC

Dans les premiers livres de cuisine en langue française, comme *Le Viandier* de Taillevent ou les recettes du *Ménagier de Paris*, datant du XIVe siècle, on trouve des gâteaux faits avec du fromage frais. La tradition s'est perpétuée, souvent dans les milieux ruraux.

Pour 6 personnes
250 g de fromage frais : saint-florentin ou chèvre
frais
125 g de crème fraîche
2 cuillerées à soupe de farine de blé, type 45
125 g de sucre semoule
2 sachets de sucre vanillé
1 citron non traité
4 œufs

Allumez le four, thermostat 5 (175 °C). Beurrez un moule à soufflé de 18 centimètres de diamètre. Poudrez de sucre. Lavez le citron, épongez-le et râpez son zeste au-dessus d'une soucoupe.
Mettez le fromage dans le bol d'un robot. Ajoutez la crème et mixez 30 secondes. Ajoutez le sucre semoule et le sucre vanillé, la farine, les œufs et le zeste de citron. Mixez encore 30 secondes et versez la préparation dans le moule.
Glissez le moule au four et laissez cuire 1 heure 10 : le gâteau gonfle, dépasse le bord du moule et sa surface est très dorée. Retirez-le du four : il retombe un peu.
Renversez le gâteau sur une assiette plate et laissez-le reposer ainsi 30 minutes, sans retirer le moule. Ensuite, retirez le moule et retournez le gâteau sur un plat de service : sa surface est parfaitement lisse et brillante.
Mettez le gâteau au réfrigérateur et laissez-le reposer 12 heures avant de le déguster. Garnissez de mûres et saupoudrez de sucre.

GLACE AU MIEL

Les Français ont appris des Italiens la manière de faire les glaces durant la période mouvementée que fut la Renaissance. Les sorbets, à base de fruits, étaient particulièrement appréciés et se popularisèrent dans les cafés parisiens après l'installation du café Procope au XVIIe siècle, par le propriétaire du même nom, qui se fit une spécialité des glaces et des sorbets. Jusqu'à la fin du XIXe siècle à Paris, il existait, rue de la Glacière, un important entrepôt souterrain où l'on conservait de la glace

Gâteau au fromage blanc (à g.) ; Glace au miel (à d.)

naturelle apportée en hiver des régions de haute montagne, où venaient se fournir glaciers et riches Parisiens ayant un grand train de maison.

Pour 4-5 personnes
100 g de miel
4 jaunes d'œufs
3,5 dl de lait
75 g de crème fraîche épaisse
50 g de sucre semoule

Faites bouillir le lait dans une casserole.

Fouettez les jaunes d'œufs et le sucre dans une seconde casserole. Versez le lait en ne cessant pas de fouetter. Posez la casserole sur un feu doux. Faites cuire la préparation comme une crème anglaise, en ne cessant de la tourner avec une spatule, jusqu'à ce qu'elle nappe la spatule, sans la faire bouillir : cela demandera 5 ou 6 minutes. Retirez la casserole du feu et laissez tiédir.

Versez-la ensuite dans le bol d'un mixeur, en la filtrant. Ajoutez la crème fraîche et le miel. Mixez 2 minutes environ, à grande vitesse, jusqu'à obtention d'une crème épaisse et mousseuse.

Versez la préparation dans une sorbetière et faites-la glacer en vous conformant au mode d'emploi de l'appareil.

Au moment de servir, moulez la glace. Accompagnez de tuiles aux amandes et d'un mélange de fruits rouges. Préparez cette recette avec un miel très parfumé : lavande, mille-fleurs, forêt ou romarin, par exemple.

BAVAROIS AUX MARRONS

Aux XVIIᵉ et XVIIIᵉ siècles, la bavaroise était une boisson au lait aromatisé, épaissie par l'adjonction d'une petite fougère, la capillaire. Au cours du temps, le bavarois est devenu une crème mousseuse, « collée » à la gélatine, aromatisée de nombreux parfums.

Pour 6 personnes
500 g de marrons frais
1/2 l de lait
1/4 de l de crème liquide
80 g de sucre semoule
50 g de chocolat de couverture noir amer
1 gousse de vanille
1 cuillerée à soupe de rhum ambré
2 feuilles de gélatine
cacao en poudre

Bavarois aux marrons

Fendez l'écorce des marrons et plongez-les dans l'eau bouillante. Laissez cuire 5 minutes, puis égouttez-les et rafraîchissez-les sous l'eau. Retirez l'écorce et la petite peau brune.

Mettez les marrons dans une casserole. Ajoutez la vanille et le lait. Portez à ébullition et laissez cuire 1 heure, à tous petits frémissements, en tournant souvent, jusqu'à ce que le lait soit presque entièrement évaporé et les marrons brisés. Éliminez la gousse de vanille.

Faites tremper la gélatine dans l'eau froide. Faites chauffer 3 cuillerées à soupe de crème dans une petite casserole. Portez à ébullition et ajoutez la gélatine. Mélangez et retirez du feu.

Versez les marrons dans le bol d'un robot et mixez jusqu'à obtention d'une très fine purée. Ajoutez le rhum et la crème gélatinée. Mixez à nouveau et versez la purée dans un grand saladier.

Préparez des copeaux en râpant le chocolat en copeaux. Fouettez le reste de crème. Incorporez la crème et les copeaux à la purée de marron, en mélangeant délicatement. Répartissez la préparation dans 6 petits moules. Mettez au réfrigérateur et laissez refroidir 8 heures.

Au moment de servir, démoulez les mousses en plongeant le fond de l'ustensile quelques secondes dans de l'eau chaude. Poudrez de cacao.

CHARLOTTE AUX BANANES CARAMÉLISÉES

Une charlotte est une préparation collée à la gélatine ou qui prend avec de la crème ou une purée épaisse, contenue dans un moule tapissé de biscuits, voire de tranches de pain ou de brioche. Dans cette recette, les biscuits sont remplacés par des bananes un peu vertes. Les charlottes figuraient en bonne place sur les tables à desserts des bourgeois de la fin du XIXᵉ siècle. Les années passant, les préparations se sont allégées, et les sauces qui les accompagnent sont devenues plus sophistiquées.

Pour 6 personnes
4 bananes encore vertes
5 bananes mûres
3 dl de crème liquide
2 blancs d'œufs
60 g de beurre
250 g de sucre semoule
le zeste râpé d'un citron vert
2 cuillerées à soupe de rhum ambré
3 feuilles de gélatine
1 cuillerée à soupe de rhum ambré

Faites tremper la gélatine dans de l'eau froide. Pelez les bananes mûres, coupez-les en rondelles et réservez-en 300 grammes.

Faites fondre 20 grammes de beurre dans une poêle et ajoutez 50 grammes de sucre et les rondelles de bananes. Faites dorer les bananes pendant 5 minutes environ, puis versez le contenu de la poêle dans le bol d'un mixeur. Ajoutez la gélatine. Mixez jusqu'à obtention d'une purée. Ajoutez le rhum et le zeste de citron. Versez la préparation dans une terrine et laissez refroidir.

Fouettez la crème en chantilly, en y incorporant 10 grammes de sucre et mélangez-la à la purée de banane.

Battez les blancs en neige, ajoutez-y 10 grammes de sucre et fouettez encore, puis incorporez-les à la préparation, délicatement.

Pelez les bananes vertes et coupez-les en rondelles obliques de 5 millimètres d'épaisseur et de 4 centimètres de long. Faites fondre le reste de beurre dans la poêle et ajoutez le reste de sucre. Faites caraméliser les rondelles de banane sur leurs deux faces.

Tapissez-en le fond d'un moule à charlotte de 1,5 litre et 18 centimètres de diamètre. Versez le contenu de la terrine dans le moule et lissez la surface à la spatule. Mettez la charlotte 2 heures au congélateur puis 1 heure au réfrigérateur.

Pendant ce temps, préparez la sauce : versez le sucre et 3 cuillerées à soupe d'eau dans une casserole. Portez à ébullition et laissez cuire jusqu'à obtention d'un caramel ambré. Arrêtez la cuisson en plongeant le fond de la casserole dans de l'eau froide.

Pelez les 2 bananes qui restent et passez 150 grammes de pulpe au mixeur, avec la crème. Versez cette purée dans le caramel et remettez la casserole sur feu doux. Laissez cuire 5 minutes, en mélangeant doucement, puis ajoutez une cuillerée à soupe de rhum ambré.

Au moment de servir, plongez le moule pendant 30 secondes dans de l'eau chaude et démoulez la charlotte sur un plat de service. Réchauffez la sauce et servez-la à part, en saucière.

Champagne, Gaston Latouche (1854-1913)
MUSÉE DES BEAUX-ARTS, ROUEN

NOUGAT GLACÉ

Le nougat est une friandise traditionnelle du Midi, plus particulièrement de la ville de Montélimar. C'est dans sa recette originale, un fin mélange de miel, d'amandes, de fruits confits et de blancs d'œufs. Ce nougat glacé combine les ingrédients de base de la préparation traditionnelle, et les transforme en crème légère qui, une fois gelée, se découpe comme un gâteau.

Pour 6 personnes
3 œufs
120 g de sucre semoule
4 dl de crème liquide, très froide
2 cuillerée à soupe d'eau de fleur d'oranger
100 g de miel d'acacia
150 g d'amandes mondées
75 g de pistaches mondées
150 g de cerises confites

Charlotte aux bananes caramélisées (en h.) ; Nougat glacé (en b.)

Faites griller les pistaches dans une poêle anti-adhésive, puis poudrez-les de sucre et mélangez jusqu'à ce qu'elles caramélisent. Laissez-les refroidir. Rincez la poêle et essuyez-la.

Faites griller les amandes dans la poêle, puis poudrez-les de sucre et mélangez jusqu'à ce qu'elles caramélisent. Laissez-les refroidir.

Coupez les cerises en petits dés. Cassez les œufs en séparant les blancs des jaunes. Mettez les jaunes dans une terrine et les blancs dans un saladier. Faites chauffer le miel dans une petite casserole, 3 minutes sur feu doux.

Fouettez les blancs d'œufs en neige, puis ajoutez le miel bouillant, et l'eau de fleur d'oranger. Ajoutez le reste de sucre aux jaunes d'œufs et fouettez. Incorporez les blancs. Battez la crème, puis ajoutez-la à la préparation.

Concassez grossièrement amandes et pistaches, avec un pilon, puis incorporez-les à la préparation précédente, avec les cerises.

Tapissez de film adhésif un moule à cake en Pyrex de 28 centimètres de long. Versez-y la préparation et lissez la surface à la spatule. Mettez au congélateur et laissez glacer pendant 12 heures.

Au bout de ce temps, retirez la terrine du congélateur et réservez-la au réfrigérateur jusqu'au moment de servir.

Au moment de servir, démouler la terrine sur un plat de service et retirez le film adhésif. Servez le nougat glacé en tranches.

Vous pouvez accompagner ce dessert d'un coulis de fruits rouges mélangés : 500 g de fruits mixés avec 1 décilitre de sirop de canne et 3 cuillerées à soupe de jus de citron.

25 g de miel d'oranger
1 citron non traité
cacao non sucré

Versez le miel dans une casserole avec la crème. Incorporez le zeste du citron. Portez à ébullition, couvrez et laissez infuser 15 minutes.

Pendant ce temps, faites fond e le chocolat au bain-marie ou au four à micro-ondes. Ajoutez le beurre et lissez le mélange à la spatule.

Filtrez le contenu de la casserole et ajoutez-le dans le chocolat. Mélangez et laissez refroidir. Travaillez la préparation pour l'aérer. Laissez reposer 30 minutes au frais.

Tamisez le cacao. Travaillez de nouveau la préparation afin de la rendre souple. Prenez une noisette de pâte à truffe et roulez-la dans le cacao. Continuez jusqu'à épuisement de la pâte.

Rangez les truffes au fur et à mesure dans des caissettes en papier et enfermez-les dans des boîtes hermétiques. Mettez-les au réfrigérateur et attendez environ 12 heures avant de les déguster.

TUILES AUX AMANDES

Entre biscuit, confiserie et dessert, ces tuiles peuvent aussi accompagner des crèmes, des glaces ou des mousses. Leur goût exquis repose sur le très ancien mariage des amandes et du sucre, qui, pénétrant par le monde méditerranéen, a conquis en peu de temps l'Europe tout entière.

Pour 6 personnes
2 blancs d'œufs
120 g d'amandes effilées
80 g de sucre semoule
15 g de farine de blé blanche
25 g de beurre fondu

Mettez la farine, le sucre, les amandes, les blancs d'œufs et le beurre dans une terrine. Mélangez. Couvrez et laissez reposer 12 heures au frais.

Allumez le four, thermostat 5 (175 ºC). Beurrez 2 plaques à pâtisserie de 38 sur 28 centimètres. Avec la pâte, vous pouvez réaliser 12 tuiles moyennes ou 6 grosses. Selon votre choix, dressez avec une cuiller à soupe 1 ou 2 tas de pâte sur chaque plaque.

Étalez-les le plus finement possible, avec le dos de la cuiller : à peine plus de 1 millimètre sur une épaisseur égale.

Truffes au chocolat (en b.); Tuiles aux amandes (en h.)

TRUFFES AU CHOCOLAT

Comme disent les vrais amateurs, les truffes au chocolat sont le summum de la réconciliation entre le doux et l'amer... Cette confiserie des plus françaises, dont le nom rappelle celui du non moins célèbre « diamant noir » de la cuisine, a une circulation particulièrement dense aux alentours de Noël et du Nouvel An.

Pour environ 80 truffes
200 g de chocolat de couverture noir amer
100 g de crème fraîche
25 g de beurre mou

Glissez une plaque au four et laissez cuire 7 ou 8 minutes. Surveillez la cuisson : les tuiles doivent être dorées. Dès la sortie du four, soulevez-les avec une spatule à fentes : elles sont molles et élastiques. Posez-les sur un rouleau à pâtisserie si elles sont petites, ou sur une bouteille : elles sécheront en prenant une jolie forme. Laissez-les refroidir sur une grille. Pendant ce temps, faites cuire les autres tuiles.

Vous pouvez ajouter aux amandes des pistaches en lamelles, de fines lanières de zestes d'orange confits, de petits éclats de chocolat.

MOUSSE GLACÉE AU GRAND MARNIER

Les aériennes mousses furent un peu négligées durant le XIXᵉ siècle, qui préféra favoriser les valeurs sûres et solides de la bourgeoisie. On oublia les subtiles et fines préparations des cuisiniers des deux siècles précédents. Il fallut le grand tournant pris dans les années 1970 par la nouvelle cuisine pour ouvrir tout un pan de nouvelles créations, originales et harmonieuses, légères et mousseuses, que ce soit dans le salé comme dans le sucré. Cette recette en témoigne délicieusement.

Pour 6 personnes
6 œufs
225 g de sucre semoule
350 g de crème fraîche épaisse
1 dl de grand marnier
1 feuille 1/2 de gélatine
3 gouttes de jus de citron
120 ml de miel
1/4 l de jus d'oranges
3,5 dl d'eau
300 g de kumquats

Vingt-quatre heures à l'avance, rincez et épongez les kumquats. Coupez-les en rondelles et retirez-en les pépins. Mettez-les dans une terrine avec le sucre et laissez macérer 24 heures.

Douze heures à l'avance, faites tremper la gélatine dans de l'eau froide. Mettez le sucre et le jus de citron dans une casserole. Ajoutez 3 cuillerées à soupe d'eau et portez à ébullition. Laissez frémir 1 minute, puis ajoutez la gélatine. Mélangez, retirez du feu et laissez tiédir.

Cassez les œufs dans une terrine et battez-les. Versez le sirop sur les œufs, sans cesser de fouetter, jusqu'à ce que le mélange soit froid. Ajoutez le grand marnier et la crème. Fouettez encore.

Mousse glacée au grand marnier

Versez dans un moule à soufflé de 16 centimètres de diamètre et mettez 12 heures au congélateur.

Préparez le coulis : versez le jus d'orange et le miel dans une casserole et portez à ébullition. Laissez bouillir jusqu'à obtention d'environ 2 décilitres de coulis sirupeux. Réservez au frais.

Une heure avant de servir, retirez la mousse du congélateur et mettez-la au réfrigérateur.

Au moment de servir, plongez le moule quelques secondes dans de l'eau chaude, puis démoulez la mousse sur un plat. Mélangez kumquats et coulis et entourez-en la mousse.

TARTE AU CHOCOLAT

À l'origine, les tartes étaient aussi bien salées que sucrées, on trouve les deux sortes dans *Le Ménagier de Paris* ou dans *Le Viandier* de Taillevent. Pour les amateurs de chocolat, cette version contemporaine est absolument irrésistible.

Pour 6-8 personnes
170 g de farine de blé blanche, type 45
100 g de beurre mou
1 cuillerée à café de sucre semoule
1 pincée de sel
200 g de chocolat de couverture noir amer
2 dl de crème fraîche liquide
1 dl de lait
2 œufs

Préparez la pâte : mettez la farine, le beurre, le sucre et le sel dans le bol d'un robot et ajoutez 4 cuillerées à soupe d'eau. Mixez 30 secondes jusqu'à obtention d'une pâte homogène. Enfermez-la dans un sachet plastique et laissez-la reposer 3 heures au réfrigérateur. Au bout de ce temps, retirez la pâte du froid.

Allumez le four, thermostat 7 (225 °C). Beurrez un moule à tarte de 26 centimètres de diamètre. Étalez finement la pâte et garnissez-en le moule. Couvrez-le de papier sulfurisé et de légumes secs. Glissez le moule dans le four chaud et laissez cuire 20 minutes.

Préparez la garniture : versez le lait et la crème dans une casserole et portez à ébullition. Ajoutez le chocolat en petits morceaux. Retirez du feu et laissez reposer 10 minutes. Lissez ensuite à la spatule, puis ajoutez les œufs en fouettant.

Lorsque la pâte a cuit 20 minutes, retirez les légumes secs et le papier, et versez-y la préparation au chocolat, en la filtrant.

Baissez le thermostat à 4 (140 °C) et glissez la tarte au four. Laissez cuire 20 minutes, puis retirez du feu et laissez reposer la tarte. Dégustez tiède ou froid.

Le Déjeuner de chocolat noir, Juan de Zurbaran (1620-1649) MUSÉE DES BEAUX-ARTS, BESANÇON

Tarte au chocolat

BIBLIOGRAPHIE

Aaron, J.-P. *Le Mangeur du XIXᵉ siècle*, Robert Laffont, Paris, 1973.

Belon, P. *L'Histoire naturelle des oiseaux avec leurs descriptions et naïfs portraicts retirez du naturel*, 7 vol., Paris, 1555.

Bernier, B., *Antonin Carême, Grasset, Paris, 1989.*

Braudel, F., « Alimentation et catégories de l'histoire », *in* J.J. Hermandiquer, *Pour une histoire de l'alimentation*, pp. 15-19, Armand Colin, Paris, 1970.

Brillat-Savarin, *La physiologie du goût, avec une lecture de Roland Barthes*, Hermann, Paris, 1975.

Capatti, A., *Le goût du nouveau : origines de la modernité alimentaire*, Albin Michel, Paris, 1990.

Carême, A. « Aphorismes, pensées et maximes », *in Les Classiques de la table à l'usage des praticiens et des gens du monde*, Alfred Charles et Frédéric Fayot, Paris, 1843.

Civilisation matérielle, économie et capitalisme, XVᵉ-XVIIIᵉ siècles 3 vol., Armand Colin, Paris, 1979.

De Bonnefons, N. *Les Délices de la campagne. Suite du jardinier françois où est enseigné à préparer pour l'usage de la vie tout ce qui croist sur la terre et dans les eaux, dédié aux dames mesnagères*, Paris, 1654, 1679 et 1682.

« La distinction par le goût », *in Histoire de la vie privée de la Renaissance au siècle des Lumières*, pp. 265-309, Le Seuil, Paris, 1986.

Dubois, U. *La Cuisine classique*, Paris, 1876.

Duby, G. *Guerriers et Paysans*, Gallimard, Paris, 1973.

Flandrin, J.-L. « Gastronomie historique : l'ancien service à la française », *L'Histoire* nº 20, pp. 90-92, 1980.

Guy, C. *L'Almanach de la gastronomie française*, Hachette, Paris, 1981 (épuisé).

Ketcham-Wheaton, B. *L'office et la Bouche, histoire des mœurs de la table en France*, Calmann-Lévy, Paris, 1984.

La Chapelle, V. *Le Cuisinier moderne qui apprend à donner à manger toutes sortes de repas en gras et en maigre, d'une manière plus délicate que ce qui a été écrit jusqu'à présent*, 4 vol., La Haye, 1735.

Laurioux, B. « Le mangeur de l'an mil », *L'Histoire* 73, 1984 et *Le Moyen Age à table*, Paris, 1989.

La Varenne, *Le Cuisinier françois*, Montalba, Paris, 1983.

LSR, *L'Art de bien traiter, divisé en trois parties. Ouvrage nouveau, curieux et fort galant utile à toutes personnes et conditions*, Paris, 1674.

Marin, F., *Les Dons de Comus ou les Délices de la table*, Paris, 1739.

Massialot, F. *Le Nouveau Cuisinier royal et bourgeois*, 3 vol., Paris, 1748.

Le Ménagier de Paris, traité de morale et d'économie domestique, par un bourgeois parisien, composé vers 1393, Jérôme Pichon, Paris, 1848 (éd. revue en 2 vol.).

Menon, *La Cuisine bourgeoise*, Paris, 1807.

Moulin, L. *Les Liturgies de la table*, Albin Michel, Paris, 1989.

Neirinck, E. et Poulain, J.-P. *Histoire de la cuisine et des cuisiniers, techniques culinaires et pratiques de table en France du Moyen Age à nos jours*, Jacques Lanore, Paris, 1988.

La Nouvelle Maison rustique ou Économie générale de tous les biens de campagne, 5e éd., Paris, 1740.

« Plaisirs et angoisses de la fourchette », *Autrement* nº 108, Paris, septembre 1989.

Revel, J.-F. *La Sensibilité gastronomique de l'Antiquité à nos jours. Un festin de paroles*, Suger, Paris, 1985.

Rival, N. *Grimod de la Reynière, le gourmand gentilhomme*, Le Pré aux Clercs, Paris, 1983.

« Les sauces légères du Moyen Age », pp. 87-89, *L'Histoire* nº 35.

Stouff, L. *Ravitaillement et Alimentation en Provence aux XIVᵉ et XVᵉ siècles*, 1970.

Taillevent (Guillaume Tirel), *Le Viandier*, Jérôme Pichon et Georges Vicaire, 1892 ; édition revue et enrichie par S. Martinet, Slatkine, Genève, 1967.

Larousse gastronomique, Larousse, Paris.

INDEX

REMERCIEMENTS

ICONOGRAPHIE HISTORIQUE

Weldon Russell Pty Ltd remercie les centres de documentations photographiques et les musées suivants pour les reproductions fournies appartenant à leurs fonds :

G. Dagli Orti : pp. 12 *(en h. et en b.)* 15, 17, 19, 22, 24, 26, 27, 29 *(en h. et en b.),*33, 34-35, 45, 48, 54, 68, 76, 78, 98, 100, 101, 109, 112, 124, 126 *(en h.),* 128, 129, 138, 144, 146-147, 151, 152, 160, 165, 173, 174, 180, 184, 185, 188, 198, 207, 209, 224, 246, 250.

Musées royaux des Beaux-Arts de Belgique : pp. 74-75.

Giraudon : Bridgeman Giraudon : pp. 3, 28, 38, 81, 170, 204, 242. *BL-Giraudon :* p. 105. *Flammarion-Giraudon :* p. 155. *Giraudon :* gardes, pp. 6, 8-9, 13, 21, 23, 25, 32, 39 *(en b.),* 46-47, 61, 79 *(en b.),* 85, 92, 96-97, 104, 122-123, 148, 154, 176-177, 178, 183, 191, 206, 207 *(en b.),* 208 *(en h. et en b.),* 221, 222-223, 227, 228, 230, 238.
Lauros- Giraudon : pp. 1 de couv., 2, 4-5, 14, 16, 30, 31, 36, 39 *(en h.),* 42, 50, 51, 53, 56, 64, 70, 73, 79 *(en h.),* 80, 83, 102, 103, 104, 119, 126 *(en b.),* 127, 133, 134, 137, 141, 142, 150, 153, 155, 169, 197, 201, 202-203, 210, 226, 229.

Scala : p. 10.

Copyrights : Louise Abbema © SPADEM ; Laurent Adenot : droits réservés ; Pierre Bonnard © ADAGP/SPADEM ; Georges Braque © ADAGP/SPADEM ; .Victor Gilbert : droits réservés ; Jules Grün © SPADEM ; Henri Lerolle : droits réservés ; Henri Lesidaner : droits réservés ; Édouard Pignon © SPADEM ; Georges Rohner © ADAGP ; Charles Roussel : droits réservés ; Louis Valtat © ADAGP ; Édouard Vuillard © SPADEM

PHOTOGRAPHIES DE PLATS

Jon Bader (photographe) et Marie-Hélène Clauzon (styliste) : pp. 41, 44, 55, 58, 60, 63, 66, 67, 68, 71, 83, 84, 86, 87, 91, 94, 108, 110, 114, 117, 120, 131, 143, 145, 159, 168.

Jon Bader (photographe) et Carolyn Fienberg (styliste), assistés de Jo Forrest : pp. 156, 161, 162, 164, 175, 187, 189, 192, 193, 195, 200, 211, 214, 215, 217, 219, 234, 237, 240, 243, 244, 245, 248, 249, 251.

Rowan Fotheringham (photographe) et Marie-Hélène Clauzon (styliste) : pp. 106, 107, 158, 166, 171, 172, 186, 188, 190, 196, 197, 199, 212, 213, 216, 220, 231, 232, 233, 236, 239, 241, 247.

Rowan Fotheringham (photographe) et Carolyn Fienberg (styliste), assistés de Jo Forrest : pp. 40, 43, 57, 59, 62, 65, 69, 72, 82, 89, 90, 93, 95, 111, 113, 115, 116, 118, 121, 132, 135, 136, 139, 140, 163, 167.

Weldon Russell tient à remercier Country Floors, Les Olivades, Mikasa, Noritake, Old Country Furniture, Balmain, Oneida, Redelman et fils, Rivtex, Robertson & Meads, Royal Doulton, Villeroy & Boch, Wedgwood.

TABLEAU DES TEMPÉRATURES ET THERMOSTATS DU FOUR

° Celsius	thermostat
110	1/4
130	1/2
140	1
150	2
170	3
180	4
190	5
200	6
220	7
230	8
240	9